本书由广东特支计划青年文化英才项目基金资助

康德
希望问题研究

曹峰 著

RESEARCH
ON KANT'S
PROBLEM OF HOPE

科学出版社
北 京

内 容 简 介

　　希望问题是康德哲学体系的三大基本问题之一，介于理论与实践两大领域的"中间"，是理解康德理论哲学、实践哲学乃至整个思想体系的一把重要钥匙。一直以来，学界对于康德希望问题缺乏专题化、学理化的研究，导致该问题长期未能受到应有的重视。本书以康德希望问题为核心，梳理其包含的"显隐二重结构"，即"显性结构"——道德前提、幸福对象、幸福的实现，"隐性结构"——道德的实现、至善对象、至善的实现，揭示了"隐性结构"才是康德解答希望问题的真实线索。从"隐性结构"探寻康德解答希望问题的思想印迹，一方面可为研究者深化对康德哲学体系的把握提供新思路，另一方面可为人类确立自由的、属人的希望提供重要启示。

　　本书可供哲学研究者、高校哲学系师生、西方哲学爱好者等阅读、参考。

图书在版编目（CIP）数据

康德希望问题研究 / 曹峰著. -- 北京：科学出版社，2024. 11. --
ISBN 978-7-03-079805-3

Ⅰ. B561.31

中国国家版本馆 CIP 数据核字第 2024PA5116 号

责任编辑：任俊红　陈晶晶 / 责任校对：贾伟娟
责任印制：赵　博 / 封面设计：有道文化

科 学 出 版 社 出版
北京东黄城根北街 16 号
邮政编码：100717
http://www.sciencep.com
北京市金木堂数码科技有限公司印刷
科学出版社发行　各地新华书店经销
*
2024 年 11 月第 一 版　开本：720×1000　1/16
2024 年 11 月第一次印刷　印张：12 1/2
字数：231 000
定价：**98.00 元**

康德希望问题中的"显隐二重结构"
——《康德希望问题研究》的基本线索

众所周知，康德在《纯粹理性批判》先验方法论中曾经指出，我们理性（reason）的一切兴趣［思辨的（speculative）以及实践的（practical）］集中于下面三个问题，即"我可以知道什么？"、"我应该做什么？"和"我可以希望什么？"。第一个问题是单纯思辨的，第二个问题是单纯实践的，第三个问题则既是实践的又是思辨的，因为这是在"如果我做了我应当做的"这个前提条件下追问"我可以希望什么？"的，因而是以实践问题为引线导向理论问题乃至于思辨问题的[①]。此外，康德在给卡尔·弗里德利希·司徒林的信[②]和《逻辑学讲义》[③]中也都提出了这三个问题，但与《纯粹理性批判》中的说法有所区别的是：第一，在这两处文本中，康德在这三个问题的基础上都追加了第四个问题，即"人是什么？"，这是可以同时涵盖前三个问题的总问题；第二，这两处文本都明确地把"我可以希望什么？"的问题当作宗教问题，认为这个问题需要由宗教哲学来回答，而并未像《纯粹理性批判》那样把这个问题同时与实践哲学和理论哲学关联起来。

在国内外康德研究界，对前两个问题的研究一直远多于对第三个问题即希望问题的研究。而且在研究希望问题时，也大多是从康德的道德神学或宗教哲学的角度切入的，很少有对这个问题的专题研究。曹峰博士的《康德希望问题研究》一书是在其博士学位论文的基础上修改而成的，是专门研究康德希望问题的一部专著。曹峰博士认为，就康德哲学中介于理论与实践两大领域"中间"的希望问题而言，康德研究者对于其重要性似乎缺乏一种学理化的关注，导致该问题长期以来未能受到研究者们的高度重视，因此，他希望通过这部著作来改变目前的研究状态。

从该书的篇章结构来看，除了第一章表明康德提出希望问题的背景和第

---

① 可参阅康德. 纯粹理性批判. 邓晓芒译. 北京：人民出版社，2004：612.

② 见康德. 致卡尔·弗里德利希·司徒林//康德. 康德书信百封. 李秋零编译. 上海：上海人民出版社，2006：199-200.

③ 见康德. 逻辑学讲义. 许景行译. 北京：商务印书馆，1991：15.

六章论述康德解答希望问题的思路及对后世产生的积极影响之外，全书的主体部分都是对康德提出的希望问题本身的阐释。可以说，该书的最大创意是提出并论证了康德希望问题具有"显隐二重性"：从显性方面看，希望问题包含了道德前提、幸福对象及幸福的实现三个环节，由此构成了其"显性结构"；从隐性方面看，希望问题包含了道德的实现、至善对象及至善的实现三个环节，由此构成了希望问题的"隐性结构"。全书基本上是以"显隐二重结构"为线索展开的。

该书第二章是对希望问题的总体交代和论述，正是在这一章中，作者指出了希望问题所包含的"显隐二重结构"。该章表明，康德希望问题的三个构成部分（前提、指向对象和对象的实现）均具有"显隐二重性"，相应地，三个构成部分的"显隐二重性"则蕴含着康德希望问题的"显隐二重结构"。

该书第三章是对希望问题的"显性结构"的论述，涉及康德希望问题的"显性结构"蕴含的三个组成部分：道德前提、幸福对象及幸福的实现。该章首先论述了康德希望问题的"显性前提"，即"做我应当做的"。也就是说，康德在谈论"我可以希望什么？"这个问题的时候，设定了一个前提，即一个道德的前提："我"必须在"做了我应当做的"这个道德前提具备了之后，才有资格去谈论"可以希望什么？"。在说明道德前提的时候，该章把这个道德前提与幸福进行比较，由此论述了希望问题的"显性对象"（幸福）。同时，在论述"幸福"这个对象时，还论述了对幸福（没有任何前提限定的、单纯的幸福）的直接希望是否能够实现这个问题。

在论述了希望问题的"显性结构"所涉及的三个组成部分特别是道德前提之后，该书第四章集中讨论了一个更加深层次的问题：道德如何可能的问题。该章把这个"隐性问题"视为康德解答希望问题所必须解决的一个"隐性前提"，即希望问题的"隐性结构"的第一个组成部分。作者在此提出：既然具有道德才是可以希望幸福的前提，那么，自然会提出这个道德前提即人具备道德资格究竟是否可能的问题。如果这是可能的，还需要进一步追问究竟是如何可能的。作者把这个"隐性前提"问题，当作解答希望问题时不得不面对的比道德前提本身更为重要和深刻的问题，其认为如果道德前提不可以实现，则"我可以希望什么？"的问题在康德哲学的视域内就失去了任何价值和意义。由于道德如何可能的问题直接与人性的善恶问题相关，所以该章对人性究竟是善是恶、人性善恶的标准应该怎样界定、人性在现实中又具有怎样的表现形式及其根源何在等问题展开了探讨。在此基础上，该章还进一步探讨了人的改恶向善（从不道德到道德）是否可能及其如何可能的问题，并且把人的改恶向善理解为该章所说的康德希望问题的"隐性前提"得以实现的关键所在。于是，该章涉及了康德对人性改恶向善的外在条件和内在条件的论述：外在条件即上帝存在和灵魂不朽的公设对促进人类改恶向善有什么作用？内在条件即人性的向善禀赋和思维方式的革命对人类去恶趋善又是怎么可能的？这些都是该章探讨的问题。

该书第五章接着论述希望问题"隐性结构"的另外两个组成部分：至善对象及至善的实现。作者首先提出：可以希望的真正对象其实是至善，即德福统一或德福一致，而非单纯的幸福，这就是说，至善是康德希望问题指向的"隐性对象"。按照这一理解，该章论述了作为希望问题所指向的真正对象的至善，探讨了道德与幸福这两个构成要素究竟是以什么形式来结合的，以及它们之间的关系究竟怎样等问题。在此基础上，作者进一步论述了作为康德视域中希望指向的"隐性对象"——至善如何实现——的两种条件：第一种是经验的、现实的社会历史条件；第二种是超验的、假设的宗教条件。除此之外，还论述了宗教条件（上帝存在和灵魂不朽的公设，尤其是前者）为什么必须是实现至善的终极保障。

可见，作者是完全按照"显隐二重结构"来展开对康德希望问题的论述的。作者在展开叙述的过程中，不仅涉及第一和第二批判中的相关论述，而且涉及康德的其他文本，尤其是《单纯理性限度内的宗教》一书。另外，康德在历史哲学方面的文献，也是作者所关注的。

毫无疑问，该书以"显隐二重结构"为线索来论述康德的希望问题，自然会更全面地展示希望问题的内涵，使之更具有立体性和多层次性。特别值得提出的是，该书在肯定道德是享有幸福的基本前提的时候，把"我可以希望什么？"这个问题，自动地延伸到了"我如何可以具有道德"以及"我是否可以希望心灵重新改恶向善"的问题，这就极大地深化了康德希望问题的理论内涵。事实上，康德在《单纯理性限度内的宗教》一书中就特别关注了"我是否能够凭借自己的力量改恶向善"的问题，并论述了神恩在重建心灵禀赋中究竟有多大的作用。

当然，康德是在做了该做的事情之后才追问幸福这个希望对象的实现问题的，因此，把至善即德福一致当作希望的对象，只不过是在幸福之上追加了其道德前提（德性），因此，这是不是一个"隐性对象"还是需要进一步探讨的。再者，对于幸福或至善如何实现或实现条件（路径）的问题，其实涉及了希望问题的落实，作者似乎有必要说明一下，完整的希望问题何以包含了幸福或至善的实现条件问题。此外，该书在探讨至善如何实现的问题时，除了论及经验的、现实的社会历史条件，还把上帝存在和灵魂不朽视为宗教条件。但我们知道，康德在《实践理性批判》中提出灵魂不朽公设时，主要是为了让生命有限的人能够处在通向意志神圣性的无限进程中，也就是说，他主要是为了解决幸福的前提即德性完善性的问题才提出灵魂不朽的。所以，灵魂不朽公设，实际上可能更适合放在德性如何实现这个问题中来探讨。

　　该书尽管存在这样或那样可以进一步探讨的问题，但瑕不掩瑜，其依据"显隐二重结构"对康德希望问题的论述，大大地深化了我们对康德希望问题的理解。期待该书的出版，能够引起国内康德研究者对希望问题的重视，从而推动对此问题的研究。

舒远招

2023 年 12 月于长沙

目　　录

导　言

一、康德希望问题的研究现状及进一步研究的意义

众所周知，18 世纪德国的天才诗人诺瓦利斯（Novalis）曾给哲学下过一个著名的定义：“哲学原就是怀着一种乡愁的冲动到处去寻找家园。”①且不说这种对哲学充满个性、激情和诗意的定义之准确性和“科学性”有多少，但有一点是可以肯定的：自古以来，哲学从根本上讲就是一种人类试图超越现实、抵抗虚无、构建生存意义和价值的形而上学冲动。换言之，哲学中体现出来的人类之形而上学倾向是人性本身内在的一种渴求。为此康德强调：“世界上无论什么时候都要有形而上学；不仅如此，每人，尤其是每个善于思考的人，都要有形而上学，而且由于缺少一个公认的标准，每人都要随心所欲地塑造他自己类型的形而上学。”②从某种意义上看，哲学作为人类对于种种形而上学渴求的一种集中表现方式，其意义在于为人类构建一个超越当下、通向美好未来的理想世界之途径或入口，也就是说，哲学或多或少都具备某种“希望”的性质，即便对于希望的构想，不同的哲学家有不同甚至相反的看法，但希望问题作为哲学重要的内容、独特的本性或诉求，确是毋庸置疑的。

和历史上很多重要的思想家一样，康德在其哲学研究中没有漏过对希望问题的解答，并且将其作为自己哲学体系不可缺少的部分加以强调和定位：“我可以希望什么？”这一问题是其哲学研究计划中需要解答的三大基本问题之一③。康德同时认为，这个问题也是理性之全部旨趣（思辨的和实践的两个方面）的重要组成部分，并且希望问题的特殊性在于它“是实践的同时又

---

① 转引自赵鑫珊. 科学艺术哲学断想. 上海：文汇出版社，2005：10.

② 康德. 任何一种能够作为科学出现的未来形而上学导论. 庞景仁译. 北京：商务印书馆，1978：163.

③ 对于希望问题作为其哲学研究的三大基本问题之一的论述，康德至少在三个地方作出过明确的强调，详见以下著作：康德. 致卡尔·弗里德利希·司徒林//康德. 康德书信百封. 李秋零编译. 上海：上海人民出版社，2006：199-200；康德. 纯粹理性批判. 邓晓芒译. 北京：人民出版社，2004：612；康德. 逻辑学讲义. 许景行译. 北京：商务印书馆，1991：15. 需要说明的是，除《纯粹理性批判》外，其他两个地方康德都将三大基本问题最后概括为一个总问题：人是什么？虽然总问题也可以看作是第四个问题，但根据康德哲学体系的特点和构思来看，只有前面三大问题是平行的，也是支撑其体系的“基本”问题，最后一个问题则是总体性的，将前面三大问题囊括其中，所以在此就取“三大基本问题”这个说法。

是理论的"①——人类的实践与理论两种兴趣②均指向希望问题。由此可见，希望问题在其整个哲学体系乃至其毕生哲学追求中都占据着重要的位置。然而遗憾的是，对于康德哲学中介于理论与实践两大领域"中间"的希望问题，研究者对于其重要性似乎缺乏一种学理化的关注，长期以来未能引起研究者们的高度重视。这主要表现在如下几个方面。

第一，康德逝世两百余年以来，学界对其"批判哲学"进行了大量的研究，各类相关著作可谓汗牛充栋，可以毫不夸张地说，对康德哲学的研究在哲学史研究中始终居于一种"显学"的地位。但人们言康德，津津乐道的主要集中在其三大批判上面，这种对三大批判的研究模式主要有两种：其一，认为康德哲学主要分为理论哲学和实践哲学两个部分，理论哲学主要探讨"人为自然立法"的自然原理，实践哲学则主要探讨"人为自身立法"的自由原理，第三批判则探讨自然和自由的调和，而没有指向独立的哲学原理，如弗里德里希·保尔森（Firedrich Paulsen）和亨利·西季威克（Henry Sidgwick）等学者即如此看待。对此，保尔森在其著作——《康德的生平和学说》中认为，康德哲学分为两部分，自然形而上学和道德形而上学或自然哲学及道德哲学，与此对应的客观世界则可分为自然的与自由的两大领域③。而西季威克的观点与此也大体相同。其二，把康德哲学概括为真善美的统一体，真对应第一批判的认识论，善对应第二批判的伦理学（道德哲学），美则对应第三批判的审美与目的论，因此真善美的统一就是康德的整个哲学体系，著名学者约翰·华特生（John Watson）就是其中的主要代表。对此，他在《康德哲学讲解》一书中如此来看待判断力批判的作用："这种计划的扩充自然地基于三种考虑：第一，给自由主体和现象世界的关系赋予一种清晰的表述；第二，准备给予审美判断的美学一种根据；第三，考虑有生命的存在者的特别气质所预示的关于世界的目的论这个问题。"④显然，在此我们可以清楚地看到华特生对康德哲学所作的真善美统一之理解模型。在这些对康德哲学的"体系性"研究和把握中，对康德三大基本问题之一的"希望问题"几乎是遗漏甚至是视而不见，即便有所提及也是附带性的居多，这种现象无论在国际还是国内学术界均大体相似。

---

① 康德. 纯粹理性批判. 邓晓芒译. 北京：人民出版社，2004：612.

② "兴趣"对应的英文单词是 interest，又译作"利益"或"关切"，两者均具有指向某种"目的"的意思，但在中文语境中，"利益"更倾向于贬义，"关切"则倾向于褒义，而"兴趣"则具有指向某种"目的"的中性意思，故取"兴趣"的译法更为合理，因为康德说的理性关注的两大方面似乎是基于中性的立场来描述理性的两大运用领域的。

③ Paulsen F. Immannual Kant: His Life and Doctrine. London: J. C. Nimmo, 1902.

④ Watson J. The Philosophy of Kant Explained. Glasgow: James Maclehose and Sons, 1908.

　　第二，在以上研究范式之外，也有学者注意到仅对康德哲学体系作出以上划分存在的一些问题，特别是注意到宗教哲学在康德体系中的重要地位，为此有学者将康德哲学体系划分为理论、实践、审美和宗教四大部分来理解，如爱德华·凯尔德①（Edward Caird），也有学者主张将康德哲学划分为理论哲学、实践哲学和宗教哲学三大部分，如克莱蒙特·韦伯②（Clement Webb）。显然，这些研究者已经开始从传统固有的康德研究模式中走出来，他们已意识到希望问题在康德哲学体系中的重要地位并试图弄清康德对此问题的解答及其重要意义。但是这些研究仍有明显的缺陷，要么在纯粹道德哲学的语境中，要么在纯粹宗教的语境中梳理康德的希望问题，而对于康德的希望问题"本身"缺乏重视和研究。虽然康德曾明确表示，希望问题是其宗教哲学需要解答的问题③，但如果从康德哲学的整体构思和希望问题本身牵涉的种种复杂关系来看，希望问题又并非纯粹道德哲学或者宗教哲学可以全部解答的。作为研究者和继承者，我们应该按照康德的提示，将希望问题放在其哲学体系中具体考察，也许这样才能更好理解希望问题的深义，同时也更好地为人们合理（合法）地构建希望提供更为宽广的理论视野。对此，国内第一本专门研究康德宗教哲学的著作——广西大学谢舜教授的《神学的人学化：康德的宗教哲学及其现代影响》作出了很多有益的探索，此外，赵广明、李艳辉相继出版了《康德的信仰：康德的自由、自然和上帝理念批判》（2008 年）、《康德的上帝观》（2010 年）两本著作，张会永撰写了博士学位论文《康德的道德信仰研究》（复旦大学，2007 年）等，这些研究均与康德的希望问题具有很大的关联，但其主要的视野仍局限在纯粹的宗教哲学范围内，还没有将希望问题作为一个相对独立的问题来进行深入的研究。

　　第三，近年来，有研究者开始注意到希望问题在康德哲学体系中的重要地位和意义，并对此有了较为深刻的认识。如德国学者孔拉德（Conradt）就明确指出：康德的"希望概念像两个售货摊之间的大教堂一样卓然耸立"④，显然，这是一种对希望问题之于康德哲学体系重要性的深刻洞见。同时对孔拉德的洞见深表赞同的德国当代著名哲学家奥特弗里德·赫费（Otfried

---

　　① 详见 Caird E. The Critical Philosophy of Immanuel Kant. Glasgow: James MacLehose and Sons, 1889.

　　② 详见 Webb C C J. Kant's Philosophy of Religion. Oxford: Clarendon Press, 1926.

　　③ 如在《逻辑学讲义》及《致卡尔·弗里德利希·司徒林的信》中，康德均表示：希望问题是其宗教哲学需要解答的问题，但需要注意的是，并非宗教哲学解答的问题就仅仅是宗教意义上的问题，在康德这里，希望问题所关涉的领域远远超出了传统宗教哲学所及的问题范围。

　　④ 详见奥特弗里德·赫费. 康德的《纯粹理性批判》：现代哲学的基石. 郭大为译. 北京：人民出版社，2008：307.

Höffe）教授还明确提出了康德的"希望哲学"（philosophy of hope）①这一重要概念。较之以前及当今很多对康德哲学的研究，这些研究明显突出了希望问题在康德哲学体系中的重要地位，为人们更全面深刻地理解康德哲学提供了新的切入口，尤其对引起人们关注康德提出的希望问题起到了良好的促进作用。但客观地看，这些研究之于康德的希望问题仍欠缺全面和深入的理解和把握。就赫费教授的研究而言，在《康德的〈纯粹理性批判〉：现代哲学的基石》这一 300 多页的著作中（德文版主体部分为 346 页，英文版主体部分为 417 页，中文版主体部分为 361 页），有关希望问题的专门章节——"合理的希望"（Rational Hope）部分只占了区区几页之微（德文版第 298—301 页，英文版第 351—357 页，中文版第 307—312 页）。诚然，我们不能单纯以字数来衡量一种学术研究的质量和影响，但就一本专著来说，可以肯定的是：百分之一的版面对于某一问题的研究还是难免缺乏足够的广度和深度。

和赫费教授对希望问题研究的情况差不多的还有苏联的哲学家阿尔森·古留加（Арсений Гупыга），他在其《康德传》的第六章中，以"信仰、希望、爱"②为题，里面的某些见解颇具新意，但由于是传记，对于希望问题的分析仍然是蜻蜓点水般难以深入。同时，也有学者将康德的宗教问题单独成篇探讨，如美国著名学者艾伦·W. 伍德（Allen W. Wood）分别于 1970 年和 1978 年出版了《康德的道德宗教》和《康德的理性神学》（Kant on God）、英国学者彼得·拜恩（Peter Byrne）于 2007 年出版了《康德论上帝》、美国学者克里斯·L. 费尔斯通（Chris L. Firestone）分别于 2006 年和 2009 年相继出版了《康德和新宗教哲学》（Kant and the New Philosophy of Religion）和《康德与理性边界处的神学》（Kant and the dogy at the Boundaries of Reasons）。这些对康德宗教问题研究的专著，弥补了传统康德研究的不足，重新明确了宗教问题在康德哲学中的重要地位，对康德哲学研究的深化具有重大的启发意义。如伍德认为，康德道德信仰学说不但不和他的批判思想矛盾，而且完整理解该学说对于更好地把握康德批判哲学体系（作为一个整体）是必不可少的③。无疑，像伍德这样，早在 20 世纪 70 年代就能对康德哲学中的宗教信仰问题作出如此深刻的把握，即便在当今的康德研究中也极为少见。但遗憾的是，这些研究者仍未能将希望问题作为相对独立的问题来细化研究，对于希望问题仍然只是将其当作一个单纯的宗教哲学问题来研究，这

---

① 详见奥特弗里德·赫费.康德的《纯粹理性批判》：现代哲学的基石.郭大为译.北京：人民出版社，2008：307-308.

② 详见阿尔森·古留加.康德传.贾泽林，侯鸿勋，王炳文译.北京：商务印书馆，1981：214-244.

③ Wood A W. Kant's Moral Religion. Ithaca: Cornell University Press, 1970.

当然是可喜的进展，但仍然是不够完整或者缺乏深度、广度的专门性研究。

　　此外，近年来，国内外也有学者对康德希望问题作出了探讨。如童世骏教授曾发表过《"我们可以希望什么？"——读康德的〈历史理性批判文集〉》[1]一文，但该文仅从历史哲学和宗教哲学两个角度来理解希望问题。与童世骏教授一样，国外也有学者注意到了康德希望问题与其历史哲学的关系，并对此作出了专门探讨。比较有代表性的是美国学者卡捷琳娜·德利吉奥吉（Katerina Deligiorgi），其在 2005 年出版的《康德和启蒙文化》一书中的第三章第五节（标题：先天的历史线索、天意和希望的可能性）专门对康德希望问题进行了分析，但这完全是在历史哲学的语境中分析和探讨希望问题[2]，希望在此也仅仅是对历史发展前景的一种希望。因此，同样地，这些理解的广度仍有待开拓，同时可能由于篇幅所限，这些研究者仍未能就康德希望问题予以深度梳理和深入分析。

　　以上是至今研究者对康德哲学特别是对其希望问题的大体研究状况，本书无意在此评价康德研究中各种研究模式或关注侧重点之得失，公允地说，大多数研究均切中了康德思想中的某些实质部分，对康德研究而言具有重要的意义和价值，这是不可否认的。正如康德自己所说：每一位哲学思想家都是在别人工作的废墟上写出自己的著作的，换言之，前人的种种哲学研究对后人均有或多或少的启发和帮助，这是每个真诚的研究者都不可否认的事实。但康德同时强调："没有一部作品达到了所有部分都固定不朽的境地。"[3]因此，每种研究均有自身的局限（方法局限、视域局限、内容局限等），这是本书重点关注康德思想体系中希望问题的表层考虑。然而，纵观至今康德研究中对希望问题的种种有意无意的忽略或者冷落，作为哲学重要本性之一和康德哲学研究计划三大基本问题之一的希望问题，未能被作为一个相对独立和重要的论域来进行深入研究和阐发，这无论对于哲学的价值追求本身，还是康德思想应有的多维价值和意义，都可谓是一个重大的遗憾。这可谓本书关注康德希望问题的第二重考虑。此外，作为康德哲学研究计划中三大基本问题之一的希望问题在康德哲学体系中具有怎样的地位——能否作为一个或者是否应该作为一个相对独立的问题来看待？如果能，康德本人究竟是出于什么考虑？这个问题和理论问题（认识论）、实践问题（伦理学）、宗教问

---

　　① 童世骏. "我们可以希望什么？"——读康德的《历史理性批判文集》. 历史教学问题，2002，（2）：28-32，10.

　　② 详见 Deligiorgi K. Kant and the Culture of Enlightenment. Albany: State University of New York Press, 2005.

　　③ 康德. 逻辑学讲义. 许景行译. 北京：商务印书馆，1991：16.

题（宗教哲学）、历史问题（历史哲学）、目的论等康德思想的其他部分究竟是一种什么样的关系？它和康德哲学追求的目的和归宿又有哪些重要的关联？同时，康德希望问题是否真的像很多研究者（当然这也包括康德自己曾对此作出的"限定"）所言的那样，这仅仅是属于康德宗教哲学或历史哲学要解决的问题？如果不是，我们应该怎样阐释和开显其应有的问题域和意义，应该如何重构和细化康德希望问题的结构、性质和功能等，从而在康德文本的基础上，借助康德的提示来构建我们"自己的"希望？最后，和一般的希望相比，康德理解和阐述的希望其独特性、"可靠性"、合理性究竟何在？等等。这些才是本书关注的重点，也是本书研究"希望"所要达到的目的。

总之，本书试图表明，希望问题作为康德哲学体系中不可缺少的重要组成部分，关涉康德哲学体系中的"理论"和"实践"两大领域，并在两大领域中形成某种"先天综合"①，深入理解和梳理康德希望问题，对于全面把握和理解康德整个哲学体系及其精神归宿具有十分重要的理论意义。更重要的是，康德希望问题是在其独特的哲学视域中展开的，和人们一般地谈论的希望问题有本质上的区别，即无论是希望的前提、希望的具体展开和指向对象，还是希望的实现方式等都有原则上的区别，并独树一帜。康德对希望问题的独特解答，为人们理解希望、审视自身的当下和未来开拓了一个全新的视野，对作为"有限的理性存在者"的人之生存具有重大的启示作用和现实意义。

二、本书的研究结构、思路和主要内容

笔者认为，当今的任何哲学研究，都难免在某种程度上受到解释学视角的影响，形成一种阐释者与文本作者双方"视界交融"的研究态势，不管承认与否，这都是所有哲学研究者必须面对的"事实"。这种与文本作者"视界交融"和"共同书写"哲学的事实态势也正是本书研究坚持的基本理论立场。诚然，研究者客观地考究哲学家文本本来的内在理路和来龙去脉，从而把握其提出、思考和解答问题的思路固然十分重要，这是所有研究得以深入开展和继续，并使文本应有的积极影响和意义得以产生的必要前提和基础，但如果仅一味地停留在追求对文本的"考古"，试图真实重现文本的全部原貌层面上，以满足某些"思古之幽情"需求甚至是对文本本身的强烈占有欲

---

① 关于康德希望问题中的"实践"与"理论"两大领域的、特殊的"先天综合"，出现在希望指向的"隐性对象"即至善上。在至善中，道德与幸福两个完全不同层次的要素结合在一起，即道德与幸福的统一，这种统一的形式，可以被理解为某种"先天综合"的特殊形式。详见本书第五章第一节的论述。

望的话，从很大程度上讲，这样的哲学研究本身将会显得有些多余，同时其研究目的也将无法实现。

显得多余，主要是其研究的意义和价值会遭到质疑：一种哲学理论的永恒价值在于其所具有的强大的自我理论生成和增长能力，这种价值具有超越历史、观照当下、启示未来的精神品质，这也是所有哲学文本原作者构建哲学的原初意图和动力所在。如果研究者对文本仅作单纯"考古"之用而无法或不愿去阐发和开显其当代意义，这恐怕也是每一位真正哲学家都不愿意见到甚至极力反对的结果，这种研究无论是就研究活动本身还是被研究的文本而言，均是毫无意义的劳作。

无法实现，则主要是其缺乏基本的理论"合法性"：我们无法也无须去考察像"文本已死"（甚至是"作者已死"）这样的偏激言论其可信度有多高，但毫无疑问的是，面对作者早已"远去"的文本本身，任何试图对其作出全面彻底"复古"的尝试都将无法证明自身做法的可能性和合法性。因为正如当代德国著名哲学家、解释学大师伽达默尔（H. G. Gadamer）①所言那样："理解一种传统无疑需要一种历史视域。但这并不是说，我们是靠着把自身置入一种历史处境中而获得这种视域的。情况正相反，我们为了能这样把自身置入一种处境里，我们总是必须已经具有一种视域。"②因此，从很大程度上讲，一切历史都是当代史，同样，一切哲学史也就是当代哲学史，任何后来研究者对哲学史的解读都不可避免地要烙上自己时代及自身意图的某些印记，从而和文本作者一起"共同书写"当代哲学，就此而言，一切试图全面彻底"复古"的研究神话都会不攻自破。

当然，需要特别表明的是，"视界交融"和"共同书写"当代哲学的研究行为，并不是允许研究者对文本作任意猜测、重构甚至是歪曲和篡改，而是必须持一种基本态度：在尽量忠实文本论述的前提之上，带着自己的问题来解读文本，梳理文本思想原本显示出来的客观结构和理路，进而阐发其所可能启示和发展出来的作者思想体系内的意义及原时代、现时代的多重意义。客观地说，这种"以史论今"的哲学方法也正是康德自己所提倡的，正如其强调的那样："愿意学习哲学推理的人，只可把一切哲学体系看作理性使用的历史，看作训练他哲学才能的对象。真正的哲学家必须成为自由自主的自己思维者，而不能奴隶般地模仿地使用他的理性。"③本书正是基于一种"既

---

① 也可译为加达默尔。

② 汉斯-格奥尔格·加达默尔. 真理与方法：哲学诠释学的基本特征（上卷）. 洪汉鼎译. 上海：上海译文出版社，2004：394.

③ 康德. 逻辑学讲义. 许景行译. 北京：商务印书馆，1991：16.

要注重原作者说了什么，也要注重我们能从中看到或自由思维到什么"的基本研究态度和立场进入康德论述希望问题的原始文本中。本书的研究结构、思路和主要内容大体如下。

第一，本书第一章主要是指出康德提出希望问题的背景。显然，任何问题的提出均有其独特的背景，或是对此前同类研究的不足或谬误的一种理论回应，或是对相关社会历史现实的一种观照，又或是对自身生存处境和问题兴趣的一种思考，等等，哲学问题的提出更是如此。对于哲学家来说，哲学问题的提出，其背景可能是其自身理论研究目的和兴趣的一种需要，可能是其对以往理论的一种回应和反思，也可能是其对社会历史现实的一种审视和关注，等等，希望问题在康德哲学中的出现兼备以上几种复杂的背景，既有对历史现实的审视和反思，也有对以往理论的回应和对话，同时更有对自身理论研究目的和兴趣的满足。鉴于此，该章将从理论回应、社会历史现实、自身哲学研究的目的和需要等方面来讨论康德希望问题提出的复杂背景。当然，这些背景既有直接的也有间接的，这需要研究者的总结和整理。同时，因希望问题又具有一定的"普遍性"，其始终和人类的幸福问题直接联系在一起，所以对这些背景的论述，都将和人类对幸福的希望关联起来，初步厘清历史上哲学家对此问题的种种解答及其不足、现实中这个问题表现出来的事实状态及其不合理性等，以表明希望问题并非康德独自构造出来的纯粹理论问题，而是一种具有关注人本身、关注社会现实等"价值"关怀的哲学理论，并且是一种超越以往讨论希望问题之种种谬误和不足的、具有独特视野和价值的希望问题域。

第二，在了解康德提出希望问题的复杂背景之后，本书第二章将对康德希望问题——"我可以希望什么？"本身作一个整体的交代和论述。这里涉及这个问题本身在康德视域中所设定的结构层次、性质及康德对此问题提出和解答的一些文本线索和思路，从而为接下来的具体研究做好整体铺垫。在此，首先，对康德希望问题——"我可以希望什么？"作一个结构上的分析，指出康德希望问题的三个构成部分（前提、指向对象和对象的实现）均具有"显隐二重性"特征，相应地，三个构成部分的"显隐二重性"则蕴含着康德希望问题的"显隐二重结构"，即希望问题的"显性结构"——道德前提、幸福对象及幸福的实现和"隐性结构"——道德的实现、至善对象及至善的实现。这个结构分析，意在说明康德提出的希望问题内在地包含的几个层次及其回答希望问题所必须解答的显性及隐性的维度。其次，对康德希望问题的性质作出一个定位，当然，这是围绕着康德对哲学的整体理解及其对希望问题性质的明确论述来展开的。例如，在康德对哲学独特的理解和研究计划中，希望问题究竟居于一种什么样的地位？其关涉康德视域中的哪些哲学领域？显然，这里的论述，宏观层面将涉及希望问题在康德哲学体系中的地位和作用，微观层面将涉及希望问题如何在康德哲学体系中得到构建和解答等。最后，该章将从康德的文本中找出和希望问题相关的部分，并对此逐一作出具体说明。这主要是梳理康德著作中对希望问题解答的一些文本线索，同时也将本书研究中所依据的主要文本作一个大体的说明和交代，以明确本书所涉的主要参考文献。

第三，本书的第三章重点论述康德希望问题"我可以希望什么？"的"显性前提"，即"做我应当做的"。很明显，"做我应当做的"在康德哲学里是一个纯粹的道德问题，其从根本上区别于"我能够认识的"这个纯粹理论问题。也就是说，康德在谈论"我可以希望什么？"这个问题的时候，设定了一个前提，即一个道德的前提：必须是在"做了我应当做的"——具备了道德之后，我们才有资格去谈论"可以希望什么？"这个问题，否则我们直接就去谈论"可以希望什么？"就是不合法的。既然道德资格被康德明确设定为人们可以去希望的一个必需的前提，所以该章首先需要解决"究竟什么是康德意义上的道德？"这个问题。而道德又似乎永远都被和幸福问题搅和在一起来讨论（同时幸福又是康德谈论"我可以希望什么？"所明确指向的目标），因此在谈论道德的时候必须和幸福作一个比较，在厘清道德与幸福这两个概念的基础上，说明两者之间的关系及其定位。

需要指出的是，由于在说明道德前提的时候，需要和幸福作一个比较，也即是说，希望问题的"显性对象"——幸福也将在该章得到具体的阐释和论述。同时，在论述幸福——这个希望问题直接指向的对象的过程中，还将论及对幸福（没有任何前提限定的、单纯的幸福）的直接希望是否能够实现这个问题。具体地说，除了厘清幸福的概念外，还将解答"幸福为什么不能作为可以希望的直接对象或幸福作为希望的直接对象为什么不能顺利实现"这个问题（而这个问题就是人们在流俗的理解中看待希望问题的最一般方式）。概言之，该章的论述将涉及康德希望问题的"显性结构"蕴含的三个组成部分：道德前提、幸福对象及幸福的实现等。此外，在对道德和幸福作出明确的定义和比较之后，该章还将阐述为什么只有道德才能作为我们"可以希望幸福"的前提，而与之相反的不道德为什么没有资格去希望幸福，康德这样设定希望的前提其用意及合法性何在。这都是该章要解决的关键问题。

第四，在讨论希望问题的"显性结构"所涉及的三个组成部分特别是"显性"的道德前提之后，本书第四章接着讨论一个更加深层次的问题：道德如何可能的问题。显然，这是康德解答希望问题所必须解决的一个"隐性前提"——这也是希望问题的"隐性结构"涉及的第一个组成部分，因为既然只有道德才能构成可以去希望的前提，那么这个道德前提——人具备道德的资格究竟是不是可能的？如果可能的话，究竟是如何可能的？这是解答希望问题不得不面对的比道德前提本身更为重要和深刻的问题，否则的话，如果我们直接去谈论"可以希望什么？"，这在康德哲学的视域内就是没有任何意义和价值的了。而道德如何可能的问题则直接和人性的善恶问题关联起来：人性究竟是善的还是恶的？人性善恶的标准应该怎样界定？人性在现实中又具有怎样的表现形式？其根源又在哪里？这是该章首先要阐述的问题。另外，如果作了恶（做了不道德的事），还有可以去希望的可能吗？也就是说，人的改恶向善（从不道德到道德）是否可能及其如何可能？这是该章需要解决的第二个问题，也是该章所说的康德希望问题的"隐性前提"得以实现的核心所在。这里涉及康德对人性改恶向善的外在条件和内在条件的论述：外在条件即上帝存在和灵魂不朽的公设对促进人类改恶向善有什么作用？内在条件即人性的向善禀赋和思维方式的革命对人类去恶趋善又是怎么可能的？

第五，在讨论了希望问题的"显隐"两重道德前提、希望问题的"显性对象"——幸福以及直接实现对幸福的希望遇到的困难（"显性对象"如何实现）之后，本书第五章将探讨康德希望问题的"隐性结构"中所蕴含的另外两个组成部分：希望的真正对象——至善及至善的实现。该章首先论及的是作为可以希望的真正对象是至善，而非单纯的幸福，亦即是说，至善是康德希望问题指向的"隐性对象"。具体地说，该章的思路如下：其一，在第三章论述的希望问题之"显性对象"——幸福的基础上，引出希望问题的"隐性对象"——至善，并指出这才是康德希望问题指向的根本对象。在此，将主要涉及作为希望问题指向的根本、真正对象的至善，其中的道德与幸福两个构成要素究竟是以什么形式来结合的、它们之间的关系究竟怎样等问题。其二，分析论述作为康德视域中希望指向的"隐性对象"——至善如何实现的两种条件：第一种是经验的、现实的社会历史条件；第二种是超验的、假设的宗教条件。社会历史条件（文化的发展和进步、制度的公正和合理等）对至善的实现有何现实的促进和启示作用？它们的局限在哪里？这是实现至善首先要谈及的问题。而宗教条件（上帝存在和灵魂不朽的公设，尤其是前者）为什么必须是实现至善的终极保障？这些条件应该如何证明？特别是康德对上帝存在的预设和传统的宗教对此的理解有何不同？由于社会历史条件无法最终使至善彻底实现，而只有宗教条件才能保障至善的彻底实现，所以宗教条件既是康德彻底解决希望问题所要解释的侧重点，也是该章论述的核心。这主要涉及康德对上帝存在的道德神学证明及其对此证明的合理性所作的辩护等问题。在该章的阐述之后，我们对康德的"我可以希望什么？"这个问题就基本上有了一个完整的把握和理解，康德的希望问题所涉及的种种论域也就有了一个具体的交代和阐述。

第六，本书的最后一章将具体阐述康德希望问题所可能产生的积极影响。该章主要由两个部分组成：其一，康德对希望问题的独特解答所必然导致的理论后果；其二，康德的解答给当代带来的应有启示。在阐述中，笔者将结合当今时代背景，把现时代的种种"现实"问题带进来以审察康德的希望问题。理论后果部分将证明康德所设定的希望问题以及对此的解答，本质上讲实现了人类希望的启蒙，这根本上区别于以往人们对希望问题的流俗设定和解答，同时表明康德对希望问题的阐述某种意义上讲是对传统宗教的一种"人本化"变革，其更具有生命力和说服力；当代启示部分将从当下的时代出发，阐明康德对希望问题的解答给我国建设幸福社会带来的种种有益启示，康德希望视域中所理解的幸福正是我国文化缺乏或忽视的一种有益的理解视角，另外也将表明康德的希望视域能为人们抵抗当今时代泛滥的虚无主义思潮（以崇高价值的式微或贬值为特征）提供一些宝贵的思想资源。鉴于此，该章也许就是本书写作的现实价值所在。

三、本书研究的创新及不足

任何有价值的理论研究，其根本的标志在于创新，因此创新也被视为理论研究的根本生命，但真正的创新又是所有理论研究的困难之所在，对于康德哲学的研究尤其如此。鉴于此，笔者不敢轻言自己的研究具备了某种实质性的重大创新，但是对具备了某些局部性的创新这点还是可以肯定的。因为正如本书前面所述，任何哲学研究其实都是一个研究者和文本作者"共同书写"哲学的过程，这种"共同书写"某种意义上讲已经是一种和原作者有所不同的创作过程了。具体到本书研究的创新，有以下几点。

第一，研究视域的创新。以往对康德哲学的研究，很少甚至还没有专门独立地探讨希望问题的著作问世，而本书将康德的希望问题作为一个相对独立的问题来进行深入研究，将希望论域当作一个较为完整的哲学问题来看待，试图在康德的视域中去构建一种相对独立的"希望哲学"，以使其和传统将之仅仅限定为纯粹的宗教哲学问题或历史哲学问题等来研究的方式细微地区别开来，这在研究康德的众多视域中，应该算是一个小小的创新。

第二，学术观点的创新。本书的研究，是在康德希望问题所涉及的三个组成部分（前提、对象及对象的实现）各自的"显隐二重性"中具体展开的，对康德希望问题作出"显性结构"（道德前提、幸福对象及幸福的实现）和"隐性结构"（道德的实现、至善对象及至善的实现）的细致划分和研究，这是目前已有的研究中十分少见的，这种细致的划分及研究算是学术观点的突破和创新。特别是对道德前提的"隐性层面"——道德如何可能的详细论述，这是以往研究康德希望问题很少注意到的细节，或者还没有真正和"我可以希望什么？"这个问题紧密关联起来研究的先例，所以本书的研究内容中，无论是对希望问题的"显性结构"分析，还是对"隐性结构"中的组成要素阐释，均算是一种大胆尝试。

第三，研究"价值"的创新。哲学的价值在于其能赋予生存于现实中的人们一种绝对的"价值感"和意义支撑，对此，康德的解释是："因为哲学是一种完美智慧的理念，它给我们指出人类理性的最后目的。"①笔者认为任何真正的哲学研究同样如此。本书的研究在理论后果和当代启示部分，以康德的希望思想为基础进行"发散性"的分析，这些分析既关注到了康德希望理论本身带来的积极影响（实现人类希望的启蒙和宗教神学的人本化），也涉及了其给当今时代精神建构带来的有益启示（对当前我国构建幸福社会和当代世界抵制现代虚无主义思潮等的启发）。这是本书研究试图给人类现实生活本身提供的积极精神食粮，以此为切入口，带给现代世界的人们一些物质之外的"绝对价值"感和意义感。这应该是本书研究的一些"价值"创新。因为至今的很多康德研究仍未充分注意到康德希望理论与这些现实问题的深度关联。

当然，鉴于种种主观和客观条件的制约，本书的研究仍有很多不足。

第一，由于康德的文本素以晦涩难懂著称，加之笔者的德文水平有限，只能对照一些德文核心词汇、部分英文译著及相关研究著作、中文版译著进行比较研读，这势必会造成一些理解的偏差，虽笔者尽量多对照几个译本，但仍难免有理解不到位之处。同时，外语水平的限制和康德外文研究资料的相对缺乏等，也限制了笔者对国外康德研究的深入了解，这难免造成本书的研究带有些许"坐井观天"意味。

第二，由于任何哲学或者哲学研究，都是研究者对原作者文本的一种"重写"，是研究者自身理性的自由运用和发挥过程，也就是说，哲学研究从某种程度上讲就是研究者阐发自己哲学的一个过程，因为正如康德自己所言：

---

① 康德. 逻辑学讲义. 许景行译. 北京：商务印书馆，1991：14.

"哲学是不能学习的，因为它还没有拿出来。"[①]所以，在研究过程中，研究者自身的学养水平和理论功底将直接决定研究的深度和广度。笔者由于对康德研读和理解得不够深入，加上自身理论水平的限制等，在某些具体问题的阐述上会有不尽如人意之处，所以本书对康德希望问题的这次"重构"，或许无法成为"永恒"哲学（研究）。

---

① 康德. 逻辑学讲义. 许景行译. 北京：商务印书馆，1991：16.

第一章 康德提出希望问题的背景

正如马克思所言，"哲学是时代精神的精华"，任何哲学思想的提出均有其特定的时代背景，是某一时代背景中，人类对自身生存发展遭遇的问题作出的一种理论反思和回应。本书论述的康德之希望问题，同样也有这种特征，其直接或间接反映了康德所处时代人类精神所面临的一些重大问题和困惑。当然，这些反映具体时代的问题，在哲学家的思想中，可能呈现出几种形态：有的是思想家需直接面对的纯理论性难题，这是其学术研究要实现承前启后目标所必须面对的现实；有的是思想家需间接面对的人类在现实生活中所遇到的难题，这是其学术研究彰显价值关怀所应当承担的责任；还有的则可能是思想家反思其所处时代出现的某种病态精神状况，而作出自己独到的理解和审察，这是其学术研究摒弃人云亦云、显示独立价值的应有担当。作为西方近代哲学史上一个承前启后的重要思想家，康德的哲学视域涉及方方面面，康德哲学中的任何一个重大问题虽相对独立，但更多又都是和其整个哲学体系及人类的哲学理论、生活现实、时代精神等无法分割地勾连在一起的。因此，对于康德论及的希望问题，其提出的背景也十分复杂，下面将从三个角度来切入，从而对康德提出希望问题的复杂背景试作梳理。

第一节　形而上学的迷途及希望问题的消解

一、独断论及形而上学的迷途

康德之前，西方哲学自古希腊时代开始，走过了两千多年的发展历程，取得了巨大成就。但与其他从哲学母体脱胎而来的学科如逻辑学、数学特别是近代取得很高成就的自然科学的繁荣发展相比，作为被传统视为"一切科学女王"的形而上学却在近代遭遇到了前所未有的尴尬：其名誉和威信均遭受了极大的质疑，以致到处受到鄙视、驱赶甚至遗弃。形而上学在近代遭遇的这些尴尬局面，是否就预示着形而上学对于人类来说已经是纯属多余或者毫无用处了呢？对此，康德的答案是否定的。康德坚信，形而上学是人类任何时候都不可缺少的，不管它现在的遭遇怎样，"人们任何时候都将返回到形而上学，就像返回到一个与我们吵过嘴的爱人身边一样，因为，由于在这里涉及到根本的目的，理性就必须永不停息地工作，要么是为了达到彻底的洞见，要么是为了摧毁那些已经现成的很好的洞见"①。也就是说，形而上学根本上就是人类理性的一个天然兴趣和追求。

那么，形而上学遭遇尴尬的根源何在呢？康德认为，这主要源于人类理性的某种"独断"运用。甚至可以说，形而上学从其起源开始，就和人类理性的某些独断论牵扯在了一起，难舍难分。对此，康德指出："最初，形而上学的统治在独断论者的管辖下是专制的。"②也就是说，自古以来，独断论就一直是形而上学的主宰和核心组成部分。关于什么是"独断论"，康德认为："独断论就是纯粹理性没有预先批判它自己的能力的独断处理方式。"③这种理性缺乏对自身能力的批判④，不可避免地导致了人类理性运用时的僭越行为，导致了理性盲目地闯入了其不该或者不能认识的领地而又无法自拔。更糟糕的是，理性对自身缺乏批判而独断地处理问题的方式，还使其盲目自信起来：世界一切无不在其掌控之中，只要运用理性的原理和概念，世界的一切均无一遗漏地尽收囊中。当然，康德认为，独断论对理性独断使用的主张——依据原理与概念来把握世界并没有大错，其主要错在理性未对自身的各种能力预先进行考察、划界和厘定就匆匆使用这一点上。这样的独断论，表面上看，古代有柏拉图，近代有笛卡儿、莱布尼茨、沃尔夫等唯理论哲学的典型代表，他们有一个总体性的共同特征：认为人类理性能够认识和把握（这主要是通过推论和证明等方式）世界的一切，包括人类经验以外的一些事物——如灵魂、上帝等，从而试图求得某些确定的"知识"，但他们所言的理性又只是一种未经批判和审视的纯粹抽象的形式。

随着这种独断论而来的是形而上学领域中永无宁日、毫无结果的纷争，并最终导致其长期处于无政府状态。而与独断论分庭抗礼的是由来已久的怀疑论，古代有著名的智者派及皮浪主义等，近代彻底经验论者有英国著名的经验主义哲学家大卫·休谟（David Hume）、乔治·贝克莱（George Berkeley）等。在他们的轮番"攻击"下，形而上学的独断论已千疮百孔甚至奄奄一息。

---

① 康德. 纯粹理性批判. 邓晓芒译. 北京：人民出版社，2004：641.
② 康德. 纯粹理性批判. 邓晓芒译. 北京：人民出版社，2004：2.
③ 康德. 纯粹理性批判. 邓晓芒译. 北京：人民出版社，2004：25.
④ 所谓批判，在康德那里主要是研究、考察和厘定的意思，对理性的批判主要就是要考察和厘定理性运用的起源、界限等，以使人类理性不至于盲目运用。详见：康德. 纯粹理性批判. 邓晓芒译. 北京：人民出版社，2004.

其中，要数休谟用力最大，正如康德所言："自从洛克《人类理智论》和莱布尼茨《人类理智新论》出版以来，甚至尽可能追溯到自从有形而上学以来，对于这一科学的命运来说，它所遭受的没有什么能比休谟所给予的打击更为致命。"①休谟对独断论的致命打击，主要在于其以彻底经验论立场看待一切的传统形而上学问题（数学除外，但自然科学包括在内）。在这种彻底的经验论看来，"关于人的科学是其他科学的唯一牢固的基础，而我们对这个科学本身所能给予的唯一牢固的基础，又必须建立在经验和观察之上"②。也就是说，一切与人相关的科学（如果形而上学也算人的科学的话），其最终的可靠根基和落脚点只能是人类可以触摸和切身经历的经验和观察。正是基于这样的经验论立场，休谟不可避免地走向了彻底的怀疑论。这种诉诸经验和观察的怀疑论，不但使近代以来繁盛发展的自然科学之合法性（在休谟看来，自然科学的根基在于因果关系）遭到了质疑，更使自古以来一切的独断论对事物（特别是超经验的事物）合法性的抽象推理和证明遭到了毁灭性打击。休谟认为，传统一切由推论和证明得来的知识，充其量只能是人类的一种"习惯性联想"，而只能使用经验和观察这种"可靠"工具的人类，无论怎样也不能证明超出其经验范围的普遍必然性（由因及果或由果溯因）规律，传统形而上学中对灵魂不朽、上帝存在等的一切证明更是如此，后者在休谟看来简直就是人类不自量力的一种幼稚的妄想和迷狂，这在休谟的《人类理智研究》《自然宗教对话录》《宗教的自然史》等著作中有大量的讽刺性论述。

　　显然，休谟在彻底经验论的视野中，对独断论的怀疑似乎是无懈可击的，也正是其怀疑论启发了康德在哲学上走出了一条不同寻常之路。对此，康德曾坦率地承认："就是休谟的提示在多年以前首先打破了我教条主义（即独断论——笔者注）的迷梦，并且在我对思辨哲学的研究上给我指出来一个完全不同的方向。"③从休谟中得到启发，康德是否也赞同休谟的做法，进而直接取消自然科学特别是形而上学的合法性呢？康德对此做出了明确的否定。康德认为，独断论之所以经不起怀疑论特别是休谟的反驳，主要原因在于理性未经批判和考察自身这个环节就直接运用去把握事物了，而被休谟摧毁的自然科学和形而上学的合法性根基，则正是康德要着手去重建的对象。行文至此，康德如何为自然科学和形而上学的合法性奠基暂且不论，现在重

　　① 康德. 任何一种能够作为科学出现的未来形而上学导论. 庞景仁译. 北京：商务印书馆，1978：5-6.
　　② 休谟. 人性论（上册）. 关文运译. 北京：商务印书馆，1980：8.
　　③ 康德. 任何一种能够作为科学出现的未来形而上学导论. 庞景仁译. 北京：商务印书馆，1978：9.

点关注一下休谟的彻底怀疑论本身的性质和合法性问题。笔者认为，虽然康德对休谟的怀疑论和传统的独断论作出了一定的区别，但从本质上看，休谟的彻底怀疑论仍然属于康德在著作中多次提到的独断论范畴。既然独断论是人类理性未经批判自身就匆匆运用去试图把握事物的理论行为的总称，那么我们可以清楚地看到，休谟的怀疑论虽诉诸直接的经验和观察，否定了一切抽象推理和证明的"无法经验性"，但其同样无法说明超越经验的所有推理和证明的"不合理性"。换句话说，休谟彻底经验论充其量只能是就经验论经验，而根本无法就经验论"超经验"，这样一来，其对一切独断论的超经验推理和证明的否定，就同样是一种理性的独断使用了：人类理性除了经验之维，是否还有超经验之维？推理和证明难道真的无法超越经验和观察而具有自身独立的天地吗？这些问题在休谟那里都是悬而未决的。

　　所以说，休谟再高明，其实也是其竭力反对的独断论之同一个铜板的另一面罢了。究其根本，在于他仍未对人类理性作出批判的考察、划界和厘定就直接使用了。至此，我们看到，独断论（包括休谟的怀疑论在内）占据了近代哲学的主流，但独断论总体上是使形而上学走进了一个迷途当中而无法自拔：他们在内部自相斗争和吵闹，结果是形而上学（或哲学）自身的威名扫地，形成一种内部长期的"二极震荡"状的恶性循环而毫无发展和进步。在这里不但人类的知识失去了根基的支撑，一切形而上学也不得不退出人类理性的舞台。而这一切，在康德看来都是无法接受的，在康德生活的时代，以牛顿为代表的自然科学（物理学）使人类看到了知识以坚定的步伐发展和进步的希望，以卢梭为代表的对人的价值科学（尤其是道德——其核心是自由）的肯定使康德看到了人自身的崇高价值和尊严。康德对于时代赋予的这些可贵的精神品质，内心充满了崇敬和向往，从而把自己哲学研究的主要目标设定于此。正如有学者指出的那样："科学与自由既是时代精神的两大课题，也正是康德批判哲学所要解决的两大课题。"[①]而和科学与自由两大课题对应的，则是康德试图构建的其心目中的两种形而上学，即自然形而上学和道德形而上学，前者为自然科学奠定了其作为自然科学所应当具备的确定性（先天法则）基础，后者则为人类的意志及其行为奠定了先天的普遍法则。而这一切，是所有独断论至今未能或者无法成功实现的目标。以至于形而上学只能是一个战场，即永无休止的纷争战场，在这个战场上谁都无法确立属于自己的真正领地。在这种情况下，结果只有一个：人类理性的彻底迷失。在理性迷失的路途中，原本人类理性兴趣所指向的希望问题也只能随之消解

---

① 杨祖陶，邓晓芒. 康德《纯粹理性批判》指要. 北京：人民出版社，2001：10.

或者隐匿，也就是说，人类对未来的希望这种"无法经验"又"无法证明"的问题也许已经不再称其为问题，或者说此时这个问题本身对人类理性来说已毫无意义。这时，人类的希望也许就是虚妄，或者说仅仅是一种痴人说梦般的幼稚想象。

二、希望问题的消解

康德哲学中的希望问题——"我可以希望什么？"，在康德看来至少是其宗教哲学所要解决的问题①，也就是说，宗教在康德思想中并不是毫无地位的，相反，其在康德思想中占据很重要的位置，宗教问题是康德给自己设定的必须解决的哲学三大问题之一。这也从侧面证明了康德从来就不是一位以为上帝可有可无或者无须为其操心的无神论者。同时，有关康德的传记也表明，康德的父母都是虔诚的宗教信徒，特别是其母亲，从小对康德的宗教情结产生了巨大影响。对此，康德曾如此描述："我的母亲是一个温和、富有同情心、虔信而又正直的女人，是一个以虔信的教诲和有德行的榜样引导她的孩子们敬畏上帝的善良母亲。她常常带我到郊外，引导我注意上帝的造物，表达她对上帝的全能、智慧和善意的虔敬的关注，并在我心中留下了对万物的创造者的深厚崇敬。"②毫无疑问，从以上的说明中，我们可以看出，宗教在康德的心目中占有重要的一席之地：无论是其哲学研究计划，还是从小的成长经历，无不强有力地证明了这一点。然而，在康德心目中如此重要的宗教信仰问题（即康德所讲的"我可以希望什么？"这个问题）在近代形而上学的迷途中遭遇了什么呢？

从前面的论述中，我们看到，形而上学领域成了永远没有真正胜者的"角斗场"，由于人类理性未对自身能力作出预先的批判性考察和审查，最终人类理性迷失在了形而上学之中。这种迷失导致了康德心目中的两种形而上学（自然形而上学和道德形而上学）均无法以令人信服的方式建立起来。在此，虽然康德对心目中的形而上学与关乎希望问题的宗教作出了明确的区别，但这种区别并非要使后者像所有独断论者所必然走向的归宿那样，即导致其走向无意义或者无法真正证明其合法性，而是相反，他要用前者保护好后者的地位和领地。对此，康德在《纯粹理性批判》中曾明确强调："由我们的批

判的整个进程出发，人们将会充分地确信：即使形而上学不可能是宗教的基础，但它仍然任何时候都必将作为宗教的捍卫者而屹立，而人类理性既然由于其自然倾向而是辩证的，它就将永远也不可能没有这样一门对它加以约束的科学，而这门科学将会通过一种科学性的和完全明白易懂的自我知识来防止某种无法无天的思辨理性肯定会在道德和宗教中造成的种种破坏。"① 而对于形而上学这种对关涉希望问题的宗教之捍卫，康德正是通过理性批判之后建立起来的两种形而上学从消极、积极两个层面来具体展开的。在消极层面，他将自然形而上学限制在以经验为界限的"现象界"，这是理性之理论运用的层面［知性（understanding）层面］，在此，人类的理性（知性）无法也不可能去过问并认识超越经验的一切事物。这样，在对理性进行批判的过程中，既建立了自然形而上学，同时也限制了其管辖的范围，从而"给信仰腾出位置"②。在积极层面，他将道德形而上学推向经验界限之外的无法认识的"本体界"，这是理性之实践运用的层面（纯粹实践理性层面），在这里，人类的理性（纯粹理性）获得了真正的自由运用，这种自由运用超越了经验界限的自然必然性规律，而遵守自由必然性规律。遵守自由必然性规律的领域，在康德看来只有人类的道德领域，但康德同时认为：虽然借助于纯粹的实践理性，道德是自给自足的，但"道德不可避免地要导致宗教"③。也就是说，在经过批判之后的理性建立起来的道德形而上学里，必然导致产生宗教这个结果，其中，宗教存在的合法性可以得到道德的捍卫和巩固。由此，人们思考灵魂、上帝等也就得到了合法的保障。

　　然而，正如前所述，康德所追求和强调的两种形而上学，都不得不在近代的形而上学迷途中丧失了自身得以可能的合法性，两种形而上学在近代形而上学中无法证明自身，而必然导致必须由它们捍卫的宗教问题的消解。因为正如循着休谟得出的结论那样，连自然形而上学和道德形而上学的地位都不保了，超验的宗教哪里还有位置呢？而从康德明确的定位中我们看到，希望问题从某种程度上讲就是宗教领域要解决的问题。由此，希望问题就必然在形而上学的迷途中丧失了自身，直接消解自身或者合法地位不保。在康德看来，这是人类理性无法接受的残酷结果，同时也是康德自己无法接受的现实。以上构成了康德提出希望问题的第一个背景。

---

① 康德. 纯粹理性批判. 邓晓芒译. 北京：人民出版社，2004：640.

② 康德. 纯粹理性批判. 邓晓芒译. 北京：人民出版社，2004：22.

③ 康德. 单纯理性限度内的宗教. 李秋零译. 北京：中国人民大学出版社，2003：4.

第二节　现实世界中的德福悖论及希望的虚妄

一、现实世界中的德福悖论

在《纯粹理性批判》的"纯粹理性的法规"部分，康德对希望问题做出了如下明确的规定："如果我做了我应当做的，那么我可以希望什么？……因为一切希望都是指向幸福的。"①由此，可以明显地看出，希望问题与道德（做了我应当做的）和幸福是紧密关联的，同时也可以看到，康德试图通过对希望问题的解答来重新审视道德和幸福的关系②。而在康德之前，关于德福关系的问题也一直是西方思想家关注的焦点。对于德福关系问题的关注，表明了道德和幸福两者对于人类存在的重要性，同时也反映了自古以来，德福两者之间的关系似乎一直是一个难以解开的谜。这个谜的症结恰好在于现实世界中普遍存在的德福悖论问题。所谓德福悖论，就是人们所具有的道德及其所享受的幸福在现实生活中往往不对等：有道德的人不一定幸福甚至很不幸，而没有道德的人则可能不但没有受到相应的惩罚反而还享受了幸福。

关于德福悖论的现实，从古至今都不乏鲜明的例子。如古希腊的苏格拉底，作为一位正直的、真理和善的忠实践行者，最终饮毒酒身亡，有生之年难享幸福。对此，黑格尔在《哲学史讲演录》中不无感慨而又严肃地强调："只有当一个可敬的人遭遇灾祸或死亡的时候，只有当一个人遭受无辜的灾难或冤屈的时候，我们才特别称之为悲剧；苏格拉底就是这样，他无辜被判处死刑，这是悲剧性的。但是这种无辜的灾难绝不是合理的灾祸。"③显然，现实世界中存在的像苏格拉底这样的德福不统一的悲剧，是人们难以接受的，稍微具有一点正义气概的人都会对此感到无比惋惜和悲叹；而与此相反，很多恶徒，却经常在其有生之年享尽了人间的荣华富贵和幸福，这更是人们无法接受的社会生活现实。可以毫不夸张地说，和以上所列类似的德福不统一的"悖论"现象在人们日常生活中随处可见，举不胜举。更令绝大多数人无法接受的是，这类现实似乎根本无法杜绝甚至愈发严重和不可收拾。即便生活在21世纪人类文明充分发展和繁盛的今天，有关德福不统一的事例仍不时发生，既震颤了人们的神经，又让人们感到无奈和束手无策。一般人尚且不

---

① 康德. 纯粹理性批判. 邓晓芒译. 北京：人民出版社，2004：612.

② 对于康德对道德与幸福关系的具体论述，本书将在第三章展开论述，在此只是将其列出来，作为引子，表明康德希望问题关涉德福关系，不作具体展开论述。

③ 黑格尔. 哲学史讲演录（第二卷）. 贺麟，王太庆译. 北京：商务印书馆，1960：46.

能接受德福不统一的结果，何况是康德。作为伟大的思想家，康德不可能无视存在于人类生活世界中的残酷的德福不统一现实，特别是人类的幸福，以至于亨利希·海涅（Heinrich Heine）曾这样调侃康德对其身边老仆人的怜惜："老兰培一定要有一个上帝，否则这个可怜的人就不能幸福——但人生在世界上应当享有幸福。"①在此，我们不去追究海涅的调侃有多大的讽刺或者挑逗意味，可以肯定的是，康德的哲学思考绝不会放弃对作为全人类利益主要构成部分的幸福的考虑，更无法容忍人类某些应有的共同权利遭到自然尤其是人为损毁。正如他自己所说："我生性是一个探求者，我渴望知识，不断地要前进，有所发明才快乐。曾有过一个时期，我相信这就是使人的生命有其真正尊严的，我就轻视无知的群众。卢梭纠正了我。我臆想的优点消失了。我学会了来尊重人，认为自己远不如寻常劳动者之有用，除非我相信我的哲学能替一切人恢复其为人的共同的权利。"②显然，人作为人的共同权利，肯定要包括幸福的权利在内，如果没有幸福，即便具备道德，人的共同权利也是无法完满的。

而对于德福悖论关系的解释及其解决办法，西方哲学自古希腊时代以来就做出了大量的讨论，其中几乎所有思想家都注意到了首先须对道德与幸福或善与幸福两组概念之关系作出合理的解释。不同的哲学家对此有不同的看法。总体上看，有两种思路：其一，认为道德即幸福，也就是说幸福是内在于道德的，其逻辑是有了道德就必然地会拥有幸福；其二，认为幸福即道德，也就是说，只要是使人幸福的东西就是道德的，幸福与道德同为一体。前者的典型代表有古希腊的斯多亚学派（Stoics），他们认为，"道德就是过顺应人的本性的生活"③，而人的本性就是美德，同时，"他们肯定美德本身对于快乐就是足够的"④。也就是说，道德是人应有的本性，只要人们遵守这个本性去生活，自然就是幸福和快乐的了。随斯多亚学派而来的，还有中世纪的很多神学家，如神学集大成者托马斯·阿奎那就曾十分明确地肯定："道德行为受人赞美，是由于它导向幸福。"⑤而后者的典型代表则有古希腊的伊壁鸠鲁学派（Epicureans），他们被标榜为快乐主义。所谓快乐主义，就是将幸福快乐设定为人生的最高目标和最高的善，一切其他的善均从属于它。对此，伊壁鸠鲁曾明确地强调："我们认为幸福生活是我们天生的最高的善，

---

① 亨利希·海涅. 论德国宗教和哲学的历史. 海安译. 北京：商务印书馆，2017：116.
② 转引自杨祖陶，邓晓芒. 康德《纯粹理性批判》指要. 北京：人民出版社，2001：6.
③ 北京大学哲学系外国哲学史教研室编译. 西方哲学原著选读（上卷）. 北京：商务印书馆，1981：181.
④ 北京大学哲学系外国哲学史教研室编译. 西方哲学原著选读（上卷）. 北京：商务印书馆，1981：184.
⑤ 北京大学哲学系外国哲学史教研室编译. 西方哲学原著选读（上卷）. 北京：商务印书馆，1981：277.

我们的一切取舍都从快乐出发；我们的最终目的乃是得到快乐，而以感触为标准来判断一切的善。"①换言之，幸福是一切道德的最高标准，没有幸福就无所谓道德与不道德。显然，伴随伊壁鸠鲁学派的快乐主义发展而来的是西方近代著名的功利主义伦理学派。

　　从以上简单的梳理中，我们可以发现，不管是斯多亚学派、伊壁鸠鲁学派，还是他们的后继者，对道德和幸福的关系作出的论述，均具有一定的合理性并产生了一定的影响，但他们都忽视了一个共同问题或者说犯了一个共同的错误：他们都仅仅解释了德福的关系而已，而没有对德福悖论的解决提供一个真正具有说服力的方案。其中的问题正如马克思在《关于费尔巴哈的提纲》中所强调的那样："哲学家们只是用不同的方式解释世界，问题在于改变世界。"②更为严重的是，现实中的德福悖论非但没有在他们的理论中得到解决，反而使德福的界限模糊化甚至同一化了，从某种程度上看，这种模糊化或者同一化的做法，是将德福悖论的问题取消掉了。因为既然道德就是幸福，或者幸福就是道德，两者同一，又何来冲突或者悖反呢？

　　总而言之，且不论传统相互对峙的两种伦理学派别对道德与幸福的概念定义有多大的可取性和合理性，他们对于德福悖论现象的处理和解释均无法令人信服。因为无论怎样，现实中的德福悖论都仍无法消除，这是每个人均可以具体感受甚至是见证到的。

二、希望的虚妄

　　除了以上所述的现实中大量存在德福悖论现象以及传统伦理学对其解答的无能之外，我们还应特别注意康德之前的两个重要思想"山头"对此问题作出的回应：一个是柏拉图，另一个是传统的宗教及其学说。作为西方理性主义思想传统重要的奠基人，柏拉图在西方思想史上的地位自不用多言，这正如波普尔所言："柏拉图著作的影响（无论好坏）是不可估量的。可以说，西方思想不是柏拉图哲学的就是反柏拉图哲学的，但很少是非柏拉图哲学的。"③而传统的宗教特别是基督教及其学说，则是信仰主义思想传统的重要发祥地。两大思想传统奠定了西方精神发展的两大基石：古希腊文明（理性）和古希伯来文明（信仰）。

① 北京大学哲学系外国哲学史教研室编译. 古希腊罗马哲学. 北京：商务印书馆，1961：367.
② 马克思. 关于费尔巴哈的提纲//马克思，恩格斯. 马克思恩格斯文集（第一卷）. 中共中央马克思恩格斯列宁斯大林著作编译局编. 北京：人民出版社，2009：502.
③ 卡尔·波普尔. 通过知识获得解放：关于哲学历史与艺术的讲演和论文集. 范景中，陆丰川，李本正译. 北京：中国美术学院出版社，2014：105.

首先，从柏拉图谈起。在柏拉图诸多的著作中，均涉及了德福关系的问题，特别是在《理想国》一书中，柏拉图借苏格拉底之口与人展开了大量有关德福关系的辩论。柏拉图基本的价值立场和最终的结论是：只有正义者才可能享有真正的幸福，而不义者则从根本上讲是不幸的。那么什么是正义呢？柏拉图对正义作出了两种层次的理解，一种是城邦（国家）的正义，另一种是个人的正义；同时，通过城邦的正义可以类比推出个人的正义。所谓城邦的正义，就是指正义的城邦由三类人组成并且相互之间"各尽所能、各得其所"：护国者（统治者）、辅助者（军人）和普通民众（生意人、农民等）。这三类人分别具备智慧、勇敢和节制的品质，而在这些品质中，智慧是统帅，勇敢是辅助（受智慧的指挥），节制服从智慧的引领，三者和谐统一于一体。在这些对应品质的铸炼和牵引下，柏拉图认为："当生意人、辅助者和护国者这三种人在国家里各做各的事而不相互干扰时，便有了正义，从而也就使国家成为正义的国家了。"[①]也就是说，在国家中，各类人尽其所能、协作互助，国家就具有了正义。而通过国家和个人类比，则可以得出相类似的个人正义。因为国家也就是个人的扩大化，在人身上，柏拉图认为人的灵魂中有三种力量（"三驾马车"）：理智、激情和欲望。在这三种力量中，理智是统帅，激情是辅助（受到理智的牵制并听从其指挥），欲望由理智控制。这时，人的灵魂就处于高度的和谐当中，这种灵魂的和谐状态就是个人的正义。这样，只有具备正义性质的国家才可能是一个整体幸福的国家，只有具备正义性质的人才可能是一个幸福的人。而与正义相悖的国家或者个人，都必然是不幸的。柏拉图以上所说的正义就是他理解的最高的善、自在的善，即道德。

显然，从以上简单的论述中可以看出，柏拉图对德福关系的论述，特别是德福悖论的现实，仍然和其后来者斯多亚学派理解的如出一辙：道德（善）即幸福。他并没有真正将道德和幸福作为两种根本不同层次的概念而作出严格的区别。同时，因柏拉图将世界划分为理念与现实两个层面，只有理念层面是真实的，一切现实都是虚假的，从而将人们对幸福的现实追求化为了乌有和毫无意义的行为。这样，柏拉图关于德福关系的阐述和对德福悖论的解决，实际上消解了幸福作为人性渴求的现实性和感性维度，将其锁定在了超验的理念层面。因此，人在柏拉图这里也就成了"单维"的人，人仅作为纯粹理性或理念层面的存在者，从而取消了现实的人。现实中，人对幸福的希望、对幸福的感性欲求，也就不可避免地成了一种虚妄。

---

① 柏拉图. 理想国. 郭斌和，张竹明译. 北京：商务印书馆，1986：156.

　　其次，再来看一下传统宗教的做法。和柏拉图的理性主义略有不同，传统宗教及其学说对德福悖论问题的看法，交给了一个外在于人的高高在上的神去完成，他们所有的努力都试图表明一点，只有信仰无所不能的神，来世的幸福才有希望得到实现。在此，传统宗教的问题不在于是否存在一个无所不能神，而在于我们如何才能够理解或者相信神的存在，以使我们来世的幸福得到保障。对此，根据休谟对宗教起源的考察及对宗教的理解，其理解可大体上分为两类：一类是人性情感的理解，另一类是人类理性的理解。前者本质上是一种盲目的迷信，而后者则是一种对上帝存在的理论证明。休谟认为，对于大多数人来说，相信神的存在，均是由于情感的因素，因为：我们永远悬浮在生与死、健康与疾病、富足和贫乏之间；这一状态在人类中间不断受到一些隐秘和未知原因的干扰，它们的运作经常出人意料，而且总是莫名其妙。①在这样一种充满未知的生活状态中，如此种种未知的因素必然会引发人们不断产生各种希望与恐惧。由此，通过对各种事件的焦急期待，这些激情陷入了长久的警觉之中，我们的想象，也同样被用来形成关于那些我们如此完全依赖的力量的观念。②也就是说，在人们日常生活的焦虑、恐惧、对未来的不确定等情感需要中，神出现了。显然，这样的神之存在，更多是满足人类纯粹功利性目的的需要，其实质上对信徒没有任何严格要求：只要你产生恐惧不安或者无助的情绪，就可以去相信有一个神存在，这个神可以帮助你解决自己无法解决的问题。在这种情况下，不管你是什么样的人，有道德或者没有道德均可以希望得到神的帮助，从而让自己在未来得到幸福，只要你信仰它就足够了。毫无疑问，这样的信仰是一种盲目的信仰，没有任何前提和根据，自然也不会有任何结果，充其量是人类自己的一种想象罢了，这种对神的情感性理解，最终只能是一种虚妄。

　　与对神的情感性理解相比，传统对于神的理性理解的做法，情况更为糟糕：在休谟的彻底经验论的摧毁下，这种试图用理论证明神的存在的做法，可谓体无完肤，毫无还手之力。基于彻底经验论的立场，休谟认为，一切对宗教的哲学化理论证明，均无法保证自身的必然性或合法性，因此，世界上的一切哲学和仅仅作为哲学分支的一切宗教，都将无法引领我们超越常规经验领域，或者提供给我们一种不同于由反思日常生活所得的规范。从宗教的假设中不可能推论出任何新的事实；也不能预见或预言；除了通过实践和观察已知道的那些以外，我们不可能期待或渴望别的奖或惩。③因此，在我们

---

① Hume D. The Natural History of Religion. London: A. and H. Bradlaugh Bonner, 1889.

② Hume D. The Natural History of Religion. London: A. and H. Bradlaugh Bonner, 1889.

③ Hume D. An Enquiry Concerning Human Understanding. New York: Oxford University Press, 2007.

根本无法真正以正确方式理解某个神是如何存在的情况下，传统一切以神来保证人们希望未来幸福的做法，都显得十分荒谬。同时，传统宗教试图证明上帝存在，使人们彻底放弃现世对幸福的追求而献身于神的一切做法，也十分可笑且无知。在传统宗教理论中，最后可能导致种种禁欲主义、宗教迫害的发生，而这些严重后果带来的无数惨绝人寰的鲜活事例，不正是对德福悖论的一种扩大化和严重化的证明吗？

因此，在明知无效的两种对神的传统理解中，人们祈望神去拯救人类的种种不幸或者去解决现实中的德福悖论，这本身就是自相矛盾的事情。由此而来的一切希望，说到底只能成为一种虚妄，一种十分荒谬又无从理解的虚妄。以上这些传统伦理学和宗教对德福悖论问题解决的无能，构成了康德提出希望问题的第二个背景。这些背景直接刺激了康德重新思考德福的概念和关系问题，同时也使其重新对神学进行了定位和思考，而这些思考又都和其对希望问题的思考直接关联在一起。在此，需要强调的是，在康德的希望问题或者宗教问题中，即便幸福的问题十分重要，但是康德更关心的是人们应该如何配享幸福这个前提性的问题，而如何获得或者达到幸福，则只是一个关涉希望问题或者宗教问题彻底解决的"完整性"之维而已。这正如康德专家伍德所言：康德宗教问题的中心并非"我如何能够逃避神的惩罚和获得幸福？"，而是正如他自己强调的"我如何能配享幸福？"。[①]可见，德福悖论虽构成康德希望问题或宗教问题的背景，但是其更重要的关切在于：如何在有德（配享幸福）的基础上去考虑幸福问题，而并非直接谈论如何获得幸福这个简单问题。对于这个重要问题，本书后面的章节将会展开详细的论述，这是本书的中心内容之一。

第三节　西方近代启蒙运动的希望与失望

众所周知，康德生活的时代，是欧洲历史上著名的启蒙运动时代。自 14 世纪文艺复兴以来，直至 18 世纪，整个欧洲大陆始终回荡着一个声音，那就是启蒙。对于启蒙，近代以来不同的思想家作出过不同的定义，但都有一个共同的目标：高扬人类的主体性之维，张扬人类理性的"审判"功能，强调人自身存在的价值，推崇现世生活的幸福，反对封建专制，反对宗教、愚昧及禁欲苦行等。从思想范式的转换角度来看，从根本上讲启蒙就是从"神义

---

① Kant I. Religion within the Boundaries of Mere Reason and Other Writings. Wood A, di Giovanni G (trans. & eds.).Cambridge: Cambridge University Press, 1998.

论"向"人义论"①的范式转换。具体而言，即作为主体的人开始觉醒，"用光明驱散黑暗，以理性代替蒙昧"②。对于生在那个时代肩负启蒙重任的思想家群体，恩格斯后来曾作过这样的总体性描述："他们不承认任何外界的权威，不管这种权威是什么样的。宗教、自然观、社会、国家制度，一切都受到了最无情的批判；一切都必须在理性的法庭面前为自己的存在作辩护或者放弃存在的权利。思维着的知性成了衡量一切的唯一尺度。"③生活在18世纪的康德，其思想自然也深深地烙上了启蒙时代的印记，启蒙时代的思想资源不可避免地也构成了康德思想的一个重要背景和源头④。因此，我们不得不对启蒙运动作出一个基本的交代。当然，鉴于篇幅所限，在此只重点论述和希望问题有关的论题，如启蒙与人类希望幸福的关系、启蒙与宗教的关系等。

一、启蒙运动的希望

启蒙运动在欧洲甚至是世界发展史上都具有划时代的意义，人类从此走入了一个崭新的时代：人的自由、平等、尊严等在启蒙时代得到了最高的张扬和强调。而这一切，都与人类对幸福的追求和希望紧密地联系在一起，启蒙运动对人类主体性（特别是个体的价值）的推崇，使人们看到了实现现世幸福的希望曙光。那么,启蒙运动赋予的人类实现幸福的希望体现在哪里呢？主要有以下几点。

第一，以知识作为力量去战胜自然和蒙昧。我们知道，英国著名的哲学家培根的名言——"知识就是力量"，是启蒙时代最有力量的口号和信念之一。在知识信念的驱使下，欧洲近代迎来了科学和艺术发展的鼎盛时期。有了自然科学和艺术等的支撑，整个世界似乎都尽在人类理性的掌控之中，人类不再惧怕自然，不再恐惧一些未知的力量。对此，正如马克斯·霍克海默和西奥多·阿道尔诺所描述的那样："人类的理智战胜迷信，去支配已经失

---

① 我国著名学者张志扬教授对此的解释是，"神义论"向"人义论"的转化，为第一次现代性奠定了基本前提，即人类社会从古典到现代的过渡就是"祛魅"的过程，笔者在此就是借用张志扬先生的说法，特此说明。具体可参见张志扬. 偶在论：现代哲学之一种. 上海：上海三联书店，2000：1-2.

② 赵敦华. 西方哲学简史. 北京：北京大学出版社，2001：236.

③ 马克思，恩格斯. 马克思恩格斯选集（第三卷）. 中共中央马克思恩格斯列宁斯大林著作编译局编. 北京：人民出版社，2012：775.

④ 需要指出的是，康德本人也是西方思想史上著名的启蒙思想家，其对于启蒙的经典定义一直影响至今。但康德对启蒙的理解明显区别于其他一般的启蒙主义者，这在康德提出和解答希望问题时也得到了深刻体现，本书仅对与康德希望问题相关的启蒙运动思想资源及其影响作出梳理，以表明康德理解希望问题的独特性及解答希望问题的独到视角。

去魔力的自然。知识就是力量，它在认识的道路上畅通无阻：既不听从造物主的奴役，也不对世界统治者逆来顺受。"① 换言之，人类俨然成了整个世界的主人，只要我们相信科学和艺术、学习和掌握科学和艺术，以前一切摆在人类面前的困苦均不再延续。因此，人类的幸福也可以通过知识的力量去实现和达到。我们可以运用知识去开发自然、改造自然，以满足人类的各种需要。近代以来，科学技术的发展为人类生活带来了各种便利，生产力高度发展给人类生活带来了极大丰富的物质产品，文化艺术的发展提高了人类生活的品位和审美情趣等，这些无不使人看到了幸福生活的希望。用 20 世纪著名思想家以赛亚·伯林（Isaiah Berlin）的话来说就是，启蒙时代，人们深信：科学和艺术的发展是促进社会进步与人类幸福"最强大的武器，也是反对无知、迷信、空想、压迫和野蛮制度……最锐利的武器"②。总之，启蒙时代科学技术、文化艺术等的空前发展，使人们看到了当下及未来实现幸福的希望，这种希望成为启蒙时代激荡人心的坚定信念。

第二，以人性去代替神性。启蒙运动之前，欧洲大陆处于宗教（特别是基督教）统治下的"黑暗"中世纪长达一千年之久。在这漫长的岁月中，人们几乎所有的生活（政治生活、社会生活、心灵生活等）都围绕着一个中心在转，那就是上帝。上帝代表着最高的权威、正义和善，人间的一切（包括人本身）都必须服从于上帝。与上帝相比，人本身所具有的价值——自由、尊严特别是幸福等均不值得一提。由此，在中世纪，可以说，人及其一切价值已经被忽略甚至被人为地异化了，一切与上帝相悖的人的价值都是不合法的，要受到谴责、鄙视甚至惩罚（宗教惩罚、迫害等）。在中世纪浓厚的宗教统治气氛下，整个社会推崇彼岸的生活。为此，教会鼓吹并压迫人们摒弃现世的幸福追求，选择苦行僧甚至禁欲主义的生活方式等。显然，中世纪对宗教的过度狂热，压抑甚至灭绝了人性，而物极必反，长期受到压抑的人们，在启蒙运动"理性之光"的照耀下，首先就把革命的枪口对准了压抑人性的宗教。可以这样说："启蒙运动在其较狭隘的意义上，被看做首先是一种'论战性的和否定性的运动'，是'一场反宗教的运动'，或者说是思想上的'铲除运动'。"③ 宗教被"铲除"之后，人性从此就获得了彻底解放，特别是在人性中长期被压抑的那些感性欲望，理应在解放之后得到充分的认可、肯定和满足，否则人作为人的价值（和神相对），就难以得到彰显和推崇。因此，正如卡西勒所言："启蒙时代则把欲望变成了刺激整个心灵并使心灵保

---

① 霍克海默，阿道尔诺. 启蒙辩证法. 渠敬东，曹卫东译. 上海：上海人民出版社，2006：2.

② 以赛亚·伯林. 反潮流：观念史论文集. 冯克利译. 南京：译林出版社，2002：3.

③ 谢舜. 神学的人学化：康德的宗教哲学及其现代影响. 南宁：广西人民出版社，1997：41.

持运转状态的生命冲动力和真正的推动力。要求解放感受性的呼声响彻了四面八方，且变得越来越高昂，法国心理学和伦理学尤其如此。"①从这种以人性代替神性，以此岸代替彼岸，以人的自由代替神的统治的呼声中，人们仍然看到了幸福的希望，因为幸福正是人性的基本需求，是个体此岸（当下）的快乐感受。

此外，启蒙运动对传统专制制度的反抗和摧毁等，同样为人类实现幸福提供了必要的条件。总之，启蒙运动对人性理念的推崇、对科学艺术力量的尊奉、对专制制度的反抗等，无不向人们描绘了人类应有幸福生活的种种美好图景，为人类的未来预示了新的、坚定的希望。

二、启蒙运动的希望辩证法

康德生活的启蒙时代，是否真的像人们普遍期待的那样最终实现了人类的普遍幸福了呢？对此，人类的真实遭遇似乎给出了否定回答。人类对幸福的希望在启蒙运动的狂飙突进牵引下，似乎一步步地走向了自己的反面：启蒙运动原初追求的对人类主体性的高扬，对人类现世幸福的肯定，对人的尊严和价值的推崇等，均没有像预想的那样如期到来。当代著名的哲学家、法兰克福学派代表霍克海默和阿道尔诺将启蒙运动的这种诡异变化轨迹称为"启蒙的辩证法"。在他们看来，由启蒙带来的神话恐惧与神话如出一辙。同时，"被启蒙摧毁的神话，却是启蒙自身的产物"②。这种启蒙的辩证法，同样体现在人们对幸福的希望上面。那么，希望究竟是怎样"辩证"地走向自己的反面的呢？下面试作分析。

第一，启蒙之核心的人类理性由追求自由走向束缚人类自身。我们知道，人类之为人类，区别于一般动物的本质特征在于自由，在启蒙运动中，其初衷是通过彰显理性来试图实现人类应有的自由。但启蒙时期对于理性的理解，绝大多数停留在康德所说的"知性"之上。知性作为人类理性的一个维度，只能通过认识自然和事物的必然规律来控制它们，以达到其为人类所用的目的。所以，这样的理性从根本上讲只具有"工具"的作用，而根本无法体现人类的自由本性。因为，人类即便认识了自然和事物的必然规律，仍必须按照这些必然规律行事，如果违背这些规律，就会遭到惩罚和报复。如果人类追求的理性仅仅停留于这个层面的话，人和动物其实没有根本的区别。因为，正如康德所言：如果人类只能靠服从自然规律来获得幸福的话，"那么它从

① 卡西勒. 启蒙哲学. 顾伟铭、杨光仲、郑楚宣译. 济南：山东人民出版社，1988：351.
② 霍克海默、阿道尔诺. 启蒙辩证法. 渠敬东、曹卫东译. 上海：上海人民出版社，2006：5.

根本上也丝毫不比一个旋转烤肉叉的自由好到哪里去,后者一旦上紧了发条,也会自行完成它的运动"①。更为严重的是,人类理性一旦纯粹工具化,其和人类的感性欲望就没有任何实质性的区别:如果理性仅为满足欲望而显示自身的价值,那么它就会跟感性欲望一样,仅是同一个铜板的另一面而已。

在狂飙突进的启蒙运动时期,卢梭首先看到了人类理性被"单维化"地当作工具运用所产生的危机,第一个举起了反思启蒙的大旗。卢梭认为,这种启蒙带来的所谓文明,构成了现代文明人不幸的根源。因为,人们从此不得不被由理性工具化带来的各种享受欲求所束缚,失去自由和幸福。对此,卢梭指出:和原始人、野蛮人相比,文明人"因得不到这些享受而感到的痛苦,远比得到它们而感到的乐趣大得多;失去那些享受固然不幸,而得到那些享受,也不怎么感到幸福"②。另外,卢梭认为,启蒙运动对人类理性工具化的这种理解,其本质是一种对功利主义和利己主义伦理学的暗中肯定和认同,其被扩大化的后果是:人类原始的、自然的道德逐渐丧失,人类天然的共同情感被否定,并且人与人之间的友爱关系也将彻底异化,变为一种纯粹的利用关系。针对此,卢梭强调:如果遵循这样的道德原则,"像这种由我们的互相需要所可能产生出来的普遍社会,就绝不会对沦于苦难的人们提供一种有效的援助;或者说,至少也是它只对于那些已经拥有过多力量的人才会赋予新的力量,而广大的被冷落、受窒息、受压榨的弱者却找不到一个容身之所"③。不仅如此,在享受欲望和利益的疯狂驱使下,人类的分裂与对抗将会不断加剧,甚至整个大地将"血流成河"。以上所述的启蒙运动对人类理性的片面理解带来的种种不幸,也印证了卢梭的一句名言:"人是生而自由的,但却无往不在枷锁之中。自以为是其他一切的主人的人,反而比其他一切更是奴隶。"④启蒙时代人们对理性片面性的理解和疯狂迷信,最终使人类成为自己的奴隶,这种被工具理性束缚的可怕状态,难道会幸福吗?

第二,启蒙之盲目拒绝宗教的做法使人类的精神世界走向衰微。启蒙运动中,大多数思想家特别是法国的思想家,都持有一种乐观的、战斗的无神论态度。诚然,他们企图将人们从传统的宗教压制和束缚中解放出来,为人类的幸福开辟道路,这种原始的初衷本来充满善意。但是,宗教中的神,作为一种被敬畏的、纯洁的、至高无上的法则,却同样可以是人们精神世界的一种积极支撑和信念。有了这种支撑和信念,在现世中生活的人们,哪怕再

---

① 康德. 实践理性批判. 邓晓芒译. 北京:人民出版社,2003:133.
② 卢梭. 论人与人之间不平等的起因和基础. 李平沤译. 北京:商务印书馆,2007:90.
③ 卢梭. 社会契约论. 何兆武译. 北京:商务印书馆,2009:186.
④ 卢梭. 社会契约论. 何兆武译. 北京:商务印书馆,2009:4.

不幸也有所寄托。同时，更为重要的是，在一个全知、全能、全善的神面前，人类会体会到自己的渺小，进而摒弃某些邪恶意念和行为背后的卑鄙和羞耻，最终鞭策自己不断调整和改善当下的行为，以成为一个令神喜悦的人。毫无疑问，这样的宗教，对人类的生活是有帮助的，人生的意义也可以从中发掘、构建和不断实现。而当人们为启蒙运动所可能带来的种种人生幸福和希望欢呼雀跃，并彻底拒绝宗教这种始源性的领域所可能给人带来的意义时，启蒙的辩证法就出现了。这时的境况，正如现代著名的哲学家马丁·海德格尔（Martin Heidegger）所言："我们这个世界的精神沉沦已进步到如此之远，乃至各民族就要丧失最后的一点点精神力量，丧失使我们还能看到这一沉沦的精神力量。……世界黯淡下去，众神逃遁，大地解体，人变成群众，一切创造性和自由遭受憎恨和怀疑。"①由此，在人类精神匮乏、生活失去最高目标、"最高价值"受到贬斥的年代，人类还用有所顾忌吗？如此一来的后果是，人类的生活成为碎片，共同法则失效，道德沦丧，虚无主义泛滥成灾……诚然，这样的后果也许是很多启蒙时代的思想家所不愿意看到的，也是他们始料未及的。然而，这样的启蒙的辩证法却确实从启蒙时代一开始就伴随而来，幽灵般如影相随。试问一下：在一个人类精神式微、生存意义日渐庸俗化的时代中，人们还有资格去谈论幸福吗？或者人的幸福之为幸福还有意义吗？

以上种种复杂的理论困境、现实困惑、精神危机等，构成了康德重新思考希望问题的重要背景。对此，康德作出了积极的回应，并以自己独特的哲学视域对希望问题作出了深刻的分析和解答。

---

① 转引自陈嘉映. 海德格尔哲学概论. 北京：生活·读书·新知三联书店，2005：357.

第二章 康德希望问题的结构、性质及文本线索

通过第一章的论述，我们可以看到，通常人们在谈论希望问题时，往往都是针对"我可以希望什么？"这个问题本身来单独讨论的。对于"希望是什么？""我能够希望自己得到幸福吗？"这样的讨论占据了大多数。另外，也有人径直地就在讨论德福悖论时不自觉地将希望问题消解掉了，即便没有消解，也仅仅是试图通过种种理性的推理和证明得出一个上帝，以保证人们可以想象在遥远的未来和彼岸世界中得到自己应该享受到的幸福。通过前面的论述，我们看到这些对希望问题的设问和论述，最后都没有成功地完整解决"我可以希望什么？"这个问题，一切的希望最后似乎都以虚妄告终，充其量人们对于希望的理解也只是停留在一种纯粹的情感性精神寄托或自我慰藉上面。因为，这些解释在阐明和回应希望问题时均缺乏一种令人信服的力量，没有多大的"可靠性"。这里面的原因当然很复杂，但有一个共同点就是：以往对于希望问题的处理，都有过度简单化的嫌疑，以致希望永远只能是一种摇摆不定甚至虚无缥缈的奢望，而没有一个坚实的基点作为支撑。区别于以往人们过度简单化处理希望问题而毫无终果的做法，康德对希望问题作出了详细的设定和讨论：希望问题本身应该具有怎样的要素和结构（定量）？希望问题的性质究竟怎样（定性）？接下来本章将依据康德的论述，具体分析康德希望问题可能蕴含的结构及其所属性质，以找寻康德对于希望问题理解的独特之处。

第一节 希望问题的结构

一、"显性结构"：道德前提、幸福对象及幸福的实现

所谓希望问题的结构，主要是指作为一个整体的希望问题应该包括哪些组成要素和部分。也就是说，希望问题作为一个问题，它整体上应该由哪些部分组成，才是一个让人可以把握和理解的完整问题。否则的话，人们不管怎样谈论希望问题，或者不管怎样去作出希望，最终都可能游离到了希望之

外，而无法抓住希望本身究竟"为何物"这个谈论希望的前提。对于希望问题本身的所涉，西方当代著名马克思主义哲学家恩斯特·布洛赫曾在其名著《希望的原理》的开篇中这样提道：我们是谁？我们从哪里来？我们到哪里去？我们在等待什么？什么在等待我们？[①]显然，这里已经涉及了组成希望问题的复杂结构：希望是需要前提的（我们是谁？我们从哪里来？），希望是需要对象的（我们到哪里去？我们在等待什么？），希望的对象是有所指向的（什么在等待我们？）。布洛赫在其整个著作中，都在回答这些希望所涉的问题。但是，如果我们认真阅读布洛赫的《希望的原理》之后会发现，其对于希望问题的回答主要是基于现代生存论哲学的立场，在他看来，希望问题更多是一种属人的情绪性表达。与此不同，康德的希望问题则是一种属人的理性表达。康德的这种理性表达，使其希望问题内在地蕴含着"显隐两重结构"：人的希望之前提、希望之对象、希望之对象的实现等构成了希望问题的三个组成部分，而这三个组成部分又都具有"显隐两重性"特征，由此，这三个部分的"显性"及"隐性"各自作为一个"结构性"的整体就构成了希望问题的"显隐两重结构"。接下来，我们首先考察康德希望问题中所蕴含的"显性结构"。

　　在康德的著作中，共有三处明显提到"我可以（德文是 darf，英文是 may）希望什么？"这个问题，而只在其奠基之作《纯粹理性批判》中对这个问题作出了较为详细的表述：第三个问题（我可以希望什么？）"即如果我做了我应当做的，那么我可以希望什么？……因为一切希望都是指向幸福的"[②]。显然，在康德的论述中，希望问题的结构直接地显示出了两个重要组成部分，其一是必须"做了我应当做的"，这是我们可以去希望（暂且不管去希望什么）的前提；其二是具备了这个前提，我们才去谈"可以希望什么？"，而所有希望都将指向幸福，也就是说，我们去希望的对象是幸福。概言之，在这个论述中，康德明确提出了希望问题应包含前提（做了我应当做的）和对象（幸福）这两个组成部分。

　　同时，在考察了构成希望问题的两个重要组成部分之后，另一个问题马上就会浮现出来：做了我应当做的，我可以（有资格）去希望了——而一切希望又指向幸福，那么我的这种希望能够实现吗？显然，这是一个几乎所有人常规的思考问题的方式，康德自然也看到了。在《纯粹理性批判》中，接着前面的论述，康德对希望问题这样明确强调："现在，第二个问

　　① Bloch E. The Principle of Hope (Volume One). Plaice N, Plaice S, Knight P(trans.). Cambridge: The MIT Press, 1986.

　　② 康德. 纯粹理性批判. 邓晓芒译. 北京：人民出版社，2004：612.

题问道：如果我现在这样做了，从而我是并非配不上幸福的，我也可以（德文是 darf）希望由此而能够（德文是 kann）享有幸福吗？"①（此处的英文版为：Now the second question asks this: What if now I behave in such a way was not to be unworthy of happiness, may I also hope that I can thereby partake of happiness?②从英文引文中，我们可以看到，"可以希望"的"可以"和"能够享有幸福"的"能够"分别对应的英文单词也是不一样的，前者是 may，而后者是 can，前者表示合法性的资格问题，即是否被允许去希望，后者则表示实现性的可能问题，即能否享受到幸福，详解见对应脚注。）也就是说，在已经具备了希望的前提条件，同时又明确了希望的对象（目标）之后，人们最终自然地会想到，他们希望得到的幸福能否真正为他们所享有这个问题。显然，这个问题是一个明显区别于前提（做了我应当做的）和对象（幸福）的、有关于这个对象（幸福）能否实现或者怎样去实现的问题。由此，这个问题也是构成康德希望问题的第三个组成部分。

　　以上就是本书所说的康德希望问题蕴含的三个组成部分，其使希望问题成为一个不可分割的整体性问题。而康德对希望问题的解答，与以上所述的三个组成部分密切相关。同时，我们看到，以上的三个组成部分，也就是康德希望问题的基本框架。因而，它们是从康德的希望问题论述中可以明显看到的一个结构，以上的三个组成部分作为一个整体所显示出来的结构，本书

---

① 康德. 纯粹理性批判. 邓晓芒译. 北京：人民出版社，2004：614.

② Kant I. Critique of Pure Reason. Pluhar W S(trans.). Indianapolis/Cambridge: Hackett Publishing, 1996: 738. 需要注意的是，这句话的德文原文是："Die zweite frägt nun: wie, wenn ich mich nun so verhalte, daß ich der Glückseligkeit nicht unwürdig sei, darf ich auch hoffen, ihrer dadurch teilhatig warden zu können?" 对应的翻译应为："现在，第二个问题问道：如果我现在这样做了，从而我是并非配不上幸福的，我如何也可以希望由此而能够享有幸福吗？"也就是说，与邓晓芒的中译本相比，最后一句话多了"如何"（德文是 wie）一词，这个看似不起眼的变化，其实使句子的意思发生了重大的变化。因为按照邓译本原来的意思，在这里康德并没有明确引出"上帝存在"的意思，而如果是"我如何也可以希望由此而能够享有幸福吗？"这样的译法，在此康德就将"上帝存在"这个假设加了进来，至少是明确暗示了"上帝存在"对于实现德福统一的关键作用。所以按照德文原文和康德自己的意思，此处译为"现在，第二个问题问道：如果我现在这样做了，从而我并非配不上幸福的，我如何也可以希望由此而能够享有幸福吗？"更为妥帖。

　　当然，对于这样的细微变化，也有其他的译者已经注意到了，如保罗·盖耶（Paul Guyer）和伍德把它译为："Now the second question asks: Now if I behave so as not to be unworthy of happiness, how may I hope thereby to partake of it?"［见 Critique of Pure Reason. Guyer P, Wood A W(trans. & eds.). Cambridge: Cambridge University Press, 1998: 679.］；还有李秋零的中译本也注意到了这点，他的译文是："现在，第二个问题问道：如果我现在如此行事，使我并非不配享幸福，我如何也可以希望由此能够享有幸福呢？"［见康德. 康德著作全集（第 3 卷）. 李秋零主编. 2 版. 北京：中国人民大学出版社，2004：516.］

称为康德希望问题的"显性结构"，这个结构的三个要素，是康德视域中谈论希望问题所必须首先面对的几个问题。有了这些规定，再去具体谈论希望问题，才会真正地有所依、有所指并有所得。否则的话，人们泛泛地谈论希望问题，从某种意义上讲，始终是模糊的其至是盲目的。

另外，在康德希望问题"显性结构"的三个组成部分中，我们还应特别注意它的前提——"做我应当做的"的含义。在康德看来，什么才是我们应当做的呢？这里的"应当"，是明显区别于"是"的一种价值性判断，后者则属于事实性判断。这种价值性判断，是康德所理解的道德"判断式"。而"做我应当做的"则是"我做出了道德的行动"这个意思。换言之，道德（做出了道德的行动）是可以希望幸福的前提条件，如果没有道德这个前提条件，在康德看来，我们对未来所作出的一切希望都是不合法的或者不被允许[①]的。那么，什么样的行动才是道德的呢？对此，康德认为，这就是按照道德法则（命令）以及必须是以道德法则作为最高或唯一动机的行动，即"要这样行动，使得你的意志的准则任何时候都能同时被看作一个普遍立法的原则"[②]。于此，"普遍立法的原则"就是康德所讲的道德法则。同时，在康德的语境中，以道德法则作为行动最高或唯一动机的人，是一个真正自由[③]的人。这和希望问题关联起来理解的话，就意味着：一切希望之成为希望，其前提是作为希望主体的人是一个自由的人，换言之，只有自由的人的希望或者自由的希望，才是真正属人的希望。

总之，在由康德希望问题的三个组成部分构成的"显性结构"中，道德是希望被允许的前提条件，幸福是得到"允许"后可以去希望的对象，而幸福的实现则是希望的结果。简言之，道德前提、幸福对象、幸福的实现构成了康德希望问题的"显性结构"。

---

① 在此，需要注意的是康德希望问题中的两个德文词，其一是"我可以希望什么？"的"可以"——对应的德文词是 darf，英文译作 may；其二是"能够享有幸福吗？"的"能够"——对应的德文词 kann，英文译作 can。前者表示的是"被允许"的意思，即"我可以希望什么？"里面的"可以"就是被允许去希望的意思，表示希望的合法性问题，在康德的希望问题中，希望的"被允许"的前提就是"做了我应当做的"——具有道德资格；而后者则表示"实现"的意思，即具备了道德的前提，我们的希望对象——幸福能够为我们所享有吗？明显地，它是区别于前者的"合法性"问题的"实现性"问题，即和前提相区别的后果问题。人们在谈论希望问题的时候，一般都没有注意到这个细微的区别，没有将"可以"和"能够"区分开来，而往往将希望的合法性问题和其实现性问题混为一谈，这是康德对希望问题所作的独特规定，也是本书研究的一个重要切入点。

② 康德. 实践理性批判. 邓晓芒译. 北京：人民出版社，2003：39.

③ 关于道德法则与自由的关系，本书在第三章第一部分将展开具体论述，这里只是将自由作为引子来说明希望问题的前提所内含的自由意蕴。

二、"隐性结构"：道德的实现、至善对象及至善的实现

第一部分的论述，呈现了康德希望问题具有由三个组成部分构成的"显性结构"：道德前提、幸福对象及幸福的实现。但是，以上所述的结构还仅仅是一个康德认为的谈论希望问题的"可视性"框架，即如果要合理地谈论希望问题，将涉及哪些基本的要素，具备了这些要素之后才可以说构成了一个完整的希望问题论域。显然，在希望问题的"显性结构"中，康德只是说明了一个完整的希望问题所应当具备的基本构成部分而已。也就是说，"显性结构"更多的只是解决了希望问题"是什么"这个基本问题，但还远未达到已经解答了希望问题的程度。要彻底解答希望问题，就必须对希望问题的三个组成部分（"显性结构"的要素）一一作出分析，并使之成为可能的或者现实的：要使这些组成部分逐个地实现（或使之得到具体的规定）。而这个"实现（或规定）"的过程，则是本书所说的希望问题"显性结构"背后的"隐性结构"。显然，这层"隐性结构"，才是希望问题得以彻底解决的更为基础的层面，也是内含于康德希望问题的深层次诉求。对应于由三个组成部分构成的"显性结构"，希望问题的"隐性结构"也有三个组成部分，以下作逐一分析。

其一，道德前提的"隐性之维"。如前所述，在康德希望问题的"显性结构"中，道德是提出"我可以希望什么？"这个问题的前提条件。用康德的话说，就是"做了我应当做的"之后，人们才有资格去提出自己的希望——其对象是幸福。也就是说，具备道德的资格是每个人"可以希望幸福"的前提条件。随之而来的问题是：是否每个人都能具备这样的道德资格呢？现实中，很多人是不道德的，这无论是在历史的记载还是在我们生活的现实世界中，种种不道德的现象及不道德的人都随处可见。这些不道德表现在人们经常作恶的行为上面，从古至今人类作出的种种恶行似乎从来就没有间断过，这正如康德所言："'世界一片糟糕'，这是一种和历史记载同样古老的抱怨。"[①] 如果真是这样——道德（善）不能在人类身上实现的话，在这个世界上岂不是连人们"可以希望幸福"的资格都没有了？或者说人们提出"我可以希望什么？"这样的问题都纯属多余了？显然，这样的结论是任何人都无法接受的。那么，要解决这个问题，就要涉及人类如何实现道德（善）或者道德在人类身上如何可能这个问题了。这是康德希望问题的前提——道德隐含的更深层次的维度：道德是否能够实现和如何实现？

---

① 康德. 单纯理性限度内的宗教. 李秋零译. 北京：中国人民大学出版社，2003：1.

只有这个问题解决了，希望问题的前提——道德才算有了一个了结，否则人类的一切希望仍无从谈起。这也是本书所说的康德希望问题的"隐性结构"包含的要素之一——人类的道德如何实现（去恶从善或改恶向善）。它是康德解答希望问题真正的"隐性前提"。当然，需要注意的是，在论及希望问题的"隐性前提"（人类道德的实现、改恶向善）的时候，康德在希望问题中第一次涉及灵魂不朽这个公设，因为只有假设了灵魂不朽，才可能想象作为"有限的理性存在者"的人，能够超越此世、彻底实现"改恶向善"，走向道德，这在本书后面相关段落中将会详细展开论述。

其二，幸福对象的"隐性之维"。康德明确指出，一切希望都指向幸福，也就是说，希望的对象就是幸福，而无其他。但是，人们可以希望幸福的前提是必须具备道德的资格，即是首先"做了我应当做的"，从而已经成为善的人。否则，人们就没有资格去希望幸福。在这里，康德对一切希望的对象作出了前提的限定，即必须要有道德。由此，人们在谈论希望的对象——幸福时就必须是和自己所具备的道德相匹配，并且道德是幸福的前提，而不是相反。对于希望幸福必须以道德为前提（幸福必须和道德相匹配），康德指出，这是"为了达到完整的善，那不曾做过不配幸福的事的人就必须能够有希望分享幸福"[1]。由此可见，康德希望问题中的希望对象——幸福就不是单纯或者独立的感性幸福了，它必须是和道德相匹配的幸福。亦即是说，幸福是作为德福"统一体"中的幸福，而这种德福统一，则被康德称为"至善"。换言之，幸福只有作为至善所必然包含的一部分，才能成为康德所说的希望之真正对象。因此，"至善"——道德与幸福相匹配，才是希望问题指向的直接对象——幸福背后的"隐性之维"，这是本书所说的康德希望问题的另一"隐性层次"。从某种程度上讲，这个"隐性层次"是康德对幸福（作为一切希望指向的对象）的一种"定向"——道德定向，唯有在这种道德定向中，幸福才能成为人们可以希望的真正对象，其也是康德解答希望问题指向的真正对象。

其三，实现幸福的"隐性之维"。由以上论述可知，康德希望问题中要实现的幸福，是作为"至善"之必然部分的幸福，这种与道德相匹配的幸福的实现即"至善"的实现。也就是说，在康德希望问题中，实现可以希望的对象——幸福这个问题也就变成了实现"至善"的问题。因此，实现"至善"（而不是实现单纯的幸福）就成了康德希望问题的"隐性结构"中的第三个组成部分。然而，在康德看来，"至善"终究是一种理念——人

---

① 康德. 纯粹理性批判. 邓晓芒译. 北京：人民出版社，2004：617.

类实践的理念或者终极理想，它在现实中还没有甚至始终无法实现。而人又始终作为生活在现实中的人，当然也就不可能也不应放弃在现实中实现至善的努力，否则的话，人就和其他一般生物没有根本区别了。康德同时认为，人类在现实中对实现至善作出的努力，只是实现至善的社会历史条件，且这种条件永远都是不充分的。换言之，社会历史条件始终无法彻底或最终实现至善理念，它只能起到一些积极的促进或影响作用。唯有一个全知、全能和全善的完满的意志——上帝才能保证至善理念的全面彻底实现，由此，实现至善这个问题就走向了更为隐蔽的深处：人们如何能得知上帝存在或者如何证明上帝存在这个问题。为此，康德提出了通过道德来证明上帝存在合法性的方法，这就是康德自己构建的道德神学。这种道德神学如何可能或者为什么会合法呢？这才是康德希望问题的"隐性结构"中第三个组成部分（实现至善）所蕴含的真义所在，它成为康德解答希望问题最后需要面对和阐释的更隐秘的问题。当然，需要注意的是，和希望问题的"隐性结构"之第一个组成部分（道德的实现）一样，康德在此再次论及了"灵魂不朽"的公设。因为，如果没有对灵魂不朽的假设，即便实现了至善，作为"有限的理性存在者"之人又如何能够真正享有幸福呢？对此，本书后面相关的段落也会作出论述和分析。

综上所述，除了由道德前提、幸福对象及幸福的实现所构成的"显性结构"外，康德的希望问题还蕴含着由道德的实现、至善对象及至善的实现所构成的"隐性结构"。也即是说，康德希望问题本身就是一个复杂的、完整的结构系统，这个结构系统具有"显隐两重性"特征，"显性结构"只是关于希望问题的表层框架，希望问题的真正解决，必须依靠逐一解答"隐性结构"所包含的问题来完成。

第二节　希望问题的性质

所谓问题的性质，就是指人们在提出一个问题时，对该问题所作出的内在属性规定，其主要涉及问题的内容基调、目标指向等关乎问题本来面目和内在意义的要素。简言之，它是一种对问题的"定性"规定，与"定量"相对，后者主要是一种对问题所涉的范围、广度等外在数量关系的规定。诚然，以上两种分析问题的方法各有所长，但从康德提出的希望问题来看，对其所作的性质规定远比其数量规定重要。因为，这关系到希望问题和其他两个问题（认识和道德）之间的本质区别和内在关联，而它们之间的区别特别是关联，又关涉到康德哲学体系的目标、归宿等重大问题，同时，这也将显示出希望问题在康德哲学体系中的重要地位和意义。那么，康德对希望问题的性质是怎样规定和定位的呢？下面将根据康德的文本做出具体的阐释和分析。

一、实践与理论的统一

关于希望问题的性质规定，康德在《纯粹理性批判》的"先验方法论"部分作过明确的论述，在提出作为理性兴趣的三大问题（"我能够知道什么？""我应当做什么？""我可以希望什么？"）之后，康德逐一对每个问题作了性质规定："第一个问题是单纯思辨的"，"第二个问题是单纯实践的"，而"第三个问题……这是实践的同时又是理论的"[①]。显然，这里对三大问题的性质规定，涉及康德对哲学的组成部分、研究对象的划界。众所周知，康德认为，按照人类理性的兴趣和能力，哲学分为两大部分：理论哲学和实践哲学。前者研究人类理性理论运用（知性）的范围和对象等，其涉及的是自然概念，表现为人类通过知性为自然立法。需要注意的是，虽然在理论哲学中，人类通过知性（思维的先天形式）为自然立法，可以认识自然的客观必然规律，但在这个领域里，人类终归被自然所规定：只能按照自然的必然规律行事（因为人本身也属于自然的一部分），否则将会受到自然的惩罚，这就是说，在理论哲学领域人类终究是"他律"的存在，受制于外在事物的约束。后者研究人类理性实践运用（理性）的范围和对象等，其涉及的是自由概念，表现为人类通过理性为自身立法[②]。相对于理论哲学，在实践哲学中，人类通过理性为自身立法，而能够自己支配自己，从根本上讲，这是人类的"自律"——自己约束自己（通过内在的道德法则）而不受制于外物。康德的第三个问题——"我可以希望什么？"既非单纯的理论问题，也非单纯的实践问题，而是居于两者之间或者是两者兼有之的问题。换言之，康德的希望问题是既关涉自然概念也关涉自由概念，既和人类的"他律"也和人类的"自律"相关联的"综合性"问题。而这种关涉和关联不是单纯机械、

---

① 康德. 纯粹理性批判. 邓晓芒译. 北京：人民出版社，2004：612.

② 对于哲学的划分，理论与实践的区分，两者运用的范围和对象等，康德在《判断力批判》的导言中作出了严格的界定。需要注意的是，康德特别指出：理性的实践运用可以分为两种形态，其一是理性的纯粹实践运用，它表现的是人类真正的自由本性；其二是理性不纯粹的实践运用，即"技术性"的实践，如人类通过艺术、技艺等来改造世界使自己获得幸福等。从根本上讲，只有前者才是实践哲学的领域，后者本质上仍属于理论哲学的领域或者说是理论哲学的一种补充，因为其根本的目的仍是获得幸福（理性只是手段）而不是获得自由（理性就是目的）。详见康德. 判断力批判. 2 版. 邓晓芒译. 北京：人民出版社，2002.

偶然的，从某种程度上讲，它是一种统一体——实践与理论的统一，这种统一既以"我可以希望什么？"这个问题为枢纽，又构成了"我可以希望什么？"这个问题的总体关涉。关于希望问题具有实践与理论相统一的性质，可以从以下两个方面来进行理解。

第一，统一于希望问题的结构。通过上一节的论述我们知道，康德的希望问题具有"显隐两重结构"，而每重结构又由三个部分组成。"显性结构"包括三个组成部分：道德前提、幸福对象及幸福的实现。显然，这三个组成部分重点关涉两大领域：其一，关涉道德领域（希望问题的"显性结构"的第一个组成部分）；其二，关涉幸福领域（希望问题的"显性结构"的第二、第三个组成部分）。道德是希望问题的必要前提，缺乏这个前提，一切有关希望的问题都无从谈起；幸福是希望问题必然指向的对象，失去了这个对象，希望则不足以成为希望了；而幸福的实现则是希望问题的解决（幸福对象的实现）必然要面临的问题。康德希望问题必然关涉的两大领域——道德与幸福，缺一不可。在康德看来，任一领域的缺失，希望问题都无法构成自身。而且，需要注意的是，这两大领域是有机地统一在一起的：不设道德前提的希望是盲目的或者不合理的；没有幸福这个对象的希望则是不合乎人性（人作为"有限的理性存在者"）的；如果希望的对象（幸福）没有任何实现的可能性的话，这样的希望也只能是一种幻想而不是真正的希望。

从康德对哲学的理解和划分来看，希望问题的前提——道德属于实践哲学的领域，与之关联的是自由概念；希望问题的对象——幸福则属于理论哲学的领域，与之关联的是自然概念；实现希望对象（幸福）的一切努力和行为则同样属于理论哲学的领域，与之关联的也是自然概念。对于前者容易理解，对于后两者，在此作出进一步解释。此前提到，理论哲学主要是通过"人为自然立法"来认识自然的必然规律，和人类的认识能力相关，而似乎与幸福没有什么关系。但是，需要注意的是，在康德的视域中，幸福归根到底是一个"自然的概念"，因为"幸福是对我们的一切爱好的满足"[①]，即是说，人类的一切爱好从根本上讲是人类的"自然之维"（区别于理性之维），其本质是一个"自然概念"。在幸福概念中，人类终究是受制于外物的（自然情感、欲望等），对幸福的一切追求，从根本上讲还是表现了人类的"他律"而非"自律"，所以和幸福相关的希望问题之对象仍然属于理论哲学的范畴。另外，关于人类追求幸福的一切行动，也属于理论哲学的范围，用康德的话

---

① 康德. 纯粹理性批判. 邓晓芒译. 北京：人民出版社，2004：612.

来说，人类追求幸福的一切行为，其虽然算是一种"实践"，但"因为它们所包含的全都只是一些熟巧规则，因而只是些技术上实践的规则，为的是产生按照因果的自然概念所可能有的结果，由于自然概念只属于理论哲学，这些东西所服从的只是作为出自理论哲学（自然科学）的补充的那些规范，所以不能要求在一个被称为实践性的特殊哲学中有任何位置"①。也就是说，所有一切这些以幸福作为终极目的的行为，虽然表面上是一些"实践"活动，但由于这些行为最终的目的是自然概念（表现为幸福），所以，这些"实践"仍由自然因果律来规定，充其量也只能是一种理论哲学的"补充"，而不可能属于真正的实践哲学范畴（只有道德上实践的，才真正属于实践哲学的范畴）。

　　基于此，我们可以清楚地看到，希望问题"显性结构"中的三个组成部分，从本质上讲，对应于实践哲学和理论哲学两大领域。这样的对应关系，在希望问题的"隐性结构"中仍然可以依稀见到。根据前面的分析可知，希望问题的"隐性结构"也由三个部分组成：道德的实现、至善对象及至善的实现。显然，"隐性结构"中的"道德的实现"部分对应的就是实践哲学；至善中必然包含幸福的成分，其属于理论哲学的领域；至善的实现，从严格意义上讲，则是道德与幸福的同时实现（德福统一的实现），其中既有实践哲学的成分又有理论哲学的成分。

　　所以说，康德的希望问题是在实践和理论两个方面上被规定的。这种实践与理论相统一之性质，既可以在希望问题的"显性结构"中看到，也可以在其"隐性结构"中看到。换言之，康德希望问题的性质统一于希望问题的结构。

　　第二，统一于希望问题的对象。除从希望问题的结构中可以看到希望问题具有实践与理论相统一的性质外，还可以从希望问题的对象——幸福上面找到解释。在《纯粹理性批判》中，康德明确指出："因为一切希望都是指向幸福的，并且它在关于实践和道德律方面所是的东西，恰好和知识及自然律在对事物的理论认识方面所是的是同一个东西。前者最终会推出这种结论，即某物有（它规定着最后可能的目的），是因为某物应当发生；后者则会推出那种结论，即某物有（它作为至上原因而起作用），是因为有某物发生了。"②从康德的论述中，我们可以得出这样的初步结论：

---

① 康德. 判断力批判. 2 版. 邓晓芒译. 北京：人民出版社，2002：7.
② 康德. 纯粹理性批判. 邓晓芒译. 北京：人民出版社，2004：612.

所有的希望都指向幸福，实践哲学如此，理论哲学也如此①。两者只能这样进行区别：在理论哲学中，人们希望幸福，但还未设置更高的道德前提，人们不讲"应该的幸福"，而是直接肯定并追求了"事实的幸福"。因为理论哲学或自然哲学研究的，是所有"事实"的对象，而实践哲学研究的，则是所有"应该"的对象。但是，理论哲学所说的"事实"的对象，和实践哲学所说的"应该"的对象，在内容上则是同一的，都是幸福。区别不在于是什么，而在于如何是。一个是实然的是，另一个是应然的是。或者更具体地说，在理论哲学中，强调的是"如何获得幸福"这一实然的幸福层面；在实践哲学中，强调的则是"如何配得幸福"这一应然的幸福层面。

　　由此，从理论哲学与实践哲学共同指向的对象——幸福中，同样可以看到希望问题的性质：实践与理论的统一。在此，需要注意的是，和理论哲学不同，康德认为，实践哲学虽然也指向幸福，但是这需要设定道德（或自由）作为前提，换言之，是道德规定幸福，而不是幸福规定道德。由此可见，希望问题的性质统一于其对象——幸福（"显性对象"）中，这是希望问题之实践与理论

---

　　① 对于引文中康德这句话的意思，有很多地方值得琢磨。英文版的翻译为："For all hoping aims at happiness, and is in regard to the practical[realm] and to the moral law the same[thing] that knowing and the natural law are in regard to the theoretical cognition of things. Hoping ultimately amounts to the conclusion that there is something(that determines the ultimate possible purpose) because something ought to occur; knowing ultimately amounts to the conclusion that there is something(that acts as supreme cause) because somgthing does occur." 译文详见 Kant I. Critique of Pure Reason. Pluhar W S(trans.). Indianapolis/Cambridge: Hackett Publishing, 1996: 736. 对照中英文的译文，可以看到几点：第一，中文引文中的主语"它"对应的是"一切希望"，即所有的希望。第二，引文中的"一切希望"，应该是动名词，至少是偏向动词性质的，而并非单纯的名词。第三，引文中的"同一个东西"（the same [thing]），究竟是指什么？笔者认为，这"同一个东西"，指的就是幸福。

　　但需要注意的是，在实践和道德律方面所是的东西——这种幸福是指"应该的幸福"，所谓"应该的幸福"就是道德发生之后理应与之相匹配的幸福，它是一种理念中未实现的幸福，或者说，这里更加强调的是"如何配得幸福"这个层次；而在知识和自然律在对事物的理论认识方面所是的东西——这种幸福是指"事实的幸福"，所谓"事实的幸福"就是自然中已经发生了的幸福，或者说，这里更加强调的是"如何得到幸福"这个层次。实践哲学在追求与道德相匹配的幸福（即使是一种未能实现的理念），而理论哲学则在追求单纯的、欲望性的幸福（它时刻都可能发生）。在此，康德也许是始终出于对人作为"一种有限的理性存在者"这个独特属性来考虑的，幸福归根到底都是人性的一种基本诉求，实践哲学虽然本身应该是纯粹的，指向人类自由的本性，但实践哲学又不能完全脱离人的现实性，因此，实践哲学的所是理应有幸福的成分在内，即便必须以道德作为前提。对此，康德曾作出过这样的论述："因此甚至每一个人都会把道德律视为命令，但如果道德律不是先天地把相应的后果（指幸福的许诺与受罚的威胁——笔者注）与它们的规则连结起来，因而具有预兆作用和威胁作用的话，道德律就不会是命令。"（见康德. 纯粹理性批判. 邓晓芒译. 北京：人民出版社，2004：616.）也就是说，在康德看来，虽然道德律本身是一条"自明"的规律，但这条规律要现实地对人类发生作用，还必须先天地和幸福等后果联结起来，这才使道德律能够成为一个付诸行动的规律。简言之，作为属于人类的现实的道德，从其完整性、整体性来看，应该包含幸福的成分，哪怕这种成分是在道德前提的严格规定下存在的。

统一的表层意义。作为希望问题性质的实践与理论的统一，从更深层次的意义看，它蕴含于希望问题的"隐性对象"——至善中。因为只有至善——德福一致，才是道德与幸福的真正、完整的统一，在其中，道德与幸福是先天地、必然地结合在一起的。由此，相应地，实践与理论也就具有了真正的统一性质。

由以上的分析可以看到，希望问题是一个"实践与理论相统一"的问题，这种统一可以在希望问题的对象（"显性对象"——幸福和"隐性对象"——至善或德福一致）中看到。更为重要的是，由此可见，康德并没有否定幸福对于人类的价值，而是相反，他肯定幸福对于人类具有重要的价值，只是这种肯定是严格围绕"人是有限的理性存在者"这个命题展开的，是以人的两重性（自然性和自由性）为核心来阐述的。

总之，在康德的视域里，希望问题具有实践与理论相统一的性质，两者缺一不可，它们相辅相成，共同浇筑了希望问题的两重属性。希望问题的性质，既观照了人作为"有限的理性存在者"之"有限性"（即自然性）的一面，也观照了人作为"有限的理性存在者"之"理性"（即自由性）的一面。显然，如果要给希望问题蕴含的"实践与理论相统一"这种性质找一个现实"载体"的话，这个载体就是人，即现实世界中活生生的人。简言之，希望问题是一个真正属人（人是"有限的理性存在者"，区别于神和一般动物）的问题。

二、实践与理论的位置和关系

通过前面的论述可知，在康德的视域里，希望问题兼备实践与理论两重属性，其性质是实践与理论的统一。但实践与理论相统一的性质，是否意味着实践与理论的地位在希望问题中就是完全同等的或者处于同一个层次（层面）呢？显然，这是理解康德希望问题的性质时，必然要面对和解决的一个问题。如果这个问题得不到解决，可以说希望问题仍然是一个十分含混甚至错乱的问题，同时还可能引起人们对理论哲学与实践哲学的错误理解甚至混淆。因为在康德哲学中，理论和实践是两个完全不同的领域，两者有明确的界限划分。对此，康德在《判断力批判》的导言中作出了这样的明确界定："通过自然概念来立法是由知性进行的并且是理论性的。通过自由概念来立法是由理性造成的并且只是实践性的。"[①]也就是说，理论对应的是自然领域，由人类的知性来规定，而实践对应的是自由领域，由人类的理性来规定。理论与实践关涉的是两个截然不同的领域，是人类理性两种完全不同性质（层次）的运用。如此一来，如果实践与理论的统一，是一种同等的、没有主次和先后之分的统一，那

---

① 康德. 判断力批判. 2 版. 邓晓芒译. 北京：人民出版社，2002：8.

么其作为希望问题的性质就是含混的甚至是错乱的：因为原本实践和理论判然
有别，它们又同时构成希望问题的性质，而两者又处于同样位置的统一中，这
种性质难道不是一种含混和错乱吗？另外，如果实践与理论的统一，没有一种
内在的次序关系，这不也正是混淆了两者之间的根本区别了吗？

　　以上可能由对希望问题的性质规定而引发的问题，在康德的希望问题
中，都是有明确解释和回答的。对于实践与理论属性在希望问题中的次序和
关系问题，康德这样规定："第三个问题……这是实践的同时又是理论的，
以至于实践方面只是作为引线而导向对理论问题以及（如果理论问题提高一
步的话）思辨问题的回答。"①在此，关于实践与理论作为希望问题的两重
属性，康德实质明确了两点：第一，在希望问题中，实践方面的性质是使希
望问题得到解答的引线，没有这个引线而贸然去解答希望问题将无从入手；
第二，在实践的牵引下，我们需要回答的终究是理论的（theoretical）问题［或
思辨的问题②］，也即是说，最终需要彻底解答的是理论性质的而并非实践

---

①　康德. 纯粹理性批判. 邓晓芒译. 北京：人民出版社，2004：612.

②　在这里需要作出一个说明，在康德的哲学中，理论问题和思辨问题具有微妙的区别。对此，康德
曾在两个地方作出过明确的说明：在《纯粹理性批判》中，康德如此论述："一种理论的知识，如果它
指向一个我们在任何经验中都不可能达到的对象或关于一个对象的那些概念，那么它就是思辨的。它是
与自然知识相对立的，后者仅仅是指向在一个可能经验中所能给予的那些对象或它们的谓词。"（详
见康德. 纯粹理性批判. 邓晓芒译. 北京：人民出版社，2004：501.）在《逻辑学讲义》导言中的"附录"
部分，康德作了如下分析："我们所理解的思辨知识，是那些不能用以引导出行为规则或不包含可能
命令之根据的知识。例如，神学中就含有大量单纯思辨的命题。此类思辨的知识永远是理论的，但不能
反过来说每一理论的知识都是思辨的。"（详见康德. 逻辑学讲义. 许景行译. 北京：商务印书馆，2010：
86.）在第一处解释中，可以明显看到：思辨问题的对象是不可经验的领域或者概念，而理论问题的对象
则是可经验的对象或者概念。前者是超验的，后者是经验的。而在第二处的解释中，则可以看到：思辨
的知识（问题）肯定属于理论的知识（问题），但并非一切理论的问题都是思辨的，康德举了神学中包
含有大量单纯思辨的命题来解释，这些神学命题和第一处解释中出现的超验问题显然是对应的。

　　从以上的引文中，可以看到，康德在两处明确的解释中，都说明了一点：单纯思辨的知识（问题）
指向的对象是处于超验领域的存在，它虽属于广义的理论问题，但这些理论问题不可能有任何实质性的
结果，而只有单纯的理论问题才可能具有实质的结果，因为单纯的理论问题指向经验的领域而非超验的
领域。在此，会出现一个问题，根据前面的引用，那就是：康德为什么在说明希望问题性质的时候，在
强调它是"实践的同时又是理论的，并且实践方面作为引线"之后，还专门说是对"理论问题以及思辨
问题的回答"（见康德. 纯粹理性批判. 邓晓芒译. 北京：人民出版社，2004：612.），而为什么不直接
说仅仅就是对"理论问题的回答"呢？笔者认为，这里主要的原因是，希望问题除了其对象——幸福是
单纯的理论问题之外，其余和希望问题的解答相关的诸多问题，如灵魂不朽、上帝存在、意志自由等都
属于超验的问题。因为如果没有灵魂不朽、上帝存在的公设及意志自由存在的事实，康德的希望问题最
终根本无法得到彻底解决，这些问题将会在本书后面章节的论述中涉及。而这些均超出了经验的（单纯
的理论问题）范围而其又是知性的一种自然兴趣，所以这些问题都属于思辨的问题了。这些思辨问题的
解决，都是以实践的方面（即道德前提）作为"引线"或者前提的。也就是说，在康德的希望问题中，
这些超越了理论问题的思辨问题，同样必须在道德前提的基础上去逐一解决或者进行公设，没有道德这
个"引线"，这些思辨的问题将无法得到解答，或者即便得到解答也没有实质的意义。

性质的问题。显然，在这里，康德同时强调了理论和实践两重性质对于希望问题的重要性，但两者的地位又并非完全同等。它们的关系是：实践是解答希望问题的一个引线，而理论则是希望问题最终得到解答的指向。在此，所谓实践是"引线"，意思是对希望问题的解答，必须由实践作为前提条件来指引，也就是说，实践具有优先性，即逻辑上的优先性，没有了实践的这种逻辑优先性，人们去解答希望问题，就是缺乏定向的或者说是盲目的。这也是康德为什么强调必须是"做了我应当做的"之后，才能引出"我可以希望什么？"问题的原因。即在希望问题中，康德始终将道德放在前提的、基础的位置上，准确地说，道德就是解答希望问题的引线。但是，希望问题要想得到最终的彻底解决，我们实质上又是在回答一个理论性的问题，也就是说，希望问题解答的结果是理论性的，或者理论性之维作为希望问题的结果而现身。因为康德指出，一切的希望都指向幸福，即幸福（属于理论哲学的问题）终归是彻底解答希望问题所必须去解决的终结性问题。显然，这里对应的是前面所说的康德希望问题的结构：道德（实践性的）作为前提条件，而一切希望指向的对象都是幸福（理论性的），希望问题的彻底解答就是在道德这个前提条件的限定下，去回答怎样实现人类的幸福这个问题。

　　另外，还有一点需要指出的是，根据前面所述之康德对实践与理论的具体规定，在解决希望问题的过程中，人们通过一些实践活动（技艺、工具、艺术等）来改造世界或者为自己的生活更好地服务时，他们仍然是在解决希望问题的理论方面。因为这些方面只是"技术上"实践的，其本质仍然是理论哲学的一种补充，人们在进行"技术上"的实践时，其根本目的指向的是这些实践行为的对象（即幸福），而不是指向真正的实践行为：道德行为本身。所以，人类在历史中的很多活动，如创造等很大程度上虽然是在解决希望问题的理论方面，但它们仍然需要实践作为它们的引线，即只有在道德的前提限定下去开展的"技术实践"，才能使自身构成解决希望问题的一个必要部分，否则的话，无论这些技术实践取得何种成果，都不是希望问题所指向的真正目标。

　　从以上的论述可知，实践与理论作为康德希望问题的两重性质，统一于希望问题中，但两者有"轻重"和"先后"之分：实践具有逻辑上的优先性，是解答希望问题的前提领域，而理论则是彻底解答希望问题的后果领域。当然，对希望问题的全面解答，就意味着必须先行对实践问题（道德及其实现）进行解答，这是一个不可缺少的前提。但希望问题指向的对象终究是幸福（单纯的幸福和作为至善要素的幸福），所以对其全面彻底的解答，又是在解答一个理论性的问题（幸福及其实现），只有这个理论性的问题得到了解答，才算是对希望问题解答的一个完结。简言之，实践与理论在希望问题中，都是解答希望问题不可缺少的组成部分，但是实践是解答的先决条件，而理论是解答的后续结果。

第三节　希望问题的文本线索

通过本章前面的论述，我们已在微观层面呈现了康德对希望问题所作的具体结构和性质的论述及定位。为了使康德的希望问题之整体轮廓更加清晰，接下来我们将以康德论述希望问题的主要文本为线索，从更为宏观的层面，对希望问题及其在康德哲学体系中的地位作出概括性描述，以便从更为宽广的角度对希望问题有所把握，进而为后面章节的论述作出更为完整的铺垫。

一、作为理性兴趣的希望问题

在康德的著作体系中，希望问题首次被提及是在 18 世纪 80 年代出版的《纯粹理性批判》的"先验方法论"部分。在此，康德将其视为"理性（reason）[①]的兴趣（或译为关切）"所关注的三大问题之一[②]，而对应理性的兴趣，其所作出的限定包括理论的（思辨的）和实践的两个方面。显然，理论兴趣对应的是第一个问题——"我能够知道什么？"；实践兴趣对应的是第二个问题——"我应当做什么？"；而第三个问题——"我可以希望什么？"，则既是理论的兴趣也是实践的兴趣。以上是康德著作中理性兴趣显著出现的一个例子。但对于理性的兴趣本身是什么，特别是为什么"希望问题"也是理性的三大兴趣之一，康德在此处并没有做出明确的说明，只是明确了理性兴趣所指向的三个问题。

对于理性的兴趣问题的具体解释，康德曾在其另一本著作《道德形而上学的奠基》（又译为《道德形而上学原理》）的第二章的第三处注释中作出过说明。康德在注释中这样强调：欲望能力对于感觉的依赖叫作爱好（inclination），而爱好总是指向一种需要的。但偶然决定的意志对于理性原则的依赖叫作兴趣。仅是在那种有所依赖的意志里，才会出现兴趣，但这种意志自身并不总是与理性相符；在神圣意志那里，我们谁都无法想象任何的兴趣。但是，人类的意志也可以对某些事物发生兴趣，而无须为之做出行动。

---

① 需要注意的是，康德所说的"理性"是广义的理性，既包括知性，也包括比其更高一层的理性或者康德说的实践理性。知性对应的是人的认识，理性对应的是人的道德，当然前者还对一些超验领域具有自然兴趣。所以康德说理性兴趣对应于三大问题，包括了以上所涉的所有领域。

② 康德. 纯粹理性批判. 邓晓芒译. 北京：人民出版社，2004：611-612.

前者表现的是对行为的实践的兴趣，后者则是指向行为对象的病理学的（pathological）兴趣。第一种兴趣表明了意志仅依赖于理性原则本身，而第二种兴趣则表明了意志对于理性原则的依赖出于爱好，因为在这里，可以说，理性只是提供为了满足爱好的需要的实用准则（practical rule）。在第一种情况下，是行为本身"使我感兴趣"；在第二种情况下，"使我感兴趣"的则是行为的对象（就其使我感到认同而言）。在第一部分中，我们已经看到，一个出于责任的行为，是跟对象无关的，它仅仅着眼于行为本身和它的理性原则（法则）。①从康德以上对兴趣的解释中，至少可以得出以下几点结论：第一，兴趣与爱好具有明显区别，兴趣依赖的东西是理性的原则，而爱好依赖的东西则是感觉和欲望。从物种分类的角度来看，我们可以得出人和动物都可能具有爱好，而兴趣则是动物不具备的。第二，兴趣只能出现在人类的意志里面，而不能出现在神的意志里面，因为兴趣是偶然决定意志对于理性原则的依赖。所谓偶然决定意志，就是可以自由选择的意志，其表现为并不必然地选择理性原则，这种自由选择只表现在人身上，神本身是无须选择的（因为神绝对地趋向理性原则而不存在选择的问题）。由此可以进一步推出，兴趣也不可能发生在动物身上，因为动物只是靠感觉和欲望来生活的，一切都由自然来决定，而不存在"偶然决定意志"这种说法。第三，正是基于偶然决定意志对于理性原则的依赖这样的兴趣，人类的兴趣又通常表现为两种形式：其一是人类理性纯粹的兴趣或者实践的兴趣，这种兴趣只依赖于理性的原则本身；其二是人类理性不纯粹的兴趣或病理学的兴趣，这种兴趣依赖的并非理性原则本身，而是通过理性原则来满足理性原则以外的爱好，它指向的是外在的对象。很显然，前者才是真正的理性兴趣，后者则是经验的兴趣。在康德哲学中，前者是人类对于道德的兴趣，它是纯粹的；后者则是人类对于幸福的兴趣，它是不纯粹的。基于此，结合前面提到的康德在《纯粹理性批判》中对理性兴趣指向的三大问题，可以得知，第一、第二个问题都在上面对兴趣的解释中找到了对应物。"我可以认识什么？"对应的是经验的兴趣，属于理论的问题，其不与理性原则相符；而"我应当做什么？"对应的是真正纯粹理性的兴趣，属于实践的问题，其与理性的原则相符。

　　行文至此，一个明显的问题凸显了出来：康德为什么将第三个问题即"我可以希望什么？"也作为理性的兴趣问题纳入进来了呢？初看这似乎有点令人费解。但是只要结合希望问题本身所涉的方方面面及人类理性自古以来表

---

① Kant I. Groundwork for the Metaphysics of Morals. Wood A W, Schneewind J B (trans. & eds.). New Haven: Yale University Press, 2002. （中文版本见康德. 道德形而上学原理. 苗力田译. 上海：上海人民出版社，2005. ）

现出来的对某些事物的关注，就可以理解康德为什么将希望问题也作为理性的兴趣之一来解释了。首先，看希望问题本身涉及的方方面面。希望问题既涉及道德前提，又涉及幸福对象，还涉及幸福如何实现的问题。这些方面既有实践的，也有理论的，所以既然人类理性具有理论的（经验的）兴趣，又有实践的兴趣，那么作为理论与实践"综合体"的希望问题肯定是理性的兴趣。其次，看人类理性通常表现出来的"自然兴趣"倾向。一直以来，人类理性就对人类经验之外的事物表现出高度的兴趣，虽然从来没有得到过确定的结论，但是这并没有阻止人们去思考"意志自由、灵魂不朽、上帝存在"等超验事物的热情。这些超验事物在康德的希望问题中，均有所涉：意志自由对应于希望问题的道德前提，灵魂不朽对应于希望问题中道德的彻底实现及作为希望问题真正对象的至善实现的条件，上帝存在对应于希望问题中至善实现的条件。所以说，希望问题必然是人类理性的兴趣之一，或者准确地说，是人类思辨理性的自然兴趣。但是需要注意的是，从第三个问题"我可以希望什么？"的整体来考虑，它是理性的兴趣，这个"理性"则是广义上的理性，其同时囊括了"知性、实践理性和思辨理性"三个向度的内涵。

当然，康德对作为人类理性三大兴趣之一的希望问题的解决，起初是通过对人类理性的批判来作为前提的。这又涉及康德对哲学的理解，康德认为："哲学就是有关一切知识与人类理性的根本目的之关系的科学，而哲学家就不是一个理性的专门家，而是人类理性的立法者。"①这样的"立法"，是哲学给人类理性所作的立法，从而确定人类理性运用的限度和范围等。这就是康德所说的"纯粹理性批判"，通过对纯粹理性本身能力的批判（这种批判的主体同样是理性本身，即理性批判自身），进而建构一个纯粹理性的哲学体系。

在康德看来，这种哲学体系建立起来之后，理性的三大兴趣问题都将得到逐一解决，自然地，希望问题也将在其中得到根本的解决。但是，对于如何解决希望问题这个理性的兴趣问题，康德设计了先后次序。首先，对理性进行批判，划定理性适用的范围，确立理性运用的两种原理，即自然形而上学原理和道德形而上学原理。由此，为希望问题中的幸福与道德奠定了根基，并且作出了明确定位。其次，在此基础上，康德以道德作为基础，进而解决希望问题中所涉及思辨性质的意志自由、灵魂不朽和上帝存在问题，最终使人类理性对于希望问题的兴趣得到真正的满足。所以，康德在探讨希望问题解决的进路时，从以他的文本作为线索来看，呈现了一个从《纯粹理性批判》到《实践理性批判》，再到《单纯理性限度内的宗教》及其有关人类社会历

---

① 康德. 纯粹理性批判. 邓晓芒译. 北京：人民出版社，2004：633-634.

史、文化等方面的论述的过程，这一系列作品构成了他讨论这一问题的大致框架和思路。在这个进路中，人类的理性始终是一个枢纽，人类理性在不同层次及不同功能上的运用，最终使作为人类的理性兴趣之一（也是第三个兴趣）的希望问题得到解决。显然，解决希望问题这个理性兴趣的主路线，也基本构成了康德批判哲学的主要框架，这正如德勒兹曾所言：我们只要记住就一般情况而言的批判哲学的大概主题就可以了——存在着性质各异的理性兴趣。这些兴趣构成了一个有机且有层次的体系，这就是理性存在者的最后目的。①也就是说，不同层次的、有机的理性兴趣体系，就是康德批判哲学的框架主体。由此可以看到，康德的希望问题，也在不同的层面与这些理性的兴趣体系具有很大程度的关联。

二、作为人类学领域②的希望问题

　　除 18 世纪 80 年代在《纯粹理性批判》中提到过希望问题外，康德在 18 世纪 90 年代又两次提到希望问题：其一是致司徒林的信（1793 年 5 月 4 日），其二是《逻辑学讲义》（后来于 1800 年由耶什整理出版）。与前一次明显不同的是，在 90 年代两次论及希望问题的文本中，康德将希望问题由原来的三大问题中的最后一个变成了四大问题中的第三个，在此加上了第四个问题"人是什么？"。同时，康德对四大问题的对象和关系作出了明确规定："形而上学回答第一个问题，道德回答第二个问题，宗教回答第三个问题，人类学回答第四个问题。但在根本上，人们可以把所有这一切都归给人类学，因为前三个问题都与最后一个问题相关。"③由此可见，在前面的三大问题中，

---

①　Deleuze G. Kant's Critical Philosophy: The Doctrine of the Faculties. Tomlinson H, Habberjam B(trans.). Minneapolis: University of Minnesota Press, 1984.

②　本小节的论述参照了杨祖陶先生的一些观点，详见杨祖陶. 康德黑格尔哲学研究. 武汉：武汉大学出版社，2001：139-175.

③　康德. 康德著作全集（第 9 卷）. 李秋零主编. 北京：中国人民大学出版社，2010：24. 以上的引文和另一中译本（康德. 逻辑学讲义. 许景行译. 北京：商务印书馆，1991. ）有一点出入，在许译本中，"道德回答第二个问题"被翻译为"伦理学回答第二个问题"。虽然康德没有像后来的黑格尔那样将伦理和道德截然区分开来，但是为避免歧义，在此采用"道德（学）回答第二个问题"的译法更为妥帖。因为在康德这里，有广义伦理学与狭义伦理学之分，前者即道德学（moral），后者则是以至善论为核心的伦理学（sittenlehre）。这种细微的区别在康德的书信中也得到了证实，在和司徒林的通信中，康德也采用了"道德哲学（moral philosophy）回答第二个问题"的说法。[详见：Kant I. "To C.F. Stäudlin, May 4, 1793", in Kants Philosophical Correspondence1759—1799. Zweig A(ed. & trans.). Chicago: Chicago University Press, 1967.]另外，在《逻辑学讲义》的英译本中，也证实了这种说法。[详见：Kant I. Lectures on Logic. Young J M(trans. &ed.). Cambridge: Cambridge University Press, 1992.] 其中，原文如此："Metaphysics answers the first question, morals the second, religion the third, and anthropology the fourth.", 基于此，将其翻译为"道德回答第二个问题"更为准确。

其对应的研究领域与 80 年代提到的三大问题不变，而最大的变化在于：这三个问题变成了从属于最后一个总问题——"人是什么？"的一个部分。更为重要的是，"人是什么？"这个问题是一个人类学的问题，换言之，三大问题就成了人类学问题或者从属于人类学了。因此，人类学成为其余一切学科（科学）的总科学，同时人类学也就成了康德所认同的最终哲学或者其哲学研究的总目标。显然，这是康德思想的一个新变化，因为在《纯粹理性批判》中，康德在提出三大问题并规划自己的哲学体系时，并没有这样看待。那时人类学始终在他的哲学视域之外，因为人类学始终属于经验的科学①，为此他曾明确表示：像经验心理学这样的经验科学，虽然可以暂时居留在形而上学内，但长远地看，它却应"在某种详尽的人类学（即经验性自然学说的对应物）中迁入它自己的住处"②。这就是说，在 80 年代，康德是把人类学作为一种经验性的学说而排斥在他的纯粹理性的哲学体系，即其认为的自然-道德形而上学及宗教（神学）体系之外的。循此推之，希望问题在那时也并没有被归结到人类学上面来。

为此，需要追问：为什么希望问题和其他两大问题一样，在 20 世纪 90 年代被康德归结到人类学这样的经验性科学上面来了呢？笔者认为，其中虽出现显著的变化，但康德的根本哲学立场并未改变。在《纯粹理性批判》中，康德就曾明确表明人类理性之最终目的是实现"至善"——德福一致，这也是其希望问题最终要得到的答案：建立一种道德神学以满足理性的这种兴趣（实践的和理论的）。但是，在康德的实际研究进程中，我们可以发现，在回答了"我能够知道什么？"和"我应当做什么？"这两个问题之后，康德并没有立即去回答第三个问题——"我可以希望什么？"。此后，可以说，他不得不去解决由前面两大问题必然带来的理论理性和实践理性、自然和自由、自然科学和伦理道德的对立问题，只有这个问题得到了解决，纯粹理性的体系即自然形而上学、道德形而上学才能真正结合为一个整体，也只有这样，才可能为希望问题的最终解决（人类理性的最终目的——"至善"的实现）

---

① 关于康德哲学的总归宿是人类学这种说法，至今基本没有争议。但也有学者如邓晓芒教授认为，康德的人类学应该具有两个向度，其一是"实用人类学"，其二是"先验人类学"——并且三大批判合起来便构成与实用人类学相对应的先验人类学。只有实用人类学才是经验的，而康德体系的最终目的是建立"先验人类学"。（详见邓晓芒. 冥河的摆渡者——康德的《判断力批判》. 武汉：武汉大学出版社，2007.）显然，以上的看法自有其合理性，但客观地说，康德在其著作中并没有出现过"先验人类学"的说法。而在早期，康德确实将人类学理解为经验性的科学。加之本书此部分所述的希望问题之人类学视野，也仅是论述可经验的文化、社会、制度对希望问题解决所可能发挥的某些作用，故取人类学仅是经验科学的看法。

② 康德. 纯粹理性批判. 邓晓芒译. 北京：人民出版社，2004：640.

提供一种可能的思路。而这时，康德在其第三批判——《判断力批判》中，一方面，对人类心灵具有的知、情、意三种能力的经验性考察（即人类学考察），使他看到了解决这种对立问题的曙光。于此，可以说，人类学不但始终是康德立足的经验基地，同时还对他建构纯粹理性哲学体系具有指导性意义。另一方面，在对判断力进行批判的时候，使他明确认识到一点：人的生存发展必须以人类的文化创造活动为基础，人所追求及拥有的一切，都是人自由自觉的、有目的的文化创造活动的产物，人类理性的最终理想或目的的实现（希望问题中"至善"的实现），也应当联系到人的文化创造活动来考虑①。

　　由此可见，从某种程度上讲，对康德在 20 世纪 80 年代提出的作为理性兴趣的三大问题的彻底解决都离不开对第四个问题——"人是什么？"的解答。或者这样说，它们都只是"人是什么？"这个总问题的题中之义或其不同层面罢了。因此，这个总问题的解决必然与其他三个问题的解决密切相关或者为它们的彻底解决提供了某种可能性。在此，关涉本书的主题，需要特别提一下希望问题与"人是什么？"这个总问题的关系。应当承认，在《纯粹理性批判》的设想中，希望问题很大程度上也许是被康德作为一个纯粹理性的超验性问题提出来的，但是就其对希望问题性质（既是理论的又是实践的）的限定来看，也已经隐含了希望问题具有某种人类学（理论的性质至少和人类学直接相关）的意味。当然，从道德神学的构建角度，也就是说，如果将纯粹理性范畴内宗教的建立视为希望问题的解决，那么这种解决方式可以被认为是超越经验的。但这样会出现一个问题，即道德神学对希望问题的解决，即作为人类理性最终目的——"至善"目标的实现，始终不着"人气"：人们必须要按照道德命令来生活，只有这样才配享幸福，从而期待着在来世中幸福生活的到来（因为人们预设了上帝存在和灵魂不朽）。如果仅是这样的话，从根本上讲，第三个问题的解决就被推到了彼岸世界，即便康德在其专门论述解决希望问题的《单纯理性限度内的宗教》中肯定了历史宗教（教会团体）对于促进至善的作用，但德福一致（至善）的实现仍不得不被视为彼岸世界的事情。如此看来，这似乎是不合情理或者令人绝望的事情，因为人毕竟是现实世界的存在者。因此，康德似乎也看到了这点，对于第三个问题的解决，其加入了一些此岸的社会历史因素和条件（人类学层面）。他在其晚期的很多著作（如《永久和平论》《实用人类学》《判断力批判》《法

---

　　① 康德对于文化及人类社会等外在条件所具有的积极作用的看法，除了在《判断力批判》中明确以外，在其晚期所作的一系列有关人类社会历史、政治制度、宗教信仰等方面的论文中也大量出现。

的形而上学原理》《道德形而上学》等）中，都提到了文化、法律、政治和制度等对人类实现至善具有积极的促进作用。也就是说，经验的人类学对第三问题的解答是有所帮助的，至少能让人在现实世界中看到其解答的曙光和希望。对于经验的人类学对解答希望问题所具有的作用，著名的《康德传》作者古留加也曾作出过明确的肯定："康德用社会的解决来补充对于问题所作的宗教解决和伦理解决。可以指望另外一些办法，指望整个社会，指望社会的社会——法律制度。法律哲学——这是康德精神发展的一个新天地，当他已是年迈老人的时候，他才开始进入这个天地。"①这话借用到希望问题上，宗教和伦理无法现实地解决的问题，可以通过社会特别是社会中的制度和法律来帮助解决，这是康德解决希望问题某个方面的一种视角或者途径。

　　综上所述，人类学视野下的希望问题，并没有偏离康德对哲学目标特别是对人类理性根本目标定位的初衷，而是加入了一种可能性，为希望问题的最终彻底解决（至善的实现）提供了一种此岸的可能性（至少有明确的促进作用）。并且，在人类学视野中，可以窥见康德希望问题具有的"属人性"、现实性以及当下性等，这也使它和传统宗教视域中的希望问题之纯粹超验性特征严格区分开来。

三、作为多维视域"融合体"的希望问题

　　根据前面论述可知，在康德的视域中，希望问题具有各种不同的定位：在《纯粹理性批判》中，它被定位为理性的兴趣指向的问题，即既是实践的又是理论的；在《逻辑学讲义》中，它被定位为"世界公民"的意义上的宗教问题（它本身又隶属于人类学问题）；而在与司徒林的通信中，它又被定位为宗教问题（它本身又隶属于人类学问题，并且康德明确表示，希望问题是他在《单纯理性限度内的宗教》中试图解决的问题）。初看起来，康德对希望问题的定位，在其文本中似乎很难找到一个十分明显的线索，甚至显得错综复杂，令人难以捉摸。

　　诚然，很多研究者将康德的希望问题定位为宗教问题或者康德宗教哲学问题，这在康德的部分说明中也得到了明证。但是，问题在于，如果希望问题仅仅是一个宗教问题或者宗教哲学的问题，它和传统或者流俗理解的希望问题之根本区别又如何体现？同时，如果仅仅将希望问题定位为宗教问题，又如何能够使之和康德的多种论述融合起来？显然，这些问题都悬而未决，并非一两个简单的定论性描述就能将康德希望问题的实质完全呈现出来。基

---

① 阿尔森·古留加. 康德传. 贾泽林，侯鸿勋，王炳文译. 北京：商务印书馆，1981：244.

于此，笔者认为，应该对康德的希望问题本身作出一个具体的分析，以使其尽可能符合康德对之作出的各种定位和论述。对此，笔者进一步认为，康德的希望问题是一个多维视域"融合体"。所谓的多维视域"融合体"，就是说，希望问题超出了单一的视域，任何单一的视域都无法概括它的全貌，因它本身是一个"复合体"：从不同的角度、不同的层次看待希望问题，它就涉及不同的问题域，具有不同的意义。以下试从不同的视域来梳理康德希望问题，以确证它是一个多维视域"融合体"。

第一，希望问题是个实践的问题，但这只是个引线。关于希望问题是个实践的问题，这个比较容易理解，因为如前所述，在《纯粹理性批判》中，康德就对希望问题作出了如下的完整表述："如果我做了我应当做的，那么我可以希望什么？……因为一切希望都是指向幸福的。"①也就是说，康德将希望问题的前提设定为"做了我应当做的"，而这是个道德问题，只有具备了道德资格，再去谈论"我可以希望什么？"才是有意义的。在康德的视域中，只有道德才是实践问题的真正关切和所指。所以说，从希望问题的前提——道德来看，希望问题是一个实践的问题。当然，康德强调，这时实践只是一个"引线"，这个引线要导向对理论问题或思辨问题的解答。但这并不能抹杀希望问题本身具有实践之维这样的性质，因为在这里，除了希望问题的前提——道德具有实践的性质之外，这个道德前提得以可能的过程（即人类的改恶向善），同样具有实践的性质。也就是说，按照前面作出的希望问题的结构划分，不管是从希望问题的"显性前提"还是"隐性前提"来看，本质上讲，希望问题都是一个纯粹实践领域的问题，它涉及人类的自由及自由的可能性。

第二，希望问题是个理论的问题。从希望问题的前提来看，希望问题是个实践的问题，除此之外，希望问题又是一个理论的问题。对于希望问题是个理论的问题，这里又具有两层意思：其一，从希望的对象——幸福这个角度来看，希望问题是一个理论问题，因为从前面的论述中我们知道，幸福概念本质上讲是一个自然层次的概念，从属于自然的因果规律，这是康德哲学中理性的理论运用指向的领域。其二，从道德与幸福的因果关系来看，希望问题也是一个理论问题。在康德的视域中，希望问题指向的对象是幸福，但是他将其严格地规定在道德的前提之下，也就是说，只有将道德作为幸福的原因时（而不是相反），希望问题指向的幸福才成为有价值的幸福或者值得追求的幸福。而这个时候，康德实质上将道德与幸福的关系理解成某种程度

---

① 康德. 纯粹理性批判. 邓晓芒译. 北京：人民出版社，2004：612.

上的因果关系了，而这种因果关系最终是可以从理论上来考察的。因此，在希望问题中，从希望指向对象或者希望的道德前提构成幸福的原因这个角度来看，它是一个理论的问题。

第三，希望问题是个思辨的问题。在《纯粹理性批判》中，康德对希望问题曾这样强调："这是实践的同时又是理论的，以至于实践方面只是作为引线而导向对理论问题以及（如果理论问题提高一步的话）思辨问题的回答。"①也就是说，希望问题还是一个思辨的问题。其中，主要是因为希望问题还涉及了上帝存在和灵魂不朽等超验的命题。在康德的希望问题中，最后希望问题的最终解答（至善的实现）必须涉及上帝存在和灵魂不朽的公设，同时希望问题的道德前提之实现也关涉上帝存在和灵魂不朽的公设。所以从这个角度来讲，希望问题又是一个区别于实践问题和理论问题的思辨问题。但需要注意的是，康德对上帝存在、灵魂不朽的公设，从根本上讲，区别于传统的理解。因为，在康德这里，上帝存在和灵魂不朽必须要和道德关联起来，并且以道德为前提才是有意义的，这是康德与传统理解上帝存在和灵魂不朽最大的不同。

第四，希望问题是个宗教的问题。康德在《逻辑学讲义》和与司徒林的通信中，都将希望问题定位为宗教要回答的问题。因此，希望问题又可以说是一个宗教的问题。但说希望问题是一个宗教的问题，究竟是从何种意义和角度上看的呢？这是我们需要注意的问题。根据第三点的论述，希望问题是一个思辨的问题，这就明确了它在很大程度上与宗教有关，因为这已经完全超出了经验和道德的领域，自古以来，宗教就和各种思辨的问题扯上了各种各样的关系。当然，在康德这里，希望问题之所以是一个宗教问题或者宗教要回答的问题，主要是与前面说到的希望问题的最终解决必须要预设上帝存在和灵魂不朽相关。因为上帝存在和灵魂不朽都是宗教领域要解决的核心问题。另外，同样需要注意的是，康德理解的宗教和传统人们理解的宗教有根本的区别，在康德的视域中，是"道德导致宗教"，或者说，宗教是道德的宗教，而不是相反。这些问题在本书的后面会有所论述，在此不作具体展开。

综上所述，希望问题，在康德的视域中是一个极其复杂的问题，从不同的角度看，它指向不同的问题域。因此，希望问题本身是一个多维视域"融合体"，不应该以某种单维的性质来给它定性。

以上是从康德文本的角度，从更为宏观的视野看待希望问题的基本线索。

---

① 康德. 纯粹理性批判. 邓晓芒译. 北京：人民出版社，2004：612.

四、本书主体研究所依据的主要文本

从本章前面的论述中，康德的希望问题结构、性质及线索已基本清晰，为了使本书接下来的章节论述所依据的主要文本更为明确，在此先作一个简单交代。

在论述希望问题的"显性前提"——道德作为"可以希望"的前提条件部分（对应第三章①）时，笔者主要依据的是《实践理性批判》和《道德形而上学原理》两本著作的相关论述，重点梳理康德所理解的道德之本来面目。在论述希望问题的"隐性前提"——道德（善）如何可能的部分（对应第四章）时，笔者主要依据的是《单纯理性限度内的宗教》中的相关论述，以及《历史理性批判文集》《判断力批判》等著作中的相关章节，重点梳理康德所理解的道德之实现的可能性及各种条件等。而在论述希望问题的彻底解决——实现至善部分（对应第五章）时，笔者主要依据的是《纯粹理性批判》《实践理性批判》《判断力批判》《实用人类学》《历史理性批判文集》《单纯理性限度内的宗教》等著作中的相关章节，重点梳理希望的真正对象——至善的概念、本质及实现的可能性、条件等。

---

① 第三章虽然主要是论述希望问题的"显性前提"——道德这个核心的要素，但同时也涉及了希望问题"显性结构"中的其他两个要素：幸福对象、幸福的实现。由于要论述清楚康德视域中的道德之本质和核心等问题，必须要和幸福作一个比较，这时必然就涉及幸福的概念问题、在一般的情况下人们对幸福的直接追求能否实现等问题。同时，由于希望问题的"显性结构"中的其他两个组成部分均在本章的具体论述中得到了阐释，故本书将不再以独立的两章来分别论述幸福是什么、普通希望指向的幸福能否实现这两个问题；而是在接下来的章节中，重点论述康德希望问题"隐性结构"中的三个组成部分：道德的实现、至善对象、至善的实现。本书以这样的顺序来安排章节，也更为符合康德对希望问题的独特理解和深刻解答的原本思路。

第三章　可以希望幸福的道德前提

康德在其希望问题中，明确规定"做了我应当做的"是我们可以或有资格希望幸福的前提条件，这里的"做了我应当做的"就是指可以希望幸福的主体必须已经是道德的人或者说具备了道德资格的人。对应于此，必须首先搞清楚两点：一是康德讲的作为可以希望幸福前提的道德究竟是指什么？道德在康德视野里具有怎样的内涵和规定等？二是康德为什么认为只有道德才能作为可以希望幸福的前提条件？反之，不道德的人为什么没有资格去希望幸福？第一点解答的是可以希望幸福的前提的内涵问题，也就是说，只有弄明白了什么是道德，才有可能去成为有道德的人从而具备可以希望幸福的前提条件；如果说第一点主要针对的是一个"然"的问题，那么第二点主要针对的则是一个"何以然"的问题。显然，第一点很重要，因为它构成了人们理解康德希望问题的结构要素（道德前提）的必要条件，在谈论康德希望问题的前提时，这点也被人们谈论得比较多。与此相比，第二点则谈论得比较少。特别是不道德为什么不能成为可以希望幸福的前提，或者不道德的人为什么没有希望的资格，这点人们在讨论康德希望问题甚至研究康德哲学时却很少关注，而这又是康德对希望问题"合法性"限定的关键所在。由此可见，前一个问题十分重要，但后一个问题却更为基础和隐秘。鉴于此，本章先讨论康德视野内的道德，弄清楚康德所理解的道德内涵，然后再讨论道德作为可以希望幸福的前提的"合法性"问题。

第一节　康德视野内的道德

众所周知，道德是一个古老的话题，有关道德的争论在西方思想史上从来就没有间断过，而道德问题也是康德哲学的一个核心问题，甚至有学者认为，康德哲学的本质就是一种道德世界观①。暂且撇开这种对康德哲学所作

---

① 国内学者张志伟认为，康德整个哲学的主旨就是要最终建立一种道德世界观，康德哲学体系中的其他部分都是为了其道德世界观的最终建立而展开的。详细论述可参阅其著作（张志伟. 康德的道德世界观. 北京：中国人民大学出版社，1995. ）。

的整体理解之"科学性"不谈，不可否认的是，康德对道德这个古老问题的理解，明显区别于以往众多哲学家。为了结束人类理性在形而上学"战场"上的无尽纷争，康德意图建立自己的"科学形而上学体系"，其中就包括道德形而上学部分。那么康德是怎样建立自己的道德形而上学的呢？这主要基于康德对人类道德所作的独特理解。在此，康德主要通过与自然规律不同的自由规律和道德法则的相互印证，进而确立自己对道德内涵的理解。所以要理解康德对道德的独特定义，必须要和自由概念联系起来。同时，和功利主义对道德价值之于行为结果的定位不同，康德视域中的道德价值纯粹从行为的动机（意念）出发，因此，在理解康德的道德内涵时，又必须要从人类行为的动机来考察。此外，人们在谈论道德时，往往又不得不和幸福概念联系起来，康德也不例外。因为从伦理学或道德哲学的角度看，要搞清楚道德的内涵，必须将其与幸福概念结合起来比较和分析。并且关涉本书主题，幸福又是康德希望问题所指向的对象——"一切希望都指向幸福"，所以，必须对道德和幸福作出明确的定位，这既可使希望问题的"显性前提"——道德的内涵更为清晰，又可使希望问题的"显性对象"——幸福的概念更为明确。在充分理解幸福概念的基础上，我们可以看到：人们直接把幸福作为终极追求的做法本身是愚蠢的，其根本无法实现（在此，涉及康德希望问题"显性结构"中的第三个组成部分——"幸福的实现"这个问题）。鉴于此，本节的研究也就顺着以上所述的思路来展开，以最终明确康德希望问题的"显性前提"——道德的真正内涵。

一、何谓道德

关于什么是道德、道德的内涵等问题，康德重点在《实践理性批判》《道德形而上学原理》《道德形而上学》等著作中进行了论述，但其他的一些著作也与道德的问题相关：如《纯粹理性批判》通过对人的知性能力的批判，为道德留下地盘；《单纯理性限度内的宗教》对道德中人性善恶的宗教学考察、《实用人类学》对自然善和道德善的定位等，同样大量涉及对道德的论述。可见，和道德相关的问题在康德的著作中分布得也十分广泛且繁杂。鉴于本书的研究需要，我们无法大面积覆盖康德对道德问题的所有论述，只能选取某些与道德问题不可分割，又与本书论题相关的重点部分进行分析，如康德哲学中的自由问题、道德中的动机问题、幸福的概念和定位问题等，以此阐明道德在康德哲学中的主要内涵和形态。

（一）道德与自由的相互印证

关于道德本性的问题，在西方哲学史上一直有将其归属于"价值"领域之说，与"事实"领域相对。特别是到了近代，休谟对两个领域作出了明确的区分，即"是"与"应当"的区分，前者属于事实领域，后者则属于价值领域。对于道德的本性和归属，休谟在《人性论》中如此强调："在我所遇到的每一个道德学体系中，我一向注意到，……我所遇到的不再是命题中通常的'是'与'不是'等连系词，而是没有一个命题不是由一个'应该'或一个'不应该'联系起来的。这个变化虽是不知不觉的，却是有极其重大的关系的。"①也就是说，在有意或者无意之间，人们对于道德的理解均是定位在"应当"而不是"是"上面，后者可以由经验来证明而获得对其认识，其有真假之别，前者则无法由经验来证明从而也无真假之分，只有"好坏"之分。然而，虽然休谟区分了"是"与"应当"，由此得出了道德属于"应当"范畴（价值领域），但是由于其彻底经验论（怀疑论）的立场，休谟并没有将道德理解为一种人类纯粹理性的行为。休谟认为，道德只是作为和人类的经验感觉、知觉、观念等相关的一种价值判断，其本质是一种由人类情感引发的后果，而与人类超经验的理性无关，为此，他强调："道德宁可以说是被人感觉到的，而不是被人判断出来的。"②正是基于这种对道德属性的经验性定论，休谟最终并没有通过自由来说明道德的属性，而是走向了其必然的归宿：功利主义。在绝大多数的功利主义者看来，判断行为是否有道德的标准是能否带来快乐（幸福）：带来痛苦的就是不道德的，而使人快乐的就是有道德的。由此而来，休谟进一步认为："发生德的感觉只是由于思维一个品格感觉一种特殊的快乐。正是那种感觉构成了我们的赞美或敬羡。……我们的赞许就涵摄在它们所传来的直接快乐中。"③也就是说，在休谟的视野中，道德完全由人类的情感（感觉）来决定。可见，即便休谟不承认道德就属于人的自然之维，但就此可以判断，因每个人类个体均具备自然和超自然的双重属性，人的一切感觉（情感）的本质都是人类身上的自然之维。换言之，如果按照休谟的经验主义（以及功利主义）道德观，道德仍然没有真正走出"是"的范畴，从本质上看，其仍属于"事实"（一切事实都可以由经验来证实）的领域，这是一种自然主义的立场，人作为人的自由本性之尊严与价值仍无法从中得到

---

① 休谟. 人性论（下册）. 关文运译. 北京：商务印书馆，1980：509.

② 休谟. 人性论（下册）. 关文运译. 北京：商务印书馆，1980：510.

③ 休谟. 人性论（下册）. 关文运译. 北京：商务印书馆，1980：511.

真正的体现。

客观而论，休谟对道德内涵的界定，本质上和他所处的启蒙时代对人类理性与自由（区别于动物，体现人的价值和尊严）的推崇在逻辑上相悖，并和当时法国唯物主义哲学家对人的认识殊途同归。如果人类仅仅像当时很多法国启蒙思想家认为的那样，是一个受各种情感和欲望驱使的自然存在者，甚至像拉美特利所说的那样，是一架"机器"，那么正如康德所言："它从根本上也丝毫不比一个旋转烤肉叉的自由好到哪里去，后者一旦上紧了发条，也会自行完成它的运动。"①而在康德看来，要真正确立"是"与"应当"的区分，体现道德的价值属性以及还人应有的价值和地位，必须首先拯救人的自由。由此表明，人类不仅是自然链条上的一环，还具有作为和自然有别的自由存在者的独特价值和尊严，人的这种独特价值和尊严，只能通过道德来体现。康德认为，人的道德是人的自由本性的体现，或者说人的自由只能通过道德来承载，两者相互印证。

因此，要理解康德对道德的规定，必须先理解康德对自由的拯救及对自由所作的规定。对于自由，在西方哲学传统中并不缺乏讨论和研究。在古代哲学那里，自由本质上属于自然（哲学）的范畴，正如有学者认为的那样："虽然一些形而上学家将宇宙的本体看作'自由因'，神学家们亦以此为上帝存在的证明，但是作为'自因'的本体向来是宇宙之必然法则的根据，而自然万物、芸芸众生则没有资格分享自由的属性。"②也就是说，自由只是作为万物的一个终极原因，而万物（包括人）则没有自由的本性。在近现代哲学中，自由即便被广泛地和人的天赋权利、本质属性、原初本性等联系起来，但它主要被看作人类的一种外在行动的自由，而没有真正被视为人类内在的一种本质属性。而在康德的视域中，自由则是人类作为一种理性的存在者所具有的必然内在本性，这种内在本性，本质上区别于人类作为自然存在者所必须服从的自然规律之"他律性"，而前者是一种"自律性"。当然，康德对自由的论述十分复杂，并且经常翻来覆去地"兜圈子"，但这是康德不得已而为之的做法，因为自由理论在康德哲学中的地位太显赫了，其牵涉到康德哲学体系的各个不同层面。不过无论自由理论在康德的哲学中有多复杂，其仍然呈现出一条十分清晰的线索：从先验自由到实践自由的过渡，最终和道德一起相互

---

① 康德. 实践理性批判. 邓晓芒译. 北京：人民出版社，2003：133.
② 张志伟. 康德的道德世界观. 北京：中国人民大学出版社，1995：81.

印证①。先验的自由仅仅是一种理念，但它为实践的自由留下了可能和地盘；而实践的自由则具有实在性，其和道德一起相互印证对方的存在及合法性。以下就顺着这条线索来考察康德的论述。

首先，康德对自由的阐述从"纯粹理性批判"开始，通过批判，其找到了"先验的自由"（die transzendentale Freiheit）。在《纯粹理性批判》的"先验辩证论"部分，康德指出，如果人类在运用自己的理性去认识世界时，事先没有对理性自身进行批判而是"独断"地使用，就必然会出现理性的"二律背反"现象，这种"二律背反"主要集中在自由与必然（自然）的矛盾上面："正题，按照自然律的因果性并不是世界的全部现象都可以由之导出的惟一因果性。为了解释这些现象，还有必要假定一种由自由而来的因果性。反题，没有什么自由，相反，世界上一切东西都只是按照自然律而发生的。"②

在证明中，康德认为，从"二律背反"的"正题"中可以看到：如果世界上一切现象都只是服从自然的因果律，那么这样的因果关系序列就会是一个无穷回溯的系列（一切现象都有起因）。这种现象要得到解释，就必须假定一个绝对先在的原因，而这种原因就不能再有其他原因作为其原因了，这样的绝对先在的原因，就是"自由因"。然而，如果需要假设一个绝对先在的自由因作为自然因果律的原因的话，那么自然因果律就和自身发生了矛盾：因为在自然因果律中，任何的"果"都必然有"因"，这作为"因"的"因"也必然有其"因"。相反，从"反题"中则可以看到：如果没有自由，一切现象都只按自然因果律来解释，一切解释最终就无法得到完满的说明——最终堕入无限回溯循环的怪圈。康德指出的这种"二律背反"实质上就是自然与自由两个领域的矛盾。康德认为，理性的这种"二律背反"，主要是由人类未对理性自身进行批判，就"独断"地试图运用其去解释和认识世界的一切现象造成的。

在批判的过程中，康德发现，人类理性的运用有两个层面：其一是理论运用的层面，其二是实践运用的层面。在人类理性的两个层面运用中，世界也被分割成两个部分：其一是现象，其二是物自体。现象属于可经验领域，其遵守的规律是自然因果律，人类理性的理论运用认识和把握作为经验的现象领域；

---

① 关于康德自由理论的线索或层次，不同研究者有不同的看法，如著名的康德研究专家亨利·E. 阿利森（Henry E. Allison）在他的《康德的自由理论》（*Kant's Theory of Freedom*）（Cambridge University Press, 1990 年）一书中认为，主要有先验自由和实践自由两个大的层次（也可参见中译本：康德的自由理论. 陈虎平译. 沈阳：辽宁教育出版社，2001.）；而邓晓芒教授则认为，除了先验的自由、实践的自由外，还有一个"自由感"的层次［详见康德自由概念的三个层次. 复旦学报（社会科学版），2004，（2）：24-30.］。笔者无意对这些看法作评论，但几乎所有研究者都达成的基本共识是：康德的自由理论具有先验的自由和实践的自由两个层次，本书也采用这种看法来论述康德视野中的自由与道德之关系。

② 康德. 纯粹理性批判. 邓晓芒译. 北京：人民出版社，2004：374.

而物自体则属于超验领域，其不再遵守自然因果律，只能是一种"自由因"领域，这个领域不可能被人类理性的理论运用所认识和把握，只能由理性的实践运用去认识和把握。当然，康德在《纯粹理性批判》中，主要是划分了人类理性运用的两种界限，划分了世界的两个层次（现象和物自体），为人类理性的理论运用制定了法则，而没有充分讨论理性的实践运用领域（自由）及其实在性。但康德在此为自由留下了可能性和地盘，因为任何事件的发生必须通过设想两种因果性来解释才可能完满，并且这样才不会出现矛盾。对此，康德指出："我们只能就发生的事情设想两种不同的原因性，一种是按照自然的，一种是出自自由的。"①前者是自然因果律，是一切经验世界和事物（现象）必然遵守的规律，它的特征是基于时间条件的前后状态连接；后者是自由因果律，是一切超经验事物（物自体）必然遵守的规律，它的特征是一种超越时间条件的、绝对先在的"点"。后者即康德所说的"先验的自由"，在这里，"自由在这种意义上就是一个纯粹的先验理念，它首先不包含从经验中借来的任何东西，其次它的对象也不能在任何经验中被确定地给予"②。当然，这种自由的因果性作为一种彻底、完满解释世界事件的假设，它只能是一种理念，但这种理念表明了一种独立于经验世界（包括人的感性欲望、情感等，其受到自然因果律、必然性的约束）之必然的自由之可能性。同时，更为重要的是，即使这种自由作为一种先验的理念更倾向于具有"消极"的意义，但其为自由作为一种具有独立实在性特征之物奠定了基础，提供了一种过渡的可能性。简言之，为具有积极意义的实践的自由留下了可能性和地盘。

其次，关于实践的自由及其与道德的相互印证。在《纯粹理性批判》中，对"先验的自由"理念作出说明之后，康德紧接着对"实践的自由"作出了解释："在实践的理解中的自由就是任意性对于由感性冲动而来的强迫的独立性。"③需要注意的是，这里所说的自由并非真正意义上（或纯粹）的实践的自由，而只是一种"自由的任意"（der freie Willkür）。也就是说，人的任意性虽然体现了一种独立于感性驱使的可能（一种可能的自由，当然这已经表明了人和动物的区别），但其仍然受到了感性的影响，最终可能由此走向一种"实用"意义上的自由（作为一种谋求利益的手段），而不是一种"为自由而自由"的纯粹自由（实践的自由）。那么，真正的实践的自由是什么呢？康德主要在《实践理性批判》和《道德形而上学原理》中作出了详细的阐述，康德认为，真正的实践的自由具有两个特点：其一是纯粹性，即完

① 康德. 纯粹理性批判. 邓晓芒译. 北京：人民出版社，2004：433.
② 康德. 纯粹理性批判. 邓晓芒译. 北京：人民出版社，2004：433.
③ 康德. 纯粹理性批判. 邓晓芒译. 北京：人民出版社，2004：434.

全独立于任何经验自然（感性冲动等）的原因而独立自主地起作用；其二是自律性，即自己制定规律（法则）并且自己严格遵守。这样的自由，只能体现在人类对道德法则（命令）遵守的道德领域里面。所谓道德法则，康德认为，是纯粹实践理性必然遵守的一条规律，即"要这样行动，使得你的意志的准则任何时候都能同时被看作一个普遍立法的原则"①。显然，这样的普遍立法原则只能是一个纯粹形式性的规律，它剔除了所有具体的质料性目的和利益。康德认为，对这样一个纯粹形式性规律的遵守就是人类道德性的根本体现，也是人类自由的真正体现（不再受制于人类理性之外的任何具体事物的影响而自主抉择）。这样的普遍立法原则（或规律）又被康德称为定言命令②。所谓定言命令，它是无条件的，不受任何外在条件的制约，其只遵守一个纯粹形式性的规律，而不以一切任何外在的质料作为目的（特别是行为的后果）。显然，在这个道德法则或定言命令中，已经意味着一种道德行为（行动）的可能性，因为它强调的是行为的纯粹动机（形式性法则），或者进一步说，康德所说的道德法则（命令）就是道德本身。

由此可见，康德将自由和道德放在一起进行了相互印证。在康德看来，没有自由就不会有道德，而没有道德也就没有自由，自由和道德两者相辅相成、相随相伴。对此，康德在《实践理性批判》的序言脚注中指出："当我现在把自由称之为道德律（即道德法则——笔者注）的条件、而在本书后面又主张道德律是我们在其之下才首次意识到自由的条件时，为了人们不至于误以为在此找到了不一致的地方，所以我只想提醒一点，即自由固然是道德律的 ratio essendi［存在理由］，但道德律却是自由的 ratio cognoscendi［认识理由］。因为如果不是道德律在我们的理性中早就被清楚地想到了，则我们是决不会认为自己有理由去假定有像自由这样一种东西的（尽管它也并不自相矛盾）。但假如没有自由，则道德律也就根本不会在我们心中被找到了。"③在此，康德主要表达两个方面的意思：其一，如果没有自由，道德法则就无法确立甚至无法想象。因为作为一道纯粹形式性的命令，如果没有完全独立于感性世界的纯粹自由，人类根本就无法理解它的存在，更不可能完全不顾任何质料和目的而遵守之。其二，如果没有道德法则，自由则无法被确认是实在的。因为只有通过对道德法则的遵守，人类才能体会到真正的自由（完全不受制于其他外在的质料和目的，是一种纯粹自觉的、自主的行为）。显然，在道德的论述中，自由具有了积极的意义，它已不再是一种消

---

① 康德. 实践理性批判. 邓晓芒译. 北京：人民出版社，2003：39.

② 康德. 道德形而上学原理. 苗力田译. 上海：上海人民出版社，2005.

③ 康德. 实践理性批判. 邓晓芒译. 北京：人民出版社，2003：2.

极意义上的先验理念，而是一种具有积极意义的、实在性的人类行为的可能性根源。

总之，在康德的视域中，很大程度上讲，所谓的道德就是自由，或者说自由是道德的本质属性，两者相互印证。没有无自由的道德，也没有无道德的自由。这个独特的道德内涵，作为和"事实"根本区别的"价值"，也是康德所理解的人之为人所具有的和一般动物根本不同的独特尊严和价值所在。同时，自由和道德的相互印证，也是康德和其他启蒙思想家理解道德、自由等理念的根本区别，更是各自理解人的价值和尊严甚至启蒙精神的根本区别所在。

（二）以道德法则作为最高或唯一动机的道德

通过前面的论述可知，在康德视域中，道德和自由是相互印证的，或者说一切道德都只有通过自由才能成为可能。而道德作为一个实践领域（区别于理论领域）的概念，其最终需要通过人类的行动（行为）来表现。那么，什么样的行动才是真正道德的呢？康德认为，行动必须要符合道德法则（道德律）才是道德的。但是，一切行动又包含两个层面：其一，作为行动前提的思想意念——动机，其二，行动本身，即行动在现实中的表现或后果。由此，将会出现两种对于行动是否具有道德价值的判断：一是动机符合道德法则的行动具有道德价值；二是现实中表现出来的符合道德法则的行动具有道德价值。对此，康德明确指出："行动的一切德性价值的本质取决于道德律直接规定意志。"①同时，他进一步解释说："动机（elater animi）被理解为存在者意志的主观规定根据。"②也就是说，一切行动的道德价值来源于作为行动者意志主观规定根据（动机）的道德法则，简言之，真正的道德源于动机而非行为表现（后果）。因此，理解康德的道德内涵，首先必须搞清楚作为动机的道德法则之含义，然后再通过动机来规定道德行为的内涵和价值。

对于道德法则（道德律），康德认为，人们可以通过自由在自己的理性（实践理性）中找到，它是一个纯粹形式性的普遍法则。所谓法则，在康德的视域中和准则相对：前者是客观的、普遍的、纯粹形式性的规律；后者则是主观的、特殊的个人行动的意志规定。如果一个人的行动准则无法被同时认为可以成为普遍的法则，它就无法成为道德法则，亦即无法成为具有道德价值的行动的动机。但是，每个人都是"有限的理性存在者"，他们如何才能理解这样一个纯粹形式性的道德法则呢？对此，康德认为，道德法则对于每一个人来说，其本

---

① 康德. 实践理性批判. 邓晓芒译. 北京：人民出版社，2003：98.
② 康德. 实践理性批判. 邓晓芒译. 北京：人民出版社，2003：98.

身是人们意识中的一个"理性的事实"。所谓"理性的事实"，是和"经验的事实"相对的概念，前者是"先天地"存在于人类理性（其至是一切有理性的存在者）之中的，无须任何经验去证实，后者则需要通过经验来认识和证实。为此，康德指出："我们可以把这个基本法则的意识称之为理性的一个事实，这并不是由于我们能从先行的理性资料中，例如从自由意识中（因为这个意识不是预先给予我们的），而是由于它本身独立地作为先天综合命题而强加于我们，这个命题不是建立在任何直观、不论是纯粹直观还是经验性直观之上，虽然假如我们预设了意志自由的话，它将会是分析的，但这种自由意志作为一个积极的概念就会需要某种智性的直观，而这是我们在这里根本不能假定的。"①也就是说，即便如前面所说的那样，道德法则和自由是相互印证的，但道德法则作为一个毋庸置疑的"事实"，其本身就是人类理性之中天然具备的一个"先天法则"，无须从自由中推导出来。对此，康德进一步解释说："然而我们为了把这一法则准确无误地看作被给予的，就必须十分注意一点：它不是任何经验性的事实，而是纯粹理性的惟一事实，纯粹理性借此而宣布自己是原始地立法的（sic volo, sic jubeo）。"②换言之，对于道德法则的理解，既不需要通过经验观察的总结和归纳，也不需要任何的推理和证明，它本身就是人类理性先天地"被给予"的一个纯粹的"事实"。

通过康德对道德法则作为"理性的事实"的阐述，可以看到，在康德视域中，道德判断（通过对道德法则的确认而可能）能力被赋予了一种"大众化"的特征。道德判断能力，并非属于某些特定人群的才能，而只要是一个具有理性的存在者，就能做到这点，对于道德的是非判断就能明了于心。对此，康德指出："因此，用不着多大的聪明，我就会知道做什么事情，我的意志才在道德上成为善的。由于对世上事物没有经验，不能把握世事的千变万化，我只需询问自己：你愿意你的准则变为普遍规律吗？如若不是，这一准则就要被抛弃。"③也就是说，只要人们扪心自问，回归于自己的本心，而不需要其他任何所谓的"知识"，人们就可以知道做什么事是道德的（应当做的），做什么事是不道德的（不应当做的）。这一切，皆因道德法则作为一个普遍性的、形式性的法则天然地就存在于每一个人的心中，哪怕这个人"十恶不赦"或者"不学无术"。简言之，对于每一个理智健全的普通人来说，理解和"认识"道德法则，都是可能的并且是必然的。因此，确立了道德法则这个普遍的、被给予的"理性的事实"之后，道德对于人类来说，并非什么神秘莫

---

① 康德. 实践理性批判. 邓晓芒译. 北京：人民出版社，2003：41.

② 康德. 实践理性批判. 邓晓芒译. 北京：人民出版社，2003：41.

③ 康德. 道德形而上学原理. 苗力田译. 上海：上海人民出版社，2005：19.

测或高不可攀之物，更不是那些高智商者或者所谓知识精英才能理解的"高层次概念"。这正如康德所言："这样，我们就在普通人的理性对道德的认识里，找到了它的原则。……即使不教给他们新东西，只需像苏格拉底那样，让他们注意自己的原则，那么既不需科学，也不需哲学，人们就知道怎样做是诚实和善良的，甚至是智慧和高尚的。"①概言之，康德对于道德法则作为"理性的事实"的定位，赋予了人们理解和追求道德一个平等的机会。

当然，对于康德所说的道德法则作为一个"理性的事实"清晰地存在于每一个人的心中这种说法，有人可能会怀疑其正确性或者可能性。如当代著名的现象学家马克斯·舍勒就曾这样评价道：赞同康德的伦理学家都预设了一个东西，即真正的道德明察也必须是自身习得的明察，就好像任何人都"有能力"明察到道德"明晰之物"。②对此，笔者认为，主要的问题不应在于道德法则是否作为一个先天预设的"理性的事实"而存在于每一个人心中（因为任何的判断包括道德判断都必须要有一个预设的前提，否则一切的判断都无法进行），而应在于道德法则怎样或者为什么能够作为行动的动机直接规定着人们的行动，后者才是康德所关心的问题，同时也是理解康德道德概念的钥匙。

对于道德法则为什么能够成为人们意志的规定，从而让他们遵守道德法则行动，使自己的行动具有道德价值，康德的论述过程则十分复杂。对此，笔者认为，应该抓住以下两点进行理解。

第一，道德法则作为一个形式性的规律，既具有普遍性又具有绝对的价值。首先，康德认为，道德法则作为一条纯粹形式性的规律，它不为任何具体的、主观的目的而存在，因而不具有任何的质料性，正因为这样，道德法则才具有普遍适用的特征，任何人甚至是任何理性的存在者都能适用。其次，康德认为，只有以这种形式性规律（法则）作为动机的行动，才可能具有一种绝对的价值（最高的价值），反之，其他以某种具体准则为动机的行动，充其量只具有一种相对的价值。对此，康德指出：道德法则"不仅仅是主观目的，作为我们行为的结果而实存，只有为我们的价值；而是客观目的，是些其实存自身就是目的，是种任何其他目的都不可替代的目的，一切其他东西都作为手段为它服务，除此之外，在任何地方都不会找到有绝对价值的东西了，假如一切价值都是有条件的，偶然的，那么，理性就在任何地方都找不到最高的实践原则了"③。也就是说，只有这种以实存自身就是目的（自

---

① 康德. 道德形而上学原理. 苗力田译. 上海：上海人民出版社，2005：20.

② 转引自戴兆国. 伦理学：形式的？抑或实质的？——论马克斯·舍勒对康德道德哲学的批判. 世界哲学，2009，（4）：118-127.

③ 康德. 道德形而上学原理. 苗力田译. 上海：上海人民出版社，2005：48.

在目的）的形式性的道德法则作为行动的动机，才能最终体现人类行动的绝对价值，也只有这样，人类才能成为"目的王国"中的一员：以实存自身为目的，否则，人们的一切行动都将被其他相对的目的所牵制而只能作为自然链条上的一环。而这里所说的绝对价值和自在目的，正是人类的"尊严"所在，因为"只有那种构成事物作为自在目的而存在的条件的东西，不但具有相对价值，而且具有尊严"①。简言之，只有道德法则作为人类行动的最高或唯一动机，才能真正体现人类作为理性存在者所应有的普遍尊严和价值。

第二，道德法则作为行动的最高或唯一动机因人类的自由意志而可能。对此，康德在《实践理性批判》的"纯粹实践理性的动机"部分如此强调："由德性的法则对意志所作的一切规定的本质在于：意志作为自由意志，因而并非仅仅是没有感性冲动参与的意志，而是甚至拒绝一切感性冲动并在一切爱好有可能违背这法则时中止这些爱好的意志，它是单纯由这法则来规定的。"②这就是说，道德法则之所以能作为人类意志的规定，并没有排除意志同样有受到感性冲动的影响，而是因为人类的意志具有一种自由的品性，亦即人类意志可以以"自由意志"的形式出现，这时人类就完全能够拒绝感性冲动的影响，仅仅以道德法则作为行动的最高或唯一动机。在康德看来，具有自由意志或者由自由意志规定行动的人，就属于"理智世界"或"意会世界"（Intelligible Welt）的成员。由此，就为道德法则作为人类行动的规定根据，从"消极的样态"过渡到"积极的样态"提供了可能。这种"积极的样态"，就是康德所说的"意志的自律"。所谓"意志的自律"，康德认为，这就是："作为一个有理性的、属于理智世界的东西，人只能从自由的观念来思考他自己意志的因果性。自由即是理性在任何时候都不为感觉世界的原因所决定。"③即有了自由，意志就能自己约束自己，使自身完全按照道德法则来行动，从而实现"意志的自律"。简言之，"意志的自律"使人类意志将道德法则作为行动的最高或唯一动机成为可能。

当然，康德也深知其中可能遇到的困难，因为现实的人毕竟同时是"感觉世界"和"理智世界"的成员，所以人类难免会受到感性冲动的影响，而不可能完全遵守道德法则行事。但正因为是这样，道德才是"应该"，而不是"是"，后者从道德上讲是神才具有的品性，但其使道德的价值已不成为价值（因为这一切都是神的一种必然属性），只有在人身上，道德才是道德，才具有真正的价值和意义。对此，康德强调，道德的价值对于人来说，"就

① 康德. 道德形而上学原理. 苗力田译. 上海：上海人民出版社，2005：55.

② 康德. 实践理性批判. 邓晓芒译. 北京：人民出版社，2003：99.

③ 康德. 道德形而上学原理. 苗力田译. 上海：上海人民出版社，2005：77.

是在他背离这一规律的时候，他仍然确认它的权威性。作为意会世界的一员，道德上的应该就是他的必然意愿，只有在他作为感觉世界是一个成员的时候，才把道德上的应该看作是应该"①。可见，在考虑道德法则作为人类行动的动机时，康德充分考量了人的"两重性"，但其始终坚信，人类以道德法则作为行动的动机是完全可能的，这对于任何一个作为理性存在者的普通人来说都一样。也许，很多人在此会对康德提出各种批评，认为他的道德学说有过度天真和乐观之嫌。然而，事实上，康德充分考虑了人类的现实属性，正是这样，道德才是"应该"，而不是"是"（事实），也正是这样，在道德行为中，人们可能会遭遇某些"痛苦"情感的煎熬，但这一切正显示了道德法则的崇高和人类道德行为的尊严和价值。所以，康德强调：从某种意义上讲，道德法则"对于每个有限的理性存在者的意志来说则是一条义务的法则，道德强迫的法则，以及通过对这法则的敬重并出于对自己义务的敬畏而规定他的行动的法则"②。顺此推之，一切放弃道德法则的行动，都只能说明行动者人性的软弱。因此，一切批评康德道德学说之空洞性和遥不可及性的言论，都只是一种放纵和堕落的托词，这些批评非但没有减少康德道德理论的说服力，反而增加了其魅力和价值。同时，因人类自由意志、意志自律而可能的道德行为非但没有降低人类的地位，反而提升了人之为人所应该具备的地位和素质。

以上就是康德对道德内涵所作规定的概貌而非全貌。总之，道德在康德的视域里是人类自由本性的体现，道德是以道德法则作为最高或唯一动机的一种"自在目的"的行动，道德具有绝对的价值（而非相对的价值），道德体现了人类的尊严，同时道德作为一种"应当"而非"是"（事实），为人类超越自身的局限性（感性冲动等）永远提供了一种可能性。当然，就道德作为可以希望幸福的前提条件来说，具有道德前提的希望就是一种自由的希望，并且是一种具有"自在目的"和普遍意义的希望，这样的希望也就具有一种绝对的价值。

二、道德与幸福的定位

一直以来，在伦理学（或道德哲学）中，道德并非作为一个纯粹孤立的概念而出现，在对道德的具体论述和定义中，不可避免地要和幸福概念进行比较和定位，康德的道德哲学也不例外。因此，为了更为清晰地把握道德的概念和内涵，必须把康德对幸福的理解纳入考察。同时关涉本书主题，幸福是康德认为的一切希望所必然指向的对象，但道德又是可以希望幸福的前提

---

① 康德. 道德形而上学原理. 苗力田译. 上海：上海人民出版社，2005：80.
② 康德. 实践理性批判. 邓晓芒译. 北京：人民出版社，2003：112.

条件（而不是相反），就更有必要将幸福和道德作一个比较和定位，进而为深入理解康德的希望问题奠定基础。基于此，以下这个部分，将分两个步骤进行：首先梳理康德对幸福概念的定义，然后将幸福与道德作出比较和定位。

（一）幸福的概念

关于幸福概念的定义，古今中外人们进行了大量论述，可谓纷繁杂陈，莫衷一是。但无论是名人大哲还是普罗大众，归纳起来，对幸福的定义不外乎两种类型：其一，幸福就是物质需求、感性欲求等自然层次的满足状态；其二，幸福就是道德或审美等层次需要的满足，是一种精神层面的愉悦状态。前者侧重于各种"较低"层次的感性欲望和情感等的满足，体现人类具有自然欲求的一面；而后者侧重于各种"较高"层次的价值诉求和意义追求等的满足，体现人类具有精神享受的一面。毋庸置疑，这两种类型的核心都是以追求快乐（从词源学角度来看，快乐和幸福是同一个英文单词——happiness）为目的，即快乐的主观感受（感觉）是幸福概念的本质。同时，通过分析我们可以发现：从表面上看，第一种类型的理解以利己主义为目的，第二种类型的理解则似乎以利他主义为目的，换言之，后者要比前者层次更高和更值得推崇。然而，以上两种理解本质上讲则是殊途同归，因为两种幸福观从根本上讲都是一种基于自爱原则、以自我目的和利益作为起点和归宿的观念。与之相比，康德是如何看待幸福的呢？康德认为，除非将幸福作为至善的一部分来看待（本书第五章将会具体论述），否则幸福就始终是一个经验的、感性的自然层次的主观概念①。同时，幸福概念指向的目的和对象是相对的、偶然的，因而幸福是一个不可捉摸、摇摆不定的概念，单纯追求幸福的做法

---

① 对此，有研究者认为，在康德的幸福概念中，有质料的幸福（经验的、感性的层次）、道德幸福和神圣幸福几个层次，详见赵秀玲的相关研究（赵秀玲. 康德的幸福概念及相关问题. 复旦大学硕士学位论文，2009.）。而笔者认为，从康德的相关论述和道德哲学体系中，一切不在至善概念中谈论的独立幸福概念始终是一个经验的、感性的自然层次的概念，这是康德一贯的立场。因为若不然，幸福将会和道德概念被放在同一个层次上进行讨论，这种做法将会模糊幸福和道德的界限，同时可能最终消解道德的独立价值和意义。即便是在道德情感、至善等的论述中，幸福和道德始终没有被看作一种"分析"的结合，而是一种"综合"的结合，其中的意义就在于两者的层次不同。对此，康德在后来的《道德形而上学》中有明确的论述：但毕竟这样一来，归根结底将会想到某种不依据经验性原因的道德上的幸福，而这是一个自相矛盾的说法[康德. 康德著作全集（第6卷）. 李秋零主编. 北京：中国人民大学出版社，2007.]。同时，康德认为，如果在道德幸福和自然幸福之间作出区分，本身是对幸福这个词的滥用，因为道德幸福这个词本身包含着一个矛盾［康德. 康德著作全集（第6卷）. 李秋零主编. 北京：中国人民大学出版社，2007.]。可见，将幸福定位为一个自然层次的概念，是康德一贯的立场。康德关于幸福概念只是一个经验的、感性的自然层次概念的看法，国外也有学者认同并做过论述，详见 Byrne P. Kant on God. Aldershot：Ashgate Publishing Limited，2007：119.

是愚蠢的其至是不可能的。康德对幸福的界定，可归结为以下几点。

第一，幸福是一个经验的、感性的自然层次的主观概念。在早期的《纯粹理性批判》中，康德在说明幸福是一切希望指向的对象之后，对幸福作出如下的定义："幸福是对我们的一切爱好的满足（按照满足的多样性，这幸福是外延的，按照满足的程度，幸福是内包的，而按照满足的持续性，幸福则是延伸的）。"①所谓"爱好"，是和理性相对的一个概念，前者是各种经验的和感性的欲求，属于人的自然属性；而后者则是超越经验的和感性的欲求，属于人的理性属性。也就是说，即便从多样性、程度和持续性等方面都满足了人类的幸福诉求，其最终也都只能表现出人类作为自然王国成员的一面，可感觉、可经验是幸福概念的本质和核心属性。在后来的《道德形而上学原理》中，康德对幸福概念如此描述："幸福概念所包含的因素全部都是经验的，它们必须从经验借来。同时，只有我们现在和将来幸福状况的绝对全体和最高程度才能构成幸福概念。"②显然，这里所说的幸福只能从经验中借来的特征，和其早期在《纯粹理性批判》中对幸福是"一切爱好的满足"之定义是一以贯之的。同时，由于幸福概念作为一个经验的、感性的自然层次的概念，不可避免地带有主观的性质，每个不同的人对于同一对象产生的感受和经验很可能差异极大，所以每个人体会到的幸福也就必然千差万别。

此外，康德在晚期的《实用人类学》中强调："由于每个不同的人对于他认为是内心幸福的东西都产生不同的概念，于是个人主义直接走到了这种地步，即完全不具备任何真正的义务概念的标准，而这样的标准绝对必须是一个普遍有效的原则。因此，一切幸福论者都是实践上的个人主义者。"③也就是说，一切对幸福的感受和体会都只能是私人的、个体的，从而它缺乏客观的、普遍有效的原则（缺乏可通约性），因而只能是一种纯粹主观感受。对此，康德指出："对生命感在印象中越有感受性（越细致越多感），一个人就越不幸；反之，对于官感越有感受性（越敏感）而对于生命感越是饱经磨炼的人，他就越幸福；——我说更幸福，而不肯定说道德上更好；——因为他更多地控制着他的健康的感情。"④显然，这里所说的生命感就是人类作为感性世界成员（自然王国成员）所产生的一种生命体验和感受。概言之，康德对幸福概念的定义，前后立场是一以贯之的：幸福始终是一个经验的、感性的自然层次的概念，它与人们的感性欲求、爱好、情感等自然需求息息

---

① 康德. 纯粹理性批判. 邓晓芒译. 北京：人民出版社，2004：612.
② 康德. 道德形而上学原理. 苗力田译. 上海：上海人民出版社，2005：36.
③ 康德. 实用人类学. 邓晓芒译. 上海：上海人民出版社，2005：7.
④ 康德. 实用人类学. 邓晓芒译. 上海：上海人民出版社，2005：42.

相关，同时它是一种纯粹私人的、个体的主观感受。

第二，幸福所指向的目的和对象是相对的、偶然的，幸福是一个摇摆不定的概念，没有任何的确定规律可循。对此，康德在《判断力批判》中如此描述："幸福的概念并不是这样一种概念，例如说人从他的本能中抽象出来、并从他自己身上的动物性中拿来的概念；而只是对某种状态的理念，他想要使该状态在单纯经验性的条件之下与这理念相符合（而这是不可能的）。他自己为自己构想出这个理念，也就是以如此各不相同的方式通过他的与想像力和感官知觉缠绕着的知性构想出这个理念；他甚至如此经常地改变这一概念，以至于就算自然完全屈从于他的任意，自然却还是根本不能为了与这种动摇不定的概念及每个人以任意的方式给自己设置的目的协和一致，而表现出任何确定的、普遍的和固定的规律。"①也就是说，幸福是人们主观地构想出来的概念，靠人们的想象力和感官知觉等自然素质来维持它的存在，但正因每个人的想象力和感官知觉等具有变动不居的特点，人们对幸福的理解也会"变幻莫测"，从而没有任何确定的规律可循。因此，即便人们经常追逐幸福，试图找到幸福的规律从而满足自己的幸福愿望，但这种努力注定是徒劳的。关于这种"实用的规律"，康德在《纯粹理性批判》中如此定义："出自幸福动机的实践规律我称之为实用的规律（明智的规则）。"②很显然，这种以幸福为目的的实用的规律是没有任何的先天法则可循的，只能随着人们的感觉随时波动，因为幸福本身是一个变动不居的主观概念。同时，康德强调，以幸福为目的的所谓实用的规律，并非真正意义的实践的规律（以先天性、普遍必然性为特征），只能算一种"规则"（以经验性、相对性、偶然性等为特征）。

此外，康德强调："因为如果规定这原因性的概念是一个自然概念，那么这些原则就是技术上实践的。""一切技术上实践的规则（亦即艺术和一般熟练技巧的规则，或者也有作为对人和人的意志施加影响的熟练技巧的明智的规则），就其原则是基于概念的而言，也必须只被算作对理论哲学的补充。"③也就是说，即便人们时常对幸福的追求付诸实践，但这种实践并非属于真正意义上的实践哲学（以自由和道德为起点和归宿）领域，只能算作理论哲学（以自然为起点和归宿）的补充或者就是理论哲学的一种"技术实践形态"，因此，这样的"技术实践"永远没有绝对或者终极的价值可言。

第三，人类对幸福的单纯追求或者以幸福为行动的意志规定是一种愚蠢

---

① 康德. 判断力批判. 2 版. 邓晓芒译. 北京：人民出版社，2002：285-286.

② 康德. 纯粹理性批判. 邓晓芒译. 北京：人民出版社，2004：612.

③ 康德. 判断力批判. 2 版. 邓晓芒译. 北京：人民出版社，2002：6.

的做法，这种目的永远也没有结果（或无法实现）。基于幸福概念是一个经验的、感性的自然层次的主观概念，康德认为，如果人们单纯以幸福作为人生的追求，这种做法本身就是愚蠢的，即便付诸大量的努力，其结果也只能令人失望。对此，康德在《实践理性批判》中强调："遵守德性的定言命令，这是随时都在每个人的控制之中的，遵守经验性上有条件的幸福规范，这却只是很少才如此，且远不是对每个人都可能的，哪怕只在一个惟一的意图上。其原因是，由于事情在前者那里只取决于必然是真正的和纯粹的准则，在后者那里却还取决于使一个欲求对象实现出来的力量和身体能力。每个人应当力求使自己幸福这个命令是愚蠢的；因为人们从不命令某人做他已经免不了自行要做的事。"①也就是说，由于道德法则的先天普遍性、唯一性等特征，人们对道德的实践完全可以掌控在自己的能力范围之内（因为每个人都是有理性的存在者）；而对幸福的单纯追求，其指向的对象始终处于人类理性的范围之外，因此要进行幸福的"实践"，必须依靠每个人自身所具有的自然能力和素质。同时，既然幸福本来就是每个人都具有的自然欲求（每个人都无法完全摆脱自然之维），还执意把这种自然欲求当作自己行动的意志规定（命令），那就是相当愚蠢甚至是荒谬的事情。

康德指出，即便退一万步来说，每个人都具有一定的自然能力和素质，但由于幸福概念的主观性、摇摆不定等特征及自然、人为等因素，幸福作为人类的一种自然欲求也永远不可能被彻底满足。对此，康德在《判断力批判》中有大段论述："然而，即使我们想把这个概念要么贬低到我们的种类完全与自己协和一致的那种现实的自然需要上，要么在另一方面想把它进一步提高到达到想像目的的熟巧这样的高度；但毕竟，人类所理解的幸福及事实上成为他特有的最后自然目的（而非自由目的）的东西却永远不会被他达到；因为他的本性不具有在任何地方停止并满足于占有和享受的性质。另一方面，自然界远不是把他当作自己特殊的宠儿来接受并善待他胜过一切动物的……以至于即使在我们之外是最仁慈的自然，如果这个自然的目的是针对我们这个物种的幸福提出来的话，也是不会在地球上的一个自然系统中实现出来的，因为我们内部的自然是很难受到这个外部自然的感动的。"②因此，只要综合考量幸福概念的主观性及摇摆不定性（永不满足）、自然对人类幸福欲望的"不特别照顾"（自然天灾等）、人类对自己幸福的糟蹋（自古以来连绵不断的战争和人祸等）等各种内外因素，

---

① 康德. 实践理性批判. 邓晓芒译. 北京：人民出版社，2003：49-50.
② 康德. 判断力批判. 2版. 邓晓芒译. 北京：人民出版社，2002：286.

就会发现，人类对幸福的单纯追求永远都不可能彻底达到。

（二）道德与幸福的座次关系

在康德的希望问题中，道德和幸福的内涵区别固然重要，这是回答希望问题的前提。但要深入理解希望问题，还必须准确理解道德和幸福在康德哲学特别是在希望问题中所处的位置，即理解康德给予的两个概念的定位，这是希望问题得以展开的关键。对此，应从以下两点切入理解。

第一，幸福与道德并不对立，但道德具有优先性。如前所述，幸福和道德在康德道德哲学中是两个不同层次的概念，前者指向自然，后者指向自由。那么，是不是因此康德就认为幸福和道德是完全对立的两个概念或者两者对于人来说就只能选其一了呢？对此，康德给出了明确的否定答案。康德从来就没有否认人的两重性特征："就自身仅是知觉，就感觉的感受性而言，人属于感觉世界；就不经过感觉直接达到意识，就他的纯粹能动性而言，人属于理智世界。"①即作为自然的存在者，人属于感觉（经验、自然）世界，服从自然律；作为理性的存在者，人属于理智（道德、自由）世界，服从道德律（自由律）。这两个世界并非在人身上分裂存在或者机械重叠，而是统一于人作为一个"有限的理性存在者"这个特殊的身份中，这也是人和神（纯粹的神圣性）及一般动物（纯粹的动物性、自然性）的身份属性区别。但是，正因为人的两重性特征，他不可避免地具有自然的一面，所以幸福作为人性的自然欲求是不可避免的。对此，康德曾这样明确强调："获得幸福必然是每个有理性但却有限的存在者的要求，因而也是他的欲求能力的一个不可避免的规定根据。"②显然，作为有限的理性存在者，人是自然（感觉）世界的成员，对幸福的渴求是其自然天性必然的结果，任何人都有对幸福欲求的权利，或者说："只要人们确信幸福的持存，期望幸福和寻求幸福就是人的本性不可避免的。"③由此可见，康德并没有排斥和刻意贬低幸福对于人来说的存在价值和意义。同时，康德也没有认为人们在追求道德的同时就必须放弃对幸福的追求，所以幸福原则与道德法则在人的身上并非水火不相容、互相对立冲突的。因为，如果缺乏幸福欲求（自然层次），人也就不再是人而是神了。

然而，需要注意的是，康德虽然没有否定幸福对于人的意义，但是他对

---

① 康德. 道德形而上学原理. 苗力田译. 上海：上海人民出版社，2005：75.

② 康德. 实践理性批判. 邓晓芒译. 北京：人民出版社，2003：30.

③ 康德. 康德著作全集（第6卷）. 李秋零主编. 北京：中国人民大学出版社，2007：400.

于道德和幸福作为人的两重性需求是有层次之分的。对此，康德在《实践理性批判》中有明确论述："幸福原则与德性原则的这一区别并不因此就立刻是双方的对立，纯粹实践理性并不要求人们应当放弃对幸福的权利，而只是要求只要谈到义务，就应当对那种权利根本置之度外。"①也就是说，幸福原则和德性原则虽然分属于两个不同的世界（感觉世界和理智世界、自然和自由），但人类的实践理性（自由）并不要求人们放弃对幸福追求的权利，但是，只要人们谈论人类的道德（义务），就必须将幸福排除在外。原因何在？根据前面的论述可知，康德认为，真正的道德以道德法则作为行动的唯一意志规定，这是一切行动的道德价值所在，也体现了人超越自然必然性的自由本性。正是因为这种自由本性，才使人和一般动物区别开来（人虽然具有两重性，但其可以拥有自由，而一般动物则无法做到这点）。显然，道德体现了人区别于动物的价值和尊严，如果仅仅追求幸福，人类就和动物毫无本质区别（都仅仅属于自然）。因此，道德和幸福相比较，具有优先性或者优先地位，这种优先性是构成人类作为"有限的理性存在者"存在于世的价值所在，同时也是确保道德之为道德的纯粹性之要求。

第二，幸福与道德分别作为行动的意志规定根据（动机）所具有的不同特征和带来的不同后果。虽然幸福和道德是两个不同层次的概念，但人作为两重性的存在者（有限的理性存在者），他的行动又不可避免地和两者相关联。在具体的行动中，人们可能将幸福准则作为意志的规定根据，也可能将道德法则作为意志的规定根据。而以这两种截然不同的原则作为意志的规定根据，就会在人身上表现出完全不同的特征和后果。对此，康德这样强调："第一，他是感觉世界的成员，服从自然规律，是他律的；第二，他是理智世界的成员，只服从理性规律，而不受自然和经验的影响。"②即依据人的两重性特征，如果作为感觉世界的成员（自然存在者），人们必须服从自然的必然规律，这时的人受制于自然，故是"他律"的；如果作为理智世界的成员（自由存在者），人们就只需服从理性的规律（即道德法则），这时的人不受任何自然因素（包括人的自然情感、感性欲望和爱好等）的影响，因而是"自律"的。这是人类以两种不同原则作为意志规定根据时而在行动上表现出来的不同特征。

那么，以这两种不同的原则作为行动的意志规定根据，结果又会怎样呢？康德认为，幸福准则是无法贯彻到底或者一以贯之的，而道德法则可以。

---

① 康德. 实践理性批判. 邓晓芒译. 北京：人民出版社，2003：127.

② 康德. 道德形而上学原理. 苗力田译. 上海：上海人民出版社，2005：76-77.

因为，幸福本来是一个纯然经验的、感性的、摇摆不定和没有固定规律可循的主观概念，如果以此作为行动的意志规定根据，这样的行动永远都没有一个确定的目的和对象，完全是人变动不居的主观感受，因此根本无法贯彻到底。对此，康德强调："如果道德论只是一种幸福理论，那么，为了这种幸福理论而去寻求先天原则，就会是件荒唐的事情了。因为哪怕这一点是如此显而易见，即理性还在经验之前就能够看出，人们通过哪些手段能够达到真正的生活喜悦的持久享受，但毕竟人们对此先天地教导的一切，都要么是同义反复，要么是毫无根据的假设。只有经验才能教导，什么会给我们带来喜悦。"①简言之，由于一切以幸福原则为根据的行动都必须由经验教给我们，而经验根本没有什么先天的普遍法则可循，这样人们根本就无法确定无疑地知道应该如何行动，甚至这时的行动根本就是一个模糊不清的概念。

与幸福原则相比，如果以道德法则作为行动的意志规定根据，其结果就会截然不同：因为，道德法则是一个纯粹形式性的先天原则，具有普遍性的特征，其根本就和一切经验的质料没有任何关联，这样的行动才可以贯彻到底，保持前后一致。对此，康德如此强调："然而，各种道德论却是另一种情况。它们对每个人都提出要求，却不顾他的偏好，只因为并且只要他是自由的而且具有实践理性。它们的法则中的教诲不是取自对他自己和他心中的兽性的观察，不是取自对世事的知觉，即发生了什么以及如何对待它（虽然德语 Sitten 这个词和拉丁语 mores 这个词一样，都只是行事风格和生活方式的意思），而是理性要求人们应当如何应对，即使还没有发现这样做的任何榜样，理性也丝毫不考虑这样做会给我们产生的利益，这种利益当然只能由经验教导给我们。"②顺此推之，道德论较之幸福论，就表现出了自身的优越性：以道德法则作为意志规定根据的行动，只需要人类实践理性的参与就可以完成，并能保持在完全受形式性规律（道德法则）支配的状态中而将道德法则贯彻到底。由此可见，从行动的动机（意志的规定根据）来看，只有以道德（法则）作为行动的唯一（最高）规定根据，人类的行动才有固定规律可循。当然，这也是人类行动的道德价值所在，更是人类尊严的集中体现。

第二节　道德何以能够作为可以希望幸福的前提

本章第一节，既分析了康德希望问题的"显性前提"——道德的内涵和

① 康德. 康德著作全集（第6卷）. 李秋零主编. 北京：中国人民大学出版社，2007：222.
② 康德. 康德著作全集（第6卷）. 李秋零主编. 北京：中国人民大学出版社，2007：223.

定义，也梳理了康德希望问题的"显性对象"——幸福的内涵和定义。由此可知，人们意图在现实中实现单纯的幸福是不可能的（这也是康德希望问题"显性结构"中的第三个组成部分——"幸福的实现"问题）。同时，通过前面的比较阐述，笔者也解答了道德与幸福在康德视域中的定位问题。至此，人们在继续探讨解决希望问题的过程中必然会出现这样的疑问：为什么只有道德（做了我应当做的）才能成为可以希望幸福的前提，而不道德（或者不具备道德资格）就不能成为可以希望幸福的前提呢？对此，本节试采用反向的思维方式进行分析。

一、不道德为何不能作为可以希望幸福的前提

（一）不道德的本质：幸福准则与道德法则的颠倒

康德认为，一个行动的真正道德价值在于作为意志规定根据的动机，如果行动的最高或唯一动机是道德法则，那么该行动就是道德的；反之，如果行动的最高动机是道德法则以外的其他原则，那么该行动就是不道德的或者是没有道德价值的。这适用于人们对一切行动的道德判断，是判断一个人及其行动是否具有道德价值的最根本标准。为此，康德指出："在一切道德评判中最具重要性的就是以极大的精确性注意到一切准则的主观原则，以便把行动的一切道德性建立在其出于义务和出于对法则的敬重的必然性上，而不是建立在出于对这些行动会产生的东西的喜爱和好感的那种必然性上。"① 在此，康德道出了人们进行道德判断时经常出现的两种标准：一种是动机论标准，另一种是后果论标准。也就是说，只有恪守动机论标准，才是道德评判的正确做法；而采纳后果论标准，则是道德评判的错误做法。因为，一切的后果论最终只能导向功利主义，如果行动以可期待的后果作为动机，这样的行动本身没有任何道德价值，或者说这种行动本身就是不道德的。基于这种动机论的道德观，康德认为，一切不道德（没有道德价值）的行动，都是因为其在动机（意志的规定根据）上出了问题：没有将道德法则作为行动的最高或唯一动机。这种情况可以归结为幸福准则和道德法则的颠倒。所谓的颠倒，就是把两者的次序弄颠倒了，本该把道德法则作为行动的最高或唯一动机，而人们却错误地把幸福准则作为行动的最高或唯一动机了。

关于幸福准则，康德认为，其本质是一种"自爱"原则。所谓的自爱，就是将一切行动的出发点和归宿都落到"自身的幸福"上。自爱又分为两种

---

① 康德. 实践理性批判. 邓晓芒译. 北京：人民出版社，2003：111-112.

情况，即"自然的、纯粹机械性的自爱"和"自然的，但却是比较而言的自爱"①。前者不需要理性的参与，主要包括自我保存（食欲、打斗等）、繁衍族类（性欲、情欲等）、与他人共同生活（合群性、依赖性等）等本能，这个层次的自爱是纯粹动物性的、自然的；后者则需要理性的参与（但只是一种"技术上实践"的理性，不是纯粹实践理性），主要包括地位、荣誉等比较性欲求，这个层次的自爱是"人性"的，但其仍然属于自然性或者是自然性的一种延伸。显然，如果以这些自爱原则作为行动的最高或唯一动机，那么行动就是不道德的或者没有道德价值。

总之，康德视野中的道德与不道德，完全是基于行动的意志规定根据是否和道德法则相一致这一标准。一切不道德的本质，都是行动动机的颠倒：幸福准则与道德法则的颠倒——道德法则被置于幸福准则之后（下）。在此，需要再次强调一点：行动客观上（表现出来的）的合法则性，并不等于行动主观上（动机）的合法则性，只有后者才是真正道德的，而前者则可能是不道德的（如果其动机不是道德法则，这样的行动被康德称为"伪善"）。

（二）不道德不能作为可以希望幸福的前提的原因

在康德的文本中，关于不道德为什么不能作为可以希望幸福的前提这个问题，并没有被明确地提出来，但这对于康德的希望问题来说，是一个不得不面对的重要问题。即便如此，只要认真分析康德的文本，还是可以从中得出明确的答案的，因为对此问题的回答已经隐含在他对道德问题的论述中了。

首先，可能有人马上会想到这样一个问题：如果不设前提或者没有道德前提，为什么就不可以希望幸福呢？因为康德说过，追求幸福是每个人的天性，那么似乎只要是人，那就有希望自己幸福的自然权利。当然，如果问题仅仅停留在此，每个人似乎都有希望幸福的权利，这种权利根本就不需要什么前提作为条件。但是，又有问题由此而生：如果是这样的话，人就会和动物一样，只能是一个纯粹的自然存在者。即从自然的角度看，人们不需要任何前提就可以希望自己的未来能够获得幸福，显然，这是一种将希望当作一种纯粹主观的自然愿望来看待的做法。于此，也不存在人的希望合理或者不合理（而这正是康德在希望问题中所强调的，具体详后）的问题。由此而来，一切的希望就会是动物性的或者是盲目的，更为糟糕的是，在此预设了希望幸福的主体（人）仅仅是一个自然的存在者这个前提。很显然，这样的希望并不符合人作为一个"有限的理性存在者"这一特殊身份的特征。因为，这

---

① 康德. 单纯理性限度内的宗教. 李秋零译. 北京：中国人民大学出版社，2003：10-11.

样做降低了人（以理性和自由为本质）的地位，而将之放在了和动物同等的层面上。这样的结果，不但康德无法接受，同时还会遭到整个西方近代启蒙哲学的坚决反对。

其次，可能人们也会想到另外一个问题：如果没有道德资格（不道德）也可以希望幸福，又可能导致什么问题呢？通过第一章的论述可知，西方传统哲学由于对道德的理解困境等原因，虽然没有很好地解答希望问题（核心是德福悖论），但也达成了一定的共识：对于希望问题来说，只有德福一致，才是可理解的或者符合正义原则的。而不道德的人可以希望自己的未来享有幸福，这几乎是任何正常的理性都不能接受的结论。西方传统哲学（或宗教学）中的"末日审判"理论、东方哲学（佛学）中的"因果报应"理论等，均是最好的证明。对于这种正常的人类理性之念想，康德当然也不会拒绝。在此，需要指出的是，康德对希望问题——"我可以希望什么？"中的"可以"，是经过"精心设计"的。德文中的"可以"对应的词汇是 darf（英文是 may），其主要的意思是"被允许"的意思，也就是说，它关涉的是希望的合法性或者合理性问题。可见，"可以希望幸福"和"能够希望幸福"是完全不同的两个概念。后者中的"能够"，对应的德文词是 kann（英文是 can），其强调的是"实现"的问题。换言之，从某种程度上讲，"可以"强调的是逻辑问题，而"能够"强调的是现实问题。因此，从这个角度看，如果和对幸福的希望联系起来，不道德也可以希望幸福的话，其就不符合逻辑，从而不具有合理性。

最后，人们还会看到：不道德作为可以希望幸福的前提，可能会面临种种矛盾。如上所述，如果不道德也可以作为希望幸福的前提，那将是不符合逻辑的。康德认为，所谓的不道德就是行动中没有将道德法则作为意志的最高或者唯一规定根据（动机），从本质上讲，它是将幸福准则和道德法则颠倒过来了，以幸福准则作为行动的最高或唯一动机。这种不道德如果作为希望幸福的前提，将面临诸多不可解决的问题和矛盾。其一，以幸福准则推论出希望幸福的荒谬性。如果不道德也可以去希望幸福，这时希望幸福的前提就是不道德，而一切不道德，其本质都在于将幸福准则作为行动的最高或唯一动机。暂且不论幸福准则是什么，如果用一个幸福准则作为前提（人的天性是追求幸福），然后设定人们可以在这个前提下希望幸福，这不就是一种同义反复的荒谬逻辑吗？其二，如果跳出以上框架，仅基于希望幸福是每个人的天性，从而认为人们可以希望以后"能够"享受幸福，并为此也付诸大量的努力去追求幸福，其结果又会怎样呢？根据康德对幸福的定位，这种做法既愚蠢，又永远都不可能达到。因为："凡是按照任意（Willkür）的自律原则该做的事，对于最普通的知性来说都是很容易而且不加思考地就可以看出的；凡是在任意的他律（幸福准则就是他律——笔者注）前提下必须做的事则很难这样，它要求世界知识；就是说，凡是作为义务的东西都自行向每个人呈现；但凡是带来真实而持久的好处的东西，如果要把这好处扩延到整个一生的话，都总是包藏在难以穿透的黑暗中，并要求有很多聪明来使与之相称的实践规则通过临机应变的例外哪怕只是勉强地与人生的目的相适应。然而德性法则却命令每个人遵守，就是说一丝不苟地遵守。所以在评判什么是按照德性法则所应该做的事上必定不是很难，最普通、最未经训练的知性哪怕没有处世经验也不会不知道处理的。"①也就是说，如果把幸福准则（一切不道德的本质）作为行动（哪怕是一生的行动）的唯一意志规定根据，那么人们只能永远行走在"难以穿透的黑暗中"。而这个"难以穿透的黑暗中"，既包含人类作为自然存在者的各种无能、各种贪婪、善变天性，也包含自然界的"狡计"等，这将注定人们对幸福的单纯、盲目的追求永远没有完结，也永远毫无结果（对于其中的原因，本书在论述幸福概念时已详细说明）。可见，如果不道德也可以成为希望幸福的前提，那么这种希望就不可能得到实现，而永远只能是一种奢望甚至是失望。

综上所述，不管从人的地位和尊严（理性）角度，还是从人类理性的接受能力、逻辑、现实等角度来看，不道德都不可能作为"可以希望幸福"的前提，或者说，没有道德资格这个前提就谈不上"可以希望幸福"。

二、道德能够作为可以希望幸福的前提的理由

基于以上论述，我们可以看到，康德完全是基于"理性主义"的立场来看待希望问题的，如果置这个基本的立场而不顾，对康德关于希望问题的解答进行盲目的批判，其举动显然是鲁莽的、草率的，甚至是肤浅的。当然，康德在此也面临一个问题，即他这种基于"理性主义"的立场（或前提）对待希望问题的做法，其合理性又在哪里？为此，接下来重点分析道德何以能够作为"可以希望幸福"的前提这个核心问题。

（一）道德作为可以希望幸福的前提之合理性

在康德的哲学中，道德作为可以希望幸福的前提具有合理性，其主要原因是基于道德行动的意志规定根据——道德法则之唯一性和纯粹形式性。

首先，道德法则的唯一性。康德强调，"定言命令只有一条，这就是：

---

① 康德. 实践理性批判. 邓晓芒译. 北京：人民出版社，2003：49.

要只按照你同时认为也能成为普遍规律的准则去行动。"①也就是说，作为道德法则的定言命令只有一条：你行动的动机必须能够成为一个理性的普遍规律。由此，在希望问题中，道德如果作为前提，就是一个可以确定的、毫无疑问的前提，它的确定性不需要再到处寻找和考证。在这样确定的前提下，人们去希望，这个希望本身具有"可靠性"。反之，如果希望的前提无法确定，它本身是杂多的、感性的、多变的，这样的希望将永远像漂移在水面上的浮萍一般，既无所依，也不知所向，只能盲目地随风浪而动。同时，因为"一切的希望都指向幸福"，而幸福本身又是一个无法确定的、多变的概念，其完全随人的主观感受改变，因此，人们由一个无法确定的前提去希望另外一个无法确定的对象，这是一个没有任何意义的希望行动。反之，如果人们以一个确定无疑的前提（道德），去希望一个无法确定的对象（幸福），这样的希望行动，则是可以被理解和设想的。在此，人们至少可以确定前提和对象之间的相互匹配性，它们之间应是一种精确的、成比例的相互匹配，这完全是合乎人类理性的结论。

其次，道德法则的纯粹形式性。所谓的纯粹形式性，主要指不关涉任何具体的质料和对象，具有纯粹形式性的东西只能是一些客观的规律。当然，这里说的规律即是康德所说的道德法则，它完全由理性给出："它们告诉我们什么是应该发生的，哪怕它也许永远也不会发生，并且它们在这点上与只涉及发生的事的自然律区别开来，因此也被称之为实践的规律。"②如此，在"实践的规律"的指引下，人们知道自己应该去做什么，不应该做什么。同时，更为重要的是，人们知道什么事情应该发生，什么事情不应该发生。这不正是人类一切希望本身所祈求的结果吗？人们希望幸福，是因为人们认为幸福应该发生，哪怕在现实中这样的幸福永远不会发生；但只要人们做了自己应当做的（即道德的），就会认为相匹配的幸福应该发生。由此可见，这是一个由规律而来的"希望的原理"。它完全可以由人类的理性所把握，可以为人类理性所理解或者说它本身是合理的。而与此相反，如果没有这个形式性的规律作为前提，一切对幸福的希望就会凌乱不堪，无法为人类理性所理解和穿透，它永远只能在黑暗中盲目穿梭。

可见，康德将道德作为"可以希望幸福"的前提是合乎人类理性的。这样的希望具有确定无疑的前提，并且这个前提是一个纯粹形式性的规律，基于这两点，希望才可能有所依和有所向。因为，这样的希望能够被明确地规

---

① 康德. 道德形而上学原理. 苗力田译. 上海：上海人民出版社，2005：39.
② 康德. 纯粹理性批判. 邓晓芒译. 北京：人民出版社，2004：610.

定着，而不是被盲目地规定着，后者充其量只能是一种人类情感上的狂热，合情但不合理。

（二）道德作为可以希望幸福的前提之人本性

道德作为可以希望幸福的前提，除了合理性之外，还符合人本性。关于人本性，西方哲学自古以来就有多种说法，但也有基本共识：确立人在宇宙中的特殊地位，以人自身作为目的，而不需要其他的目的作为其存在价值和意义的条件。在康德视域中，这种人本性只能是人的自由本性。因为只有自由是自因的，自己就是自己的原因，其不需要任何其他外在的原因作为前提条件，这是人存在于世的特殊价值和意义，也是人的尊严所在。人的自由本性，使人区别于神，也区别于其他一切天地万物（特别是动物）。

显然，要让这种人本性体现在人类的希望中，就只有通过"自由的希望"来实现。因为如果希望仅仅着眼于对未来的幸福这个感性的、主观的自然层面的诉求上，那么希望就是模糊的、无法捉摸的，最终一切对幸福的希望也只能是一种虚妄或者永远没有结果的奢望。更严重的是，这种缺乏"人性"前提的希望，只能是"他律"的，同时是"物性"的，其完全受制于一个人们无法把握的外在感性对象，并且这样的希望也客观上造成了希望主体（人）的工具化，由此，人将成为一种希望的"工具"或者"手段"，换言之，这样的希望就会具有"物性"的特质。而按照康德的思路，如果以道德作为可以希望幸福的前提，即通过"做了我应当做的"这种道德行动，然后才赋予人类希望幸福的合法性，就会使人类的希望行为具有更高的价值，即人的自由本性所赋予的价值。对此，康德强调："人类通过行动能够和应当为自己争取的更高的价值毕竟在于意向，而不仅在于行动。"[1]也就是说，人类通过以道德法则作为最高或唯一动机的行动（即道德行动），可以为自己争取到更高的价值，这种价值显然是人作为人（区别于动物）的应有价值或者尊严。概言之，以道德作为前提的希望，彰显了希望的"人本性"价值，或者说彰显了希望之为人的希望的价值所在——道德与自由。

与之相反，如果仅仅把希望幸福理解为人类自然天性中一种不可避免的自然愿望或者诉求，而缺乏道德这个前提，希望将变成一种纯粹经验主义的感性愿望，其永远不可能成为一条人们能够贯彻到底的规律。同时，更为严重的是："也正因为如此，经验主义连同一切爱好，如果它们（不论它们被剪裁成它们所想要的怎样一种形态）被提升到一个至上的实践原则的高位上

---

① 康德. 实践理性批判. 邓晓芒译. 北京：人民出版社，2003：97.

来的话，都是贬低人类的，并且由于它们仍然如此有利于一切人的情愫，经验主义出于这一原因就比所有的狂热都要危险得多，后者永远不可能构成大量人群的持久状态。"①换言之，如果将对幸福的希望仅仅系于人类的一种经验主义追求，并将之作为一条至高的实践原则，这是对人类本性的一种必然贬低，放弃了人类之为人类所应有的本性——自由。同时，这也可能导致一种对幸福希望的盲目狂热，即便这种狂热不可能长久持续。可见，如果人类不想因为希望幸福而贬低自己的身份和地位，就必须警惕仅将希望问题当作一个纯粹经验主义（理论的）问题的做法。唯有将道德作为前提，人类的希望才真正具有人本性，这样人类才既不贬低也不抬高自身，而是将自身放在适当的位置上。

　　总之，康德将人定位为同时属于两重世界（感觉世界和理智世界）的特殊存在者，作为感觉世界的存在者，人类的天性是追求幸福，并将幸福当作一切希望的对象来看待；而作为理智世界的存在者，人类的本性是追求自由（或者道德）。因此，要真正确立人类作为两重世界存在者的希望，使希望问题体现合理和合乎人本性的特征，从而确保人类希望的行为具有价值和意义，对希望问题的定位和理解就必须关涉人的两重性特质。具体而言，就是将道德作为可以希望幸福的前提，即将道德与幸福统一于希望问题之中。

---

① 康德. 实践理性批判. 邓晓芒译. 北京：人民出版社，2003：97.

第四章　可以希望幸福的道德前提实现的可能

　　通过第三章的论述，康德希望问题的"显性前提"——道德及其相关的一些问题基本得到了梳理。康德认为，只有道德作为"可以希望幸福"的前提条件，人类的希望才是合理的、符合人类本性的，同时也只有以道德作为"可以希望幸福"的前提条件，人类的希望才具有价值，才能真正体现人类特殊的地位和尊严。顺此，康德希望问题的"隐性前提"立即凸显出来：既然道德是希望的前提，这是一个毫无疑问的"事实"，那么这个道德的前提如何才能实现呢？这是康德解答希望问题不得不面对的更深层次的问题。因为，如果仅仅对人类希望问题的合理性作出一个道德前提的限定，而没有对它实现的可能性作出阐释，那么这种希望就是一种"纸上谈兵"式的说教或者武断的妄想。而道德实现的可能性问题，其核心是人类是否能够改恶向善（由不道德到有道德），这又必然涉及人性善恶这个古老话题。所以，康德在其重点解决"我可以希望什么？"这个问题的著作——《单纯理性限度内的宗教》中，也是由谈论人性善恶问题开始的。基于此，本章的论述也将顺着康德的思路来展开：先讨论人性的善恶问题，再讨论人类如何能够实现改恶向善的问题，最终解决希望问题的"隐性前提"——道德如何可能这个问题。

第一节　人性善恶的可能性及其起源

　　古今中外，人们对于人性善恶的问题作出了大量讨论。有人认为，人性是善的，只是外界环境等因素的影响，才导致了人性变恶；也有人认为，人性是恶的，这可以从自古以来人类的大量恶行中得到清晰的确证；此外，还有一些"中间派"的看法，即认为人性既善又恶、既不善也不恶或者时善时恶等，这从人类的日常经验中也得到很多确证。显然，如果人性本来就是善的，那么康德希望问题的前提——道德就已经是一个既成的事实，这样人们可以希望幸福的前提就不成任何问题了。然而，现实告诉人们，大量的不道德（恶）确实存在于人类中间。如果人性本来就是恶的，那么人类可以希望幸福就永远都不可能具有合理性的前提，因为不道德（恶）成为可以希望幸福的前提永远不可能具有合理性。如果人性是一种"中间物"，那么希望的前提就永远只能是摇摆不定的，即人类可以希望幸福的前提就不能确定地实现。鉴于此，康德独辟蹊径，将人性的善恶问题放在自由的视域中具体审察，而不是独断地、简单地作出结论。

一、人性善恶的可能性

和传统对人性的简单划分不同，康德认为，只有纯粹的实践理性才能对人性的善恶做出判断，而传统对人性善恶作出的那些判断几乎都忽视了这一点：它们对人性善恶的假设仅仅停留在自然的层面上，也就是说，将人性善恶定位在人的一种单纯自然本能这一层次上面，而没有将其纳入实践理性的范畴来考察其详。为此，康德强调："实践理性的惟一客体就是那些善和恶的客体。"①换言之，善恶只能作为人类实践理性的唯一客体出现，善恶概念如果没有实践理性这个前提，从本质上讲就是没有意义的。当然，需要注意的是，康德说的实践理性的唯一客体是善恶的客体，其主要是通过由实践理性确立起来的道德法则来确认的。在其看来，善恶概念的由来源于道德法则，这个顺序不能颠倒过来。"就是说，善和恶的概念必须不先于道德的法则（哪怕这法则表面看来似乎必须由善恶概念提供基础），而只（正如这里也发生的那样）在这法则之后并通过它来得到规定。"②在此，善恶概念之所以只能通过道德法则来规定，主要是出于道德法则与自由的相互印证（详见第三章）这层关系来考虑的。康德认为，没有自由就谈不上善恶，因为如果没有自由，仅仅将善恶限定在人性的自然层面上，就没有所谓善恶（道德的判断）可言。即自然之为自然，其本身是天然而成的，那就无所谓道德上的善恶了。同时，也正因为基于人的自由特性考虑，人的善恶行动才是可以归究的，否则无法归究。此外，正是基于自由的前提，人类才有选择的可能性，从而可以通过人们是否选择道德法则作为行动的最高或唯一动机来判断其人性的善恶。

（一）人性善恶的本质：自由

在判断人性善恶的问题上，康德认为，必须先搞清楚人性善恶之"性"的内在含义。为此，康德指出："如果本性这一术语（像通常那样）意味着，

① 康德. 实践理性批判. 邓晓芒译. 北京：人民出版社，2003：79.
② 康德. 实践理性批判. 邓晓芒译. 北京：人民出版社，2003：85-86.

出自自由的行动的根据的对立面，那么，它就会与道德上的善或者恶这两个谓词是截然对立的。"①显然，这既是康德对人性善恶世俗理解的总结，也表明了他谈论人性善恶的前提。这就是说，按照一般人的理解，人的本性就是人行动的主观根据，但这个根据不在人的自由特性之中，而是在其之外。那么，人的自由特性之外还有什么可以作为行动的主观根据呢？诚如前述，根据康德对人作的"两重性"属性之规定，就只剩下人作为感觉世界的自然存在者所具有的各种原始本能、感性冲动和自然欲望了。在人类思想史上，将人的行动根据追溯到人的自然之维的思想并不少见，如中国传统的人性论、近代英国的经验主义、几乎一切的自然主义人性论及现当代非理性主义等，其本质无不如此。当然，这也并非完全没有道理，因为，"本性"（对应的英文单词是 nature）一词的原初意蕴就包括"自然"和"本质"两重内涵。对此，康德敏锐地觉察到，如果将人的本性停留在自然层面的理解上，将会导致人之为人（作为理性的有限存在者）所具有的超自然的道德维度丢失（而这是康德对人之为人并高于其他物种的立论根据）；同时，更为严重的是，如此一来，人性善恶这一对概念本身就会产生无法解决的矛盾。具体而言，如果人的本性出自自然而非自由，那么善恶就会是人的本性的"对立面"，显然，如此谈论人性善恶是自相矛盾的，没有任何意义。

因此，作出以上论说之后，康德进而指出："为了使人不致马上对这一术语有反感，就必须说明，这里把人的本性仅仅理解为（遵从客观的道德法则）一般地运用人的自由的、先行于一切被察觉到的行为的主观根据，而不论这个主观的根据存在于什么地方。"②显然，如果康德前面所述是对本性概念作一个否定性反向界定的话，那么这里就是一个肯定性的正向界定。在此，康德对本性的正向界定至少具有三层含义：其一，本性首先是指人们行动的主观规定根据。所谓主观规定根据，就是人行动的内在动机，这是人们行动的先行主观意念。其二，这个动机和人们的外在行动相比是不能被经验和觉察的，其隐藏在人类心灵深处。换言之，这是人的日常经验无法察觉而又必须以之为行动的内在依据的东西。其三，本性又是人们遵从道德法则行动的一种自由素质。这里预示了两点：因为自由是人的本性所具有的选择能力——既可以选择客观的道德法则作为行动的主观规定根据，也可以选择与客观的道德法则相反的原则作为行动的主观规定根据。当然，这种看不见的"自由"，暂且不用管它存在于什么地方。

① 康德. 单纯理性限度内的宗教. 李秋零译. 北京：中国人民大学出版社，2003：3.
② 康德. 单纯理性限度内的宗教. 李秋零译. 北京：中国人民大学出版社，2003：3.

　　按照康德对本性的正向界定，本性是人内心中先于一切行动的、无法在经验中表现的主观规定根据，那么，这样的主观规定根据来自哪里呢？对此，康德指出："这个主观的根据自身总又必须是一个自由行为（因为若不然，人的任性①在道德法则方面的运用或者滥用，就不能归因于人。人心中的善或者恶也就不能叫做道德上的）。……关于这个准则，必然不能再继续追问，在人心中采纳它而不是采纳相反的准则的主观根据是什么？因为如果这个根据最终不再自身就是一个准则，而是一个纯粹的自然冲动，那么，自由的运用也就可以完全追溯到由自然原因造成的规定上，而这与自由是相悖的。"②显然，在此康德主要是出于两点考虑。第一，为了摆脱自然因果律的决定论怪圈。众所周知，自然因果律的本质是，一切事件的发生都可以由结果推及原因，或者从原因可以推论出与此相应的必然结果。简言之，自然因果律必然导致决定论。顺此，如果人们行动的主观根据不是自由而是自然，那么这个主观根据就会被另一个自然原因所必然决定，没有这个自然原因就没有行动，这和自由是明显相悖的。因为自由之为自由，就主要表现在其不被另外一个原因所必然决定，其自身是自在的、自因的，人的主观根据只能到此为止，而不应再被其他的原因所决定。第二，基于道德本性的考虑。因为在康德看来，人本性的善恶只能是道德层面的，这主要是基于人的本性是自由这点来考虑的，没有自由就无所谓善恶。因为如前所述，如果人的主观根据是被决定着的（不是出于自由的行为），那么从根本上讲人就无法作出自由选择，顺此，不管人们遵守还是不遵守道德法则（其带来的结果就是善或恶），都无法将之归因于人自身。即在这种情形中，实际上取消了人行动的一切道德责任，其无须为自己的善恶负责。

　　基于以上考虑，康德认为，如果非要给人性善恶下一个定论，只能从人们行动的主观根据来具体界定。只有在这个意义上来谈论人性的善恶才是合理的，同时也才是道德层面上的（而非自然层面上的），对此，康德指出："如果我们说，人天生是善的，或者说人天生是恶的，这无非是意味着：人，

---

　　① 任性的德文是 Willkuer，也可以将其翻译为"任意"。笔者认为，康德用这个词要突出的意思是"选择性"，即人的本性中具有自由选择这种性质。康德著作中还有一词是自由意志，德文是 Wille。显然，两者的词根相同，从某种意义上说，两者都要突出一个意思——自由性、选择性。需要指出的是，根据前面的论述，康德的自由概念主要有先验的自由和实践的自由之别，而自由的任意主要是一种消极意义的自由，更偏向于先验的自由（自由的可能性、独立于感性欲望的能力），自由意志才是真正意义的实践的自由。在此，谈人性善恶的自由，主要是一种任性的自由（自由选择的可能性），即选择道德法则或者不选择道德法则的能力，而没有达到必然选择道德法则的真正自由的层次。

　　② 康德. 单纯理性限度内的宗教. 李秋零译. 北京：中国人民大学出版社，2003：3.

而且是一般地作为人，包含着采纳善的准则①或者采纳恶的（违背法则的）准则的一个（对我们来说无法探究的）原初根据，因此，他同时也就通过这种采纳表现了他的族类的特性。"②也就是说，如果一定要对人性善恶作出判断，只能在人作为一个族类（即每个人）的意义上审察：人类具有自由采纳道德法则或者不采纳道德法则作为自己行动的原初主观根据的本性。概言之，自由是人类善恶之本性的根本依据。

综上可知，康德认为，当谈论人性善恶之人的"本性"概念时，本性是人行动的主观规定根据（动机），而这个主观规定根据又必须是一个出自自由选择的内在意念。从根本上说，对这种内在意念本身，是不能继续再追究其他原因的，其自身就是自身的原因。简言之，人性善恶的本质是自由，没有自由就无法谈论善恶。由此可见，康德为界定人性的善恶设定了一个前提，即要谈人性的善恶，首先要对人的本性作自由的理解，否则必然会陷入谬误——或使人性是善是恶的问题陷入自相矛盾的境地，或直接取消人性善恶的问题本身。

（二）人性善恶的逻辑可能性

基于"自由"这个谈论人性善恶的前提，康德并没有直接对人性是善或恶作出论断，而是通过分析人本性中具有的向善禀赋和趋恶倾向，为现实中表现出来的善恶提供逻辑依据。以下就顺着康德的思路作逐一分析。

第一，人本性中具有向善的原初禀赋。

康德认为，人的本性中具有向善的原初禀赋（urspruenglichen anlage zum guten）。值得注意的是，康德对人本性中的这种向善禀赋加了"原初"的限定。对这种所谓"原初"的禀赋，康德这样解释："我们把一个存在物的禀赋既理解为它所必需的成分，也理解为这些成分要成为这样一个存在物的结合形式。倘若它们必然地属于这样一个存在物的可能性，它们就是原初的；但是，假如该存在物即使没有它们也自身就是可能的，它们就是偶然的。还应该注意的是，这里所说的仅仅是那些与欲求能力和任性的使用直接相关的禀赋。"③对此，应该注意两点：其一，原初禀赋是一种存在物所必然（区

① 在康德哲学中,准则是人行动的一个主观意志规定,和法则相对,后者是一个客观意义上的概念,是一种具有普遍必然性的意志规律,如道德法则。如果意志的主观规定（准则）同时也能够成为一个普遍的规律,这样的准则就可以成为法则。如以道德法则作为行动的主观意志规定,这样的意志规定就可以成为一个普遍的客观规律;反之,如以非道德法则（如幸福准则）作为行动的主观意志规定,这样的意志规定只能是特殊的、偶然的、经验的,最终无法成为规律,因此也就不可能是法则。

② 康德. 单纯理性限度内的宗教. 李秋零译. 北京：中国人民大学出版社，2003：3-4.

③ 康德. 单纯理性限度内的宗教. 李秋零译. 北京：中国人民大学出版社，2003：12.

别于偶然）包含的可能性"天赋"，即只要谈到某种存在物，人们就必然能想到它所具有的某种可能性，同理，人们说人本性中具有向善的原初禀赋，就是指人这种存在物必然具有向善的可能性。或者说，人这种存在物必然地就具有向善的胚芽或者属性。其二，这种"原初"的禀赋与人的欲求能力和任性的使用直接相关。也就是说，虽然它是原初的，但是必须以自由的选择能力作为其直接前提。显然，康德的"人本性中具有向善的原初禀赋"这个论断，一方面和传统的自然主义人性观相关（禀赋对于人的必然性来说），另一方面又超越了传统的自然主义人性观（因为康德设定了禀赋和自由任性的使用相关），这可谓对自然主义人性论的一种批判性超越。

具体而言，康德把人本性中的这种向善的原初禀赋（与各种不同的目的相联系）分为三种："①作为一种有生命的存在物，人具有动物性（tierheit）的禀赋；②作为一种有生命同时又有理性的存在物，人具有人性（menschheit）①的禀赋；③作为一种有理性同时又能够负责任的存在物，人具有人格性（persönlichkeit）的禀赋。"②显然，康德所言的这三种禀赋是层层递进的，从低级到高级：动物性禀赋体现人的自然诉求，是人具有本能欲望的依据；人性禀赋体现人的功利性诉求，是人具有"技术实践理性"③的依据；人格性禀赋则体现人的自由本性，是人具有"纯粹实践理性"的依据。接下来试作逐一考察。

首先是动物性禀赋。动物性禀赋，是指人作为动物的一个种类和其他动物一样所具有的自然禀赋。康德认为：这类禀赋"可以归在自然的、纯粹机械性的自爱的总名目下，这样一种自爱并不要求有理性。它又有三个方面：首先是保存自己本身；其次是借助性本能繁衍自己的族类，并保存那些由于和性本能相结合所产生出来的东西；其三是与其他人共同生活，即社会本能"④。也就是说，当人作为和动物一样的存在者时，具有三种自然禀赋：自我保存、

---

① 根据舒远招教授的考证，康德在这里使用的人性（Menschheit）这个词和后来费尔巴哈使用的"类本质"是同一个词。同时，舒远招教授认为，将此词翻译为"人类性"更为妥帖，这样不会引起歧义。因为，如果用"人性"，容易和人性善恶中的"人性"混淆，而如果用"人类性"，则更突出人的"类"本质和特性，并且也和后来费尔巴哈所讲的"类本质"词义相近。以上注释，主要参考舒远招教授尚未发表的部分译稿，特此说明。

② 康德. 单纯理性限度内的宗教. 李秋零译. 北京：中国人民大学出版社，2003：9-10.

③ 在《判断力批判》中（康德. 判断力批判. 2 版. 邓晓芒译. 北京：人民出版社，2002：6. ），康德将实践分为两个层次，即一个是技术上实践的，另一个是道德上实践的，前者是以幸福为对象的一种欲求，后者以道德法则作为唯一的自在目的。康德这种划分，和后来马克斯·韦伯对理性所作的工具理性和价值理性之分极为相似，从某种程度上讲，韦伯的"工具理性"对应的就是康德所说的技术上实践的理性。

④ 康德. 单纯理性限度内的宗教. 李秋零译. 北京：中国人民大学出版社，2003：10.

自然繁衍和群居生活。这些禀赋都是自然的、机械的，它们的发生不需要任何理性的参与，同时，其根本的出发点和归宿是自爱原则。显然，人的这些禀赋和一切其他动物并没有本质区别。

在此，值得注意的是，这些动物性禀赋被康德作为一种向善的原初禀赋来看待。因为这些禀赋完全出自自然的、机械的原因，所以它们完全受制于自然因果规律，是被决定的，也就是说，它们根本没有恶的特性，从本质上讲是一种"自然善"之素质。由此可见，康德并没有像某些传统思想家那样，将人的感性、欲望等自然属性看作恶的根源，而是相反，将这些自然属性视作向善的一种低级禀赋。同时，康德所说的动物性的向善禀赋并不是指善本身，而仅仅是一种通向"自然善"的可能性。并且康德还强调："在这种禀赋之上，可以嫁接各种各样的恶习（但这些恶习却不是以这种禀赋为根源，自动地从中滋长出来的）。"①换言之，这种动物性禀赋本身并不是恶的必然根源，恶并不是由自然禀赋衍生出来的，而它们仅仅是各种恶习可能利用的"载体"而已。那么，这些善的自然禀赋为什么能够嫁接各种恶习呢？康德认为，这是因为人本性中具有一种趋恶的倾向（具体详后），因为趋恶的倾向使人向善的自然禀赋结出恶的果子来。

其次是人性禀赋。康德认为，这是人将理性作为一种工具（工具理性），通过比较（和他人比较）使自己幸福的能力。这也是人类和其他一般动物不同的地方，一般动物没有这种比较能力。对此，康德这样描述："人性的禀赋可以归在虽然是自然的，但却是比较而言的自爱（为此就要求有理性）的总名目下；也就是说，只有与其他人相比较，才能断定自己是幸福的还是不幸的。由这种自爱产生出这样一种性好，即在其他人的看法中获得一种价值，而且最初仅仅是平等的价值，即不允许任何人对自己占有优势，总是担忧其他人会追求这种优势。最终由此产生出一种不正当的欲求，要为自己谋求对其他人的优势。"②也就是说，和动物性禀赋相比，人性禀赋虽然本质上也是基于自爱原则，因而属于自然层次，但其加入了人的一种理性比较能力。从和他人的比较中，人们才能获得幸福或者不幸的感受，这种通过比较获得幸福或者不幸的主观概念能力是动物所不具备的。

同时，康德强调，通过这种比较性的禀赋，恶习同样可以在上面进行嫁接，从而可能使人作恶。但和动物性禀赋一样，恶并非从人性禀赋中必然衍生出来，人性禀赋同样是恶习可能产生的一个载体而已。因此，人性的比较

---

① 康德. 单纯理性限度内的宗教. 李秋零译. 北京：中国人民大学出版社，2003：10.
② 康德. 单纯理性限度内的宗教. 李秋零译. 北京：中国人民大学出版社，2003：11.

性禀赋不可能自动地产生各种恶习，恶习只能通过人的趋恶倾向产生。简言之，康德认为，人性禀赋，同样是一种向善的原初禀赋。显然，从本质上讲，人性禀赋仍然属于自然层面的属性（虽然有理性的参与，但这种理性是工具层面的，其根本目的指向自然——自爱或者幸福，而自然本身是人的一种善之素质）。另外，康德强调，人类的文化能力也从这些"工具理性"的使用中生发出来，人类通过比较而产生各种妒忌心理和竞争意识，这时大自然的目的就有了实现的可能。客观地说，康德非常重视人类这种理性比较能力，因为这不单能实现自然的最终目的，同时还能使人类不断地将自己的各种禀赋和能力充分发展出来。（这是康德文化哲学的一个重要思想，鉴于篇幅，在此不作展开。）

最后是人格性禀赋。康德认为，人格性禀赋是三种禀赋中的最高层次，和前两种自然禀赋相比，这种禀赋体现了人的本性自由这一面。对此，康德指出："不能把人格性的禀赋看做是已包含在前一种禀赋的概念之中，而是必须把它看做是一种特殊的禀赋。"①对于这种特殊的禀赋，康德认为：它是"一种易于接受对道德法则的敬重，把道德法则当做任性的自身充分的动机的素质"②。这种素质，即康德所说的"道德情感"。当然，既然是情感，就有自然的一面，但其中又必须加入任性（自由选择）这个要素。换言之，这是一种以自由为前提的情感，或者说是蕴含着自由的情感，其不同于纯粹自然的情感。为此，康德强调："由于这种道德情感，只有在自由的任性把它纳入自己的准则时才是可能的，所以，这样一种任性的性质就是善的特性；善的特性一般与自由任性的任何特性一样，都是某种只能获得的东西。"③在此，康德强调了两点：其一，道德情感是一种任性选择道德法则作为自己准则的情感，或者说，是对道德法则的一种尊重情感，因而其具有善的特性。其二，作为具有善的特性的道德情感，由于加入了任性（自由）作为前提，所以它是某种"获得"的东西，换言之，它不是自然而然的，而是经过任性的选择（选择道德法则作为动机）才成为可能的。由此可见，康德所说的"道德情感"，和人们所说的一般性"情感"是两个不同层次的概念，后者无法构成自然禀赋的目的，只有前者才能构成自然禀赋的目的。也就是说，只有在情感中加入了任性，自由地选择道德法则作为动机时，这种情感才是自然禀赋的一个目的，因为这时这种情感具有了自主的可能性，而一般性的情感则并不具有自主性的特征，它仍然是自然层次的一个概念。

① 康德. 单纯理性限度内的宗教. 李秋零译. 北京：中国人民大学出版社，2003：10.
② 康德. 单纯理性限度内的宗教. 李秋零译. 北京：中国人民大学出版社，2003：11.
③ 康德. 单纯理性限度内的宗教. 李秋零译. 北京：中国人民大学出版社，2003：11-12.

此外，康德还指出，人格性和人格性禀赋是有区别的，前者指的是道德法则的理念，即道德法则本身；后者则是指将对道德法则的敬重纳入人的主观性动机中来，即道德情感真正成为行动的最高或唯一动机，这才是人格性禀赋。同时，康德还指出了三种不同禀赋的根本区别，即"当我们依照其可能性的条件，来考察上述三种禀赋时，我们发现，第一种禀赋不以理性为根源；第二种禀赋以虽然是实践的，但却只是隶属于其他动机的理性为根源；惟有第三种禀赋以自身就是实践的，即无条件地立法的理性为根源"[①]。也就是说，第一种禀赋作为纯粹自然层次的禀赋（没有理性的参与），其肯定有被非道德的恶所利用的可能；第二种禀赋虽有理性参与，但其目的不是理性本身，而是将理性作为其他目的的工具，因此也有被恶利用的可能；唯有第三种禀赋，即人格性禀赋，其以纯粹实践理性为根源和目的，它是"自在自为"的，因此不可能被恶所利用。概言之，人的动物性禀赋、人性禀赋可以嫁接各种恶的东西，而人的人格性禀赋则不可能嫁接任何恶的东西。

综上所述，在康德视域中，人格性禀赋是人的最高层次的禀赋，它是人能够践行道德（善）的真正的可能性禀赋。也正是因为人（作为族类）具有人格性这种向善的原初禀赋，人们"可以希望幸福"的前提才具备了实现的逻辑可能性。

第二，人本性中具有趋恶的倾向。

从前述可知，在人的本性所拥有三种向善的原初禀赋中，除人格性禀赋不可能嫁接恶习外，动物性禀赋和人性禀赋均可能嫁接恶习。同时，康德强调，这些恶习并非由这两种禀赋自然地生长出来，而是由其他原因所致。这些原因就是康德所讲的人本性中具有的趋恶倾向。换言之，人本性中具有的趋恶倾向，是人作恶的逻辑可能前提。为了解释人类本性中具有趋恶的倾向，康德主要分两步走，具体如下。

首先，对"倾向"与"禀赋"的概念作出了严格区分和界定。对此，康德指出："我把倾向（propensio）理解为一种性好（经常性的欲望，concupiscentia）的可能性的主观根据，这是就性好对于一般人性完全是偶然的而言的。倾向与一种禀赋的区别在于，它虽然也可能是与生具有的，但却不可以被想像为与生具有的，而是也能够被设想为赢得的（如果它是善的），或者由人自己招致的（如果它是恶的）。"[②]可见，康德的分析表达了两层意思：其一，倾向是一种经常性欲望的可能性主观根据。作为经常性欲望的

---

①　康德. 单纯理性限度内的宗教. 李秋零译. 北京：中国人民大学出版社，2003：12.

②　康德. 单纯理性限度内的宗教. 李秋零译. 北京：中国人民大学出版社，2003：13.

性好，只能是人的一种偶然的、主观的、感性的自然层次欲望，它本身对于人来说是偶然的"本性"，而非人（作为一个族类）的必然属性，因此，其不能从人的概念中分析出来。其二，倾向与禀赋具有严格区分。倾向虽然可能是与生俱来的，但不能想象为与生俱来的（因为这样就是人这个族类的必然属性），只能设想为赢得的或者是自己招致的，与之相比，禀赋则可以从人的概念中必然地分析出来。在此，康德似乎把自己赢得善的选择，和自己招致恶的选择搅和在一起了，但只要认真对照倾向的定义，就可以得知：康德主要是出于以自由任性的使用作为前提来定义善恶这样一种需要，善始终是一种禀赋，而只有恶才是真正的倾向。因为，人类对于恶的选择，始终是自由任性面对道德法则和非道德法则时所作出的一种"偶然性"选择，以非道德法则作为行动的主观规定根据，只能是由人们把道德法则放在了其他非道德法则之下造成的；而人类对于道德法则的选择，则是"道德情感"使然、人们出于对道德法则的敬重而成为可能，这不是出于"偶然"而是完全出于"必然"。

　　基于此，康德进一步说明："由于这种恶只有作为对自由任性的规定，才是可能的，而自由任性又只有通过其准则，才能被判定为恶的或者善的。所以，这种恶必须存在于准则背离道德法则的可能性的主观根据中，而且如果可以把这种倾向设想为普遍地属于人的（因而被设想为属于人的族类的特性），那么，这种恶就将被称做人的一种趋恶的自然倾向。"① 康德始终认为，人类趋恶的倾向必须是由自由任性将非道德法则作为可能性的主观根据而造成的，加之趋恶的倾向可以被普遍地设想为属于人这个族类，所以从某种程度上讲，它就是一种自然的倾向。需要指出的是，康德在此用"自然的倾向"一词，表面上看似乎存在矛盾，因为倾向必须是基于自由人性的偶然选择这一前提，而非自然的必然性。为避免这种矛盾，康德进一步作出了全面说明："为了规定关于这种倾向的概念，还有必要做出以下的说明。任何倾向都要么是自然的，即它属于作为自然存在物的人的任性；要么是道德上的，即它属于作为道德存在物的人的任性。"② 显然，康德所说的趋恶的倾向，是人作为道德存在物而非自然存在物的人的任性。因为，只有道德上的判断才有善恶可言，而自然判断，从本质上讲，并无善恶可言。简言之，即便趋恶的倾向是一种"自然的倾向"，那也是人由于受到感性欲望的影响，并经过自由任性的选择之后，才可能形成的属于人的一种族类性的本性。

① 康德. 单纯理性限度内的宗教. 李秋零译. 北京：中国人民大学出版社，2003：13.
② 康德. 单纯理性限度内的宗教. 李秋零译. 北京：中国人民大学出版社，2003：16.

其次，对趋恶倾向的内涵作出了具体分层。康德认为，趋恶的倾向应分为三个层次：“第一，人心在遵循已被接受的准则方面一般的软弱无力，或者说人的本性的脆弱；第二，把非道德的动机与道德的动机混为一谈的倾向（即使这可能是以善的意图并在善的准则之下发生的），即不纯正；第三，接受恶的准则的倾向，即人的本性或者人心的恶劣。”①显然，从康德对趋恶倾向的分层中可以判断出，三者存在轻重之分。以下作逐一分析。

第一层次即人的本性的脆弱（fragilitas）。对此，康德认为，这在很早以前宗教信徒的抱怨中就有所体现：我所愿意的，我并不做。这就是说，从人的主观意愿来看，人们已经意识到了道德法则，并且把道德法则纳入了任性可选择的动机之中，但与其他的动机（以性好为目的）相比，客观的道德法则最终无法成为人们行动的最高主观规定根据；相反，以各种性好为目的的动机成了行动最高的主观规定根据，因此，道德法则只能是“较弱的动机”。简言之，道德法则无法成为强有力的动机从而去驱动人们行动。

第二层次即人心的不纯正（impuritas/improbitas）。对此，康德认为，从主观上讲，人们有足够的能力去遵守道德法则，但是当真正行动时，并没有将道德法则作为行动的最高动机来遵守，此时，还有其他的动机夹杂进来。这种情况，正如康德所言：“合乎义务的行动，并不是纯粹从义务出发而做出的。”②也就是说，人们合乎道德法则的行动，其本质可能并非真正道德的，而是由其他非道德的动机和道德的动机一起来驱动的。简言之，道德法则并非作为纯粹的动机去驱使人们行动。

第三层次即人心的恶劣（vitiositas/pravitas），这又被康德称为人心的败坏（corruptio）。对此，康德指出：“是任性对各种准则的这样一种倾向，即把出自道德法则的动机置于其他（非道德的）动机之后。这也可以叫做人心的颠倒（perversitas），因为它就一种自由任性的动机而言，把道德次序弄颠倒了，而且即使如此也总还是可以有律法上善的（合法的）行动。”③也就是说，人心的恶劣（或败坏），是人径直地把非道德的动机作为了行动的充分（最高）动机，将原本的道德次序（应将道德法则作为最高动机）颠倒过来作为行动的主观规定根据。更为糟糕的是，这种人心的败坏，还有可能表现出“伪善”的行为特征。简言之，从本质上说，这是“思维方式”上的败坏，所以这才是真正的恶。

通过以上分析可见，第一、第二层次虽然是趋恶的倾向，但从动机上讲，

---

① 康德. 单纯理性限度内的宗教. 李秋零译. 北京：中国人民大学出版社，2003：14.

② 康德. 单纯理性限度内的宗教. 李秋零译. 北京：中国人民大学出版社，2003：14.

③ 康德. 单纯理性限度内的宗教. 李秋零译. 北京：中国人民大学出版社，2003：14-15.

都将道德法则作为动机（虽不是最高动机），而只有第三个层次，彻底摒弃了道德法则，直接选择了恶的准则。康德认为，只有第三层次的趋恶的倾向，才是真正"本原"的，对于人来说，是始终无法根除的，其原因在于：它是"智性的行为，仅仅通过理性就可以认识到，不受任何时间条件的制约"①。由此可见，只有第三层次的趋恶的倾向，其表现出的恶的行为与恶的动机完全"匹配"。与此相比，其他两种趋恶的倾向，虽然导致了恶的行为，但其动机包含了道德法则（哪怕不是最高的动机），因此，另外两个层次的趋恶的倾向，其并非行动与动机的完全"匹配"。严格地说，第一及第二层次，只是行为上的恶，因为它是"感觉界的、经验性的，是在时间中给定的（factum phaenomenon，造成的现象）"②。顺此推之，与第三个层次必然会导致真正恶的行为相比，第一、第二层次导致的恶的行为则可以从多方面避免。因为对于后两者可能导致的恶的行为（遵守自然律），只要人的动机"坚定"起来，其不发生是完全可能的；而前者导致的恶的行动，由于其最高动机就是恶的准则，因此根本就无法避免。为此，康德指出："思维方式"上的败坏，"叫做单纯的倾向，并且是生而具有的，因为它是不能被根除的（否则，最高的准则就必须是善的准则，但在那种倾向本身中，最高的准则已被假定为恶的）"③。概言之，真正趋恶的倾向，就是人们把恶的准则（非道德法则）作为最高的动机来行动的这种属人本性，这种倾向是一切恶的行为的真正"形式根据"。

由此可见，康德将趋恶的倾向作为人本性中的一种可能性，主要是基于人作为一个理性的存在者来考虑的，这种趋恶的倾向主要是一种在"思维方式"上将道德秩序颠倒的可能性，它必然由人的自由任性选择非道德法则作为最高动机而成为可能。从某种程度上讲，这种倾向存在于任何人的理性之中，所以它具有族类性的特征。

综上所述，从逻辑上看，由于人对自由任性的运用，有可能选择道德法则作为行动的最高主观意志规定根据，也有可能选择非道德法则（恶的准则）作为行动的最高主观意志规定根据，因此，就导致了人为善或者作恶这两种逻辑可能。此外，需要注意的是，康德将人本性中的向善和趋恶做出了"原初禀赋"和"倾向"的区别，前者突出了人们运用自由任性选择道德法则作为最高动机的天然素质，后者突出了人们运用自由任性选择非道德法则（恶的准则）作为最高动机的可能。由此，既为人的作恶提供了理性解释的空间，

① 康德. 单纯理性限度内的宗教. 李秋零译. 北京：中国人民大学出版社，2003：17.
② 康德. 单纯理性限度内的宗教. 李秋零译. 北京：中国人民大学出版社，2003：17.
③ 康德. 单纯理性限度内的宗教. 李秋零译. 北京：中国人民大学出版社，2003：17.

也为人改恶向善提供了理性选择的空间。显然，从希望问题的角度看，向善的原初禀赋，作为人类本性中的必然要素显得更为重要，而趋恶的倾向，则是人类实现可以希望幸福的前提（道德）的一个最大障碍。

二、人天生的恶及其起源

诚如前述，康德认为，从人的本性之核心要素（自由任性）来看，人具有向善的原初禀赋和趋恶的倾向。但是，不管是向善禀赋还是趋恶倾向，都仅确立了人类行善或者为恶的逻辑前提。而要真正理解康德的希望问题，确保希望问题的前提（道德）得以可能，还必须正视一个问题：如果趋恶的倾向使人选择非道德法则（恶的准则）作为行动的最高动机，人们的希望还有可能吗？为解决这个问题，必须要了解人性在现实中的具体表现，同时还必须搞清楚这种表现的起源，否则道德（善）就难以实现。为此，康德从现实的角度考察了人本性中的恶（即"人天生就是恶的"），同时也分析了"人天生就是恶的"的起源。

（一）人天生就是恶的

对于人性的现实，康德并没有像一些盲目的乐观主义者那样，认为其自然就是善的，而是更像很多宗教（特别是基督教）信徒所认为的那样，人天生就是恶的或者生而有罪。但是，康德又没有将人天生的恶或者生而有罪看作一种自然的本性，而是始终将其和人的自由任性之使用联系起来。为此，康德从个体和族类两个层面考察了人本性的恶这个话题。从个体的角度来看，康德认为："'人是恶的'这一命题无非是要说，人意识到了道德法则，但又把偶尔对这一原则的背离纳入自己的准则。"[1]而从族类的角度来看，康德则认为："人天生是恶的，这无非是说，这一点就其族类而言是适用于人的。并不是说，好像这样的品性可以从人的类概念（人之为人的概念）中推论出来（因为那样的话，这种品性就会是必然的了），而是如同凭借经验对人的认识那样，只能据此来评价人。"[2]也就是说，从个体的角度来看，人表现出来的本性恶是偶然的，此时，个体是在明确意识到道德法则的情况下，没能将之当作必然的准则来遵守。显然，这体现了个体的一种自由选择性。而从族类的角度来看，则可以从经验的角度认识到，人类的作恶具有某种普遍性，甚至可以这样说："或者可以假定在每一个人身上，即便是在最好

① 康德. 单纯理性限度内的宗教. 李秋零译. 北京：中国人民大学出版社，2003：17.
② 康德. 单纯理性限度内的宗教. 李秋零译. 北京：中国人民大学出版社，2003：17-18.

的人身上，这一点也都是主观上必然的。"①简言之，作为族类的一分子，每一个人都有背离道德法则的可能，因为每一个人都有运用自己自由任性的能力。

康德对"人天生就是恶的"所做的两个角度（个体和族类）的分析，实质上是相互印证和相互补充的。一方面，个体的偶然的恶，只有通过族类都有为恶的可能才能得到完整的表征和印证，否则，就不能说是每个个体都具备的本性；另一方面，族类的普遍的恶，只有通过个体都有为恶的可能才能得到证明，否则，就不能说是族类的本性。然而，在考察"人天生就是恶的"这种本性时，不管个体还是族类，康德都以人作为理性的存在者具有自由任性的特质为前提，而非无前提地作出人的本性规定。同时，康德认为，虽然"人天生就是恶的"这种本性可称为"趋恶的自然倾向"，但从根本上讲："由于它必然总是咎由自取的，也就可以把它甚至称做人的本性中的一种根本的、生而具有的（但尽管如此却是由我们自己给自己招致的）恶。"②换言之，只有当自由任性是每一个人身上必然具有的一种本性时，才能说人的本性是天生恶的。对于人的这种基于自由任性而可能的"天生的恶"，康德主要从经验事实和恶的根据两个层面进行了说明。

第一，关于"人天生就是恶的"经验事实。对此，康德主要概括了三类：其一，很多尚未进入文明状态的岛屿及一些荒原上的野蛮人之间发生的永无休止的、灭绝人性的屠杀事件；其二，所谓文明状态下的很多人之间出现的尔虞我诈、互不坦诚甚至恩将仇报等现象；其三，人类在文明状态下对文化和文明的种种恶习，这些恶习最严重的表现是人类之间的仇恨，即各个民族不愿意走出自然状态下的敌对状态，而倾向于国家或民族之间蓄意的战争等。关于第一点，康德主要针对的是一些所谓自然主义的哲学家，因为他们"曾特别希望从所谓的自然状态中发现人的本性的善良"③。显然，这样的思想家也包括卢梭在内，而从大量野蛮人（他们处于所谓自然状态中）的厮杀中，这点明显地受到了否证，即并没有所谓人天性自然就是善的踪迹可循。关于第二点，亦即在所谓文明状态中，也未能看到人天性中自然就是善的现象，因为"即使在我们最好的朋友的不幸中，也有某种我们并不完全反感的东西"④。这就是说，由于人类基于一种"比较性"的幸福欲求，从而随处可见他对别人（哪怕是朋友）的提防和猜疑。关于第三点，即文明状态下的战争渴求，对此，

① 康德. 单纯理性限度内的宗教. 李秋零译. 北京：中国人民大学出版社，2003：18.
② 康德. 单纯理性限度内的宗教. 李秋零译. 北京：中国人民大学出版社，2003：18.
③ 康德. 单纯理性限度内的宗教. 李秋零译. 北京：中国人民大学出版社，2003：18.
④ 康德. 单纯理性限度内的宗教. 李秋零译. 北京：中国人民大学出版社，2003：19.

康德甚至认为，至今没有一位哲学家能将之和人类的道德协调起来，同时，也没有哪位哲学家可以提出更好的一些基本原理来解释这就是人类的本性。因此，很多哲学家在描绘人类的战争必然结束的美好图景时，就只能寄望于遥远的未来，但他们又不得不面临这种困境："结果是，期待一种永恒的、建立在一个作为世界共和国的多民族联盟之上的、和平状态的、哲学的千禧年说，和期待全人类在道德上的改善完成的神学的千禧年说一样，普遍地被嘲笑为幻想。"①显然，从以上所述的人类大量现实的恶行中，否证了人的本性自然就是善的说法。需要指出的是，在此，康德主要批判的是那些对人性盲目乐观的思想流派。康德认为，无论如何，人性很难体现出其本来就是善的一面，但这些事例又并非可以直接否证"人本性中具有向善的原初禀赋"这一基本观点。为此，康德对"人天生就是恶的"现实之根据作了细致的考察。

第二，关于"人天生就是恶的"根据。对此，康德用否定的方法强调了两点：其一，不能像通常人们所说的那样，将根据放在感性或由其而来的各种自然欲望上面；其二，也不能放在为道德立法的理性的败坏之中。在此，第一点的理由很明显，因为人的感性、欲望，是人作为自然存在者的必然属性，这些自然属性本身并没有善恶可言，即人的自然属性没有道德意义，只是在这些自然属性之中，有可能被人的自由任性利用而嫁接各种恶习。而一切的恶必须是人自由任性选择导致的结果，因此，"趋恶的倾向由于涉及主体的道德性，从而是在作为一个自由行动的存在物的主体中被发现的，所以作为咎由自取的东西，必须能够被归咎于主体"②。换言之，从道德上讲，我们不需为自己的自然属性负责任，而只需为我们的自由属性负责任。所以，也就不能从感性、欲望等自然属性中寻找为恶的根据。对于第二点，如果恶的根据存在于为道德立法的理性之中，就是同一个理性既确立并认定了道德法则的权威，又推翻它的权威，康德认为这是绝对不可能的。其原因在于："设想自己是一个自由行动的存在物，同时却摆脱适合于这样一种存在物的法则（道德法则），这无非是设想出一个没有任何法则的作用因（因为依据自然法则做出的规定由于自由的缘故而被取消），而这是自相矛盾的。"③在此，康德要表明的是，当运用理性为自身立法时，人们将自己设想为一个自由的存在者，而如果立的法（道德法则）又可以被人们的理性摆脱时，这时人就是一个没有任何法则作为作用因的存在者了，因而这种说法是自相矛盾

---

① 康德. 单纯理性限度内的宗教. 李秋零译. 北京：中国人民大学出版社，2003：20.

② 康德. 单纯理性限度内的宗教. 李秋零译. 北京：中国人民大学出版社，2003：21.

③ 康德. 单纯理性限度内的宗教. 李秋零译. 北京：中国人民大学出版社，2003：21.

的。需要注意的是，康德在此所说的理性是指人的纯粹实践理性，不是理论理性，更不是技术性的实践理性（本质上属于理论理性）。换言之，不能将人性恶的根据直接规定和依托在纯粹实践理性上，或者设想人具有一种绝对恶的意志。

　　鉴于以上两种情况，康德认为："为了说明人身上的道德上的恶的根据，感性所包含的东西太少了……与此相反，摆脱了道德法则的，仿佛是恶意的理性（一种绝对恶的意志）所包含的东西又太多了……并且主体也会被变为一种魔鬼般的存在物。"①也就是说，如果恶的根据在人的感性、欲望等自然之维中，人就会降低为一种纯粹的动物；而如果恶的根据在人的纯粹实践理性中，人就是一种纯粹的恶魔（恶的法则是其心中唯一的法则）。显然，这两种情况都和人性善恶的可能性不符，因此，它们都不能作为"人天生就是恶的"的根据。

　　值得注意的是，对于人本性中趋恶的倾向，或者"人天生就是恶的"这种本性，康德始终将其和人心中的绝对恶的意志——"恶意"区别开来。关于"恶意"，康德这样定义："就这个词的严格意义来说，它是指一种把恶之为恶作为动机纳入自己的准则（故而这准则是魔鬼般的）的信念（准则的主观原则）。"②即是说，"恶意"是直接将一个恶的动机作为自身意志的准则，除这准则以外，没有任何其他的准则或者动机能与之共存。与此相比较，康德所说的人性趋恶的最高倾向（第三层次），即人心的恶劣；"相反，它应被称为心灵的颠倒，这个心灵就其后果而言又叫做恶的心灵。这种恶的心灵，能够与一个总的来说善的意志共存"③。换言之，人本性中的趋恶倾向，充其量也只是将道德法则和其他非道德法则的位置颠倒过来罢了，而没有排除道德法则在人的动机之外（哪怕这种动机较弱或者不纯正）。概言之，道德法则无时无刻不存在于任何人的心中（哪怕恶贯满盈的人也不例外）。可见，在此，康德既要保持和其前面论述的一致性（人具有向善的原初禀赋），同时，更重要的是为人类的改恶向善提供了一种可能。因为如果人的恶劣本性就是"恶意"本身的话，人就永远也不可能再有改恶向善的可能，或者说，人作为一个族类本身就是一个"始终恶"的族类。

　　总之，康德对"人天生是恶的"这一人的现实本性的论述，是基于人作为理性存在者具有自由任性这一前提来展开的，无论从个体还是族类的角度来看，人都具有一种作为本性的自由任性能力。也因此，人本性中的

① 康德. 单纯理性限度内的宗教. 李秋零译. 北京：中国人民大学出版社，2003：21.
② 康德. 单纯理性限度内的宗教. 李秋零译. 北京：中国人民大学出版社，2003：24.
③ 康德. 单纯理性限度内的宗教. 李秋零译. 北京：中国人民大学出版社，2003：24.

恶或罪，就可以说是"天生的"，因为，从某种程度上讲，"这种生而具有的罪（reatus）——之所以这样称它，乃是因为一旦人表现出自由的运用，就会感知到它"①。

（二）人性恶的起源

对"人天生是恶的"或人本性上的"根本恶"及其根据作出考察之后，康德进一步对人本性中恶的起源作出了深入考究。诚如前述，康德对人本性中的恶的根据所作的两种否定性考察，其本质是对人本性中恶的起源所作的否定性考察。从这种否定性的考察中，我们可以看到，人本性中的恶（人天生就是恶的），其根据既不是人的感性、欲望等自然之维，更不是人的纯粹实践理性，那么，人本性中的恶究竟起源于哪里呢？对此，康德也作出了"肯定性"论述，具体如下。

首先，康德对"起源"作出了两种可能性的规定。康德认为："所谓（最初的）起源，是指一个结果从其最初的原因产生，这样一个原因不再是另一个同类的原因的结果。"②即一切起源追踪到底，应该有一个与结果不同种类的原因存在，并且这类不同的原因是一切结果的一个终结性的"点"，在此一切和结果同类的原因不能再出现。鉴于此，康德进一步提出，一切起源只能分为两类：要么是理性上的起源，这时原因是先验的（或者超验的）；要么是时间上的起源，这时原因是经验的（受自然律的规约）。第一类起源所考察的仅仅是"结果的存在"，而第二类起源考察的则是"结果的发生"。因此，对于第一类起源，原因和结果是不同类的，结果的存在与其原因属于两个不同的世界，一个是时间中的世界，另一个是超时间的世界，后者不受自然律的规约；对于第二类起源，其结果和原因一样都处在时间之中，因此都属于自然的世界，受自然律的规约。基于此，康德认为，恶的起源不可能被作为时间上的起源而考察，因为，如果恶的起源是时间上的起源，那么恶的起源就会和恶的行动（受时间制约）一样，是一种受到时间制约的自然原因，由此推之，每一个恶的行动都有其自然必然性。如此一来，就会和前述的恶的行动只能是人自由任性选择的一种结果（从个体上看，有某种偶然性，因为任性的选择是自由的）相矛盾，或者说，直接取消了人作恶的"可归咎"特性：一切恶都是自然的，在时间中有先后的必然性，因此人就无须为自己的恶行负责。这正如康德所言："因此，为自由行动本身（完全当做自然结果）寻

---

① 康德. 单纯理性限度内的宗教. 李秋零译. 北京：中国人民大学出版社，2003：24.
② 康德. 单纯理性限度内的宗教. 李秋零译. 北京：中国人民大学出版社，2003：26.

找时间上的起源，这是一种自相矛盾。"①在排除了人本性中的恶的起源之时间线索后，康德就将其锁定在理性的起源上，人类恶的本性不是受某种时间上必然的原因决定，而是偶然的（基于人的自由任性），对此，康德指出："因为这种道德属性意味着运用自由的根据，它（就像一般自由任性的规定根据一样）必须仅仅在理性表象中去寻找。"②简言之，只有基于人类理性中自由任性的运用之恶的本性，才可能具有道德意味，人才可能为之负责。

其次，康德对传统基督教的"原罪论"作出了批判和独特阐述。一方面，对传统"原罪论"的批判。众所周知，在西方的文化基因中，通过《圣经·创世纪》的启示，人们普遍认为，从自己的祖先亚当和夏娃偷吃禁果开始，人类就世世代代不可避免地染上了"原罪"。这种"原罪"是通过祖先的"犯罪"而世世代代地遗传给了人类，每个人生来都先天地负有"原罪"，因此，人的一生就是一个不断"赎罪"的过程。对此，西方大学中传统的三大学院（医学院、法学院和神学院）分别通过遗传疾病、债务和"原罪"做出了"遗传论"的经典解释。但康德认为，这是不可取的："因为关于道德上的恶，人们完全可以说诗人关于善所说的同样的话：族类、祖先以及那些不是我们自己创造的东西，我都不能把它们算作我们自己的（genus et proavos et quae non fecimus ipsi，vix ea nostra puto）。"③也就是说，人类一切作恶的行动，皆因人原本的趋恶倾向才可能，前者是现实的恶（客观的、可见的），后者则是可能的恶（主观的、不可见的）。而当人们将恶作为一种可遗传的基因赋予人类时，只看到了人现实的恶（从我们祖先那里看到的），却没有考虑每个人的恶的行动背后的可能的恶（这必须经过每个人运用自由任性才可能）。为此，康德指出："每一种恶的行动，如果我们要寻求它在理性上的起源，都必须这样看待它，就好像人是直接从天真无邪的状态陷入到它里面一样。"④换言之，每一种现实的恶，都有其理性上的起源，人们因运用自己的自由任性选择恶的准则作为自己行动的主观准则才使恶得以可能。显然，对照传统对"原罪"的"遗传论"解释，康德实质表明了一点：如果按照传统"遗传论"的解释方式，那就是将人作恶的起源当作了时间性起源，这样（根据前述）恶之为恶就没有道德的意义，这在人这种自由存在者的身上也会自相矛盾。

另一方面，对"原罪"的独特阐述。康德认为，《圣经·创世纪》中的故事本身并没有以一种自然的方式启示人们理解人类先天具有祖先遗传下来

① 康德. 单纯理性限度内的宗教. 李秋零译. 北京：中国人民大学出版社，2003：27.
② 康德. 单纯理性限度内的宗教. 李秋零译. 北京：中国人民大学出版社，2003：27.
③ 康德. 单纯理性限度内的宗教. 李秋零译. 北京：中国人民大学出版社，2003：27.
④ 康德. 单纯理性限度内的宗教. 李秋零译. 北京：中国人民大学出版社，2003：28.

的"原罪"，即没有以时间上的起源启示人们认识"原罪"，相反，是以理性上的起源启示人们认识"原罪"。康德认为，传统的解释方式错在对《圣经》的误解上，为此，康德以纯粹理性的方式重新解释了《圣经》。区别于传统对《圣经》的自然解释方式，康德认为："按照《圣经》的说法，恶并不是从作为基础的趋恶倾向开始的。因为若不然，恶的开端就不是从自由产生的了，而是从罪（罪被理解为对作为上帝的诫命的道德法则的逾越）开始的。但是，人在未具有任何趋恶倾向之前的状态，则叫做天真无邪的状态。道德法则如同它在人这种并不纯粹、而是被性好所诱惑的存在物这里所必然的那样，最初是一种禁令。"①由此可见，在康德的视域中，《圣经》并没有表明人类的"原罪"是可以"遗传"的，《圣经》中"偷吃禁果"的故事，只是表明了人类的祖先，在受到性好的诱惑之后，经过自己的自由任性选择了非道德（恶）的准则作为行动的动机而作出了恶的行动。《圣经》并没有将恶作为一种"基础的恶"即绝对的恶的意志赋予人类的祖先，也就是说，即便在人类的祖先那里，作恶也始终凸显了以自由任性这一本性为前提。而道德法则，在人类祖先作恶之前，则作为一道"禁令"出现，由于违背了禁令，恶在人类的祖先中才产生，但禁令始终明确地存在于人类祖先的心中，仅仅是由于性好的诱惑，人类祖先将道德法则放在性好的准则之下而行动才出现了所谓的"原罪"。换言之，"由此出发，他（即人类的祖先——笔者注）最终把感官冲动对出自法则的动机的优越性纳入行动的准则，罪也就是这样发生的（创3：6）。这故事说的就是你，只不过换了名字（Mutato nomine de te fabula narratur）。以上所说清楚地表明，我们每天都正是这样做的，因而'在亚当身上所有人都犯了罪'，并且还在犯罪。"②可见，《圣经》中人类祖先犯下的"原罪"，只是每个人本性的一种缩影，每个人都像《圣经》中讲的祖先（亚当）那样，具有把性好准则置于道德法则之上的可能，由此每个人本性中都具有所谓趋恶的倾向。由此可见，康德颠覆了传统"原罪论"的解释方式，赋予了单纯理性的解释（基于自由任性，区别于自然解释），这不能不说是一种对《圣经》解释的颠覆性变革。

最后，康德对人本性中的恶的起源作出了一种基于自由任性为前提的单纯理性上的解释。诚如前述，康德认为，人类本性中恶的起源只能是理性上的起源，而不可能是时间上的起源。同时，也不能将恶的根据放在为道德立法的理性的败坏之中，因为那样的话，人类就是一种"魔鬼般"的存在者，

① 康德. 单纯理性限度内的宗教. 李秋零译. 北京：中国人民大学出版社，2003：29.
② 康德. 单纯理性限度内的宗教. 李秋零译. 北京：中国人民大学出版社，2003：30.

不可能改恶向善。关于人类恶的起源只能是理性上起源的论断，康德指出："就我们的任性把从属的动机过度抬高，采纳入它的准则的方式而言，它的这种蜕化——即这种趋恶倾向的理性上的起源，依然是我们所无法探究的。"① 也就是说，人的自由任性为什么把非道德的动机（从属的动机）作为比道德法则更高的动机来规定人的行动？这是无法继续再追究下去的。可见，对于人本性中的恶，只能追究到自由任性之自由运用这个点上，而对于自由任性为什么会选择恶，则是无法再追究的。在此，康德主要是基于两点考虑：其一，逻辑上的考虑。因为，如果自由任性选择的恶还有一个原因，这样就会陷入"无限后退"的循环之中：每一个恶在理性上继续有一个原因，其原因又要求有另外一个原因。最终的结果是，可能陷入一种自然律的"决定论"困境中，这是和恶的本性之于人的自由任性自相矛盾的。其二，价值上的考虑。因为，如果导致恶的自由任性的选择还可以探究，它只能是人身上的一种"绝对恶的意志"，这是康德极力反对的：由此人类永远都失去了改恶向善的可能。此外，为了说明导致恶的自由任性的选择之不可探究性，康德也从《圣经》中挖掘了素材：对于"这种不可理解性，连同对我们族类的恶劣性的进一步规定，《圣经》是以讲故事的方式表述出来的。它虽然把恶提前到世界的开端，但毕竟没有把它放在人里面，而是放在一个最初具有高贵规定性的精灵里面"②。换言之，人类本性的"恶"，其虽然由于人类的自由本性而可能，但这种"恶"本身却是由人身外的"邪恶"精灵带来的，因为其居于人身之外，因此，人类无法理解和继续探究，人类能够理解和探究的终点只能到达人本身具有的自由任性这里。

综上所述，无论从个体还是族类的角度看，在现实层面中，人的本性都是趋恶的，但这种趋恶的倾向始终只能基于人类自由任性的运用才可能。所以，自由任性是人们理解恶的起源的"终点"。由此，康德也实现了对传统基督教的"人本化"（单纯理性限度内的）解释，这是对传统宗教理论的一种颠覆性变革。

第二节　人性改恶向善的可能和希望

从第一节的分析可知，自由任性既是人性善恶的前提，也为人性的善恶提供了逻辑可能性。也就是说，人性既有善的可能也有恶的可能，但是对于

① 康德. 单纯理性限度内的宗教. 李秋零译. 北京：中国人民大学出版社，2003：31.
② 康德. 单纯理性限度内的宗教. 李秋零译. 北京：中国人民大学出版社，2003：31-32.

人性的善恶，康德并没有完全同等视之。康德认为，人性中既有向善的原初禀赋，也有趋恶的倾向，而向善的原初禀赋可以被视为人的概念必然的一个成分，即对于人的本性来说具有某种必然性，趋恶的倾向则只能被视为人的概念偶然的一个成分，即对于人的本性来说具有某种偶然性。然而，不幸的是，从人类的祖先开始一直到现今的人们，无论作为一个个体还是一个族类，都普遍地作恶，即人本性中表现出了某种"天生的恶"或者"根本恶"的倾向。因此，希望问题的前提要得到根本的解决，就必须解决人性如何克服其趋恶倾向的问题，最终实现人性的改恶向善，否则一切希望都无从谈起，即便能谈也只能是"非法"（不合理）的。

对此，康德在《单纯理性限度内的宗教》及其他相关著作中，作出了不同层面的深入阐述。康德认为，人作为一种理性的存在者，应利用自己的自由任性重建向善的原初禀赋，通过一种内在的思维方式革命来实现由恶向善的过渡；同时，他也充分估计了内在思维方式革命以外的其他因素对实现人性改恶向善的促进作用，如灵魂不朽的公设、神恩的启发、文化及法治等的推动、实体教会的规约等均对之有所帮助。鉴于此，为了阐述具有清晰性和层次性，接下来，主要从人性实现改恶向善所需要的内在条件和外在条件两大方面来进行具体分析。

一、改恶向善的内在条件及其实现方式

在康德看来，人性中的根本恶之所以存在，主要是由人本性中的自由任性选择了非道德法则作为自己的主观准则造成的，但这并非否认道德法则客观地存在于每一个人的内心中，只是自由任性在作出选择时由于各种感性欲望的诱惑而忽略了道德法则或将之放在其他动机之后罢了。因此，从根本上讲，人性要实现改恶向善，必须从人类的心灵"改造"开始，只有这样，才能实现真正意义上的善（道德）——以道德法则作为行动的最高的动机（准则）。

（一）人本性中的原初向善禀赋

通过上一节的论述可知，康德认为，人具有原初的向善禀赋和趋恶的倾向，人们在现实中选择了作恶（将趋恶的倾向表现出来），主要是由于人们运用自由任性选择了非道德法则作为自己行动的主观意志规定根据，这是人的自由任性偶然选择的一个结果。而这种选择并没有削弱更不可能根除道德法则在人心中的位置，对此，康德指出："因为即使有那种堕落，'我们应当成为更善的人'这一命令，仍毫不减弱地回荡在我们的灵魂中，因而我们

必定也能够这样做。"①也就是说，虽然在现实中人类出现了种种堕落（由于趋恶倾向而作恶），但不管怎样，客观存在于人们心中的一道绝对命令（道德法则）一直没有消失，它始终赫然出现在每一个人（作为理性的存在者）的心中，并且向我们提出要求：应该成为更善的人。正是由于这个命令的存在，它在提示着人们的灵魂应该走向更善，人们也必定能够按照道德法则的要求去做。在此，首先，我们可以清楚地看到，康德始终强调向善是人类本性中的一种原初禀赋的良苦用心。因为它是一种禀赋，其始终必然地属于人这个族类的特性，即便人类作恶了，但道德法则依然存在于人们心中，否则，人类的重新向善就是永远都不可能的了。正是因为如此，康德在强调恶的根据和来源时，始终没有将之放在人（实践理性本身）的身上，而是将之放在了一个我们无法理解的"邪恶精灵"身上。其次，我们还可以看到道德法则本身的力量。道德法则的力量主要源于其自身的普遍必然性，同时，这种普遍必然性又是人类理性自主建立的，因此，道德法则必然能够存在于每一个有理性的存在者（特别是人）心中，这是每个人都无法否认的一个"理性的事实"。

对照前面关于向善的原初禀赋的论述，需要特别指出的是，康德在《单纯理性限度内的宗教》第一篇文章的最后部分——"总的附释：论重建向善的原初禀赋的力量"中这样强调："当然，我们在此必须假定，善的种子以其全部的纯洁性被保留下来了——不能被清除或者败坏。这种子毫无疑问不能是自爱；自爱一旦被纳入我们所有准则的原则，就不折不扣地是一切恶的源泉。"②显然，"善的种子"就是指"向善的原初禀赋"，但被康德限制了范围：其本身必须是纯洁的，并且不能是自爱。也就是说，康德前面讲的"向善的原初禀赋"的前两个层次即动物性层次的自爱和人性层次的自爱都不能归结到"善的种子"名下。从表面上看，康德似乎有点前后矛盾，但实质上没有任何问题。因为动物性层次的自爱和人性层次的自爱本身没有道德上的善恶可言，它们本质上仅属于自然的层次，冠之以向善的原初禀赋，只是基于一种"自然的善"的考虑，而根本没有涉及道德层次的评价，而康德讲的善恶，严格意义上讲仅限于道德层次。此外，如果自爱被看作一种善的种子，它将成为一切恶的源泉。因为根据前述，前两个层次的向善禀赋（即自爱）可以嫁接各种恶习（虽然其本身不是恶），因此，如果将自爱原则作为准则，各种恶习就会扑面而来，道德法则将由此被排除在人们行动的最高动

---

① 康德. 单纯理性限度内的宗教. 李秋零译. 北京：中国人民大学出版社，2003：33.
② 康德. 单纯理性限度内的宗教. 李秋零译. 北京：中国人民大学出版社，2003：33-35.

机之外。换言之，真正道德意义上的向善原初禀赋，只能是第三个层次——人格性的禀赋。在人格性禀赋中，其要求人们仅将纯粹的、形式性的、具有普遍意义的道德法则作为意志的最高规定根据（动机），即人格性的禀赋突出的是人们行动的最高准则的纯粹性或纯洁性。康德还强调，人类向善的原初禀赋只是一种易于接受道德法则的情感（或道德情感），由于其经常受到人类趋恶倾向的影响或污染而丧失了作为行动最高动机的纯粹性。因此，要实现真正的改恶向善，必须"重建向善的原初禀赋"，但这种重建，并非在丧失了向善动机之后重新获得它（因为那样就不可能再重新获得了），而是仅仅意味着要重新使道德法则作为最高动机——重新具备其原本应有的"纯粹性"（纯洁性）特质。

　　总之，康德认为，向善的原初禀赋（特别是其最高层次——人格性禀赋）是人本性中必然的一种要素，从根本上讲，它是无法从人性中根除和败坏的，这种禀赋为人类克服趋恶的倾向而重新向善提供了可能和基础，也正因为这种向善的原初禀赋，为人类改恶向善预示了希望和未来。

（二）思维方式的革命

　　人本性中原初的向善禀赋只是为人类（具有趋恶倾向并且随时可能作出恶行）改恶向善提供了一种"必然的"可能性，因为这种禀赋必然属于人这个族类。但是具有这种原初禀赋，并不代表这种禀赋已经在人类的身上实现了（人类的种种恶行是其最好的证明）。对此，康德指出："这使那把这种纯粹性纳入自己准则的人，虽然自身还并不由此就是圣洁的（因为在准则和行为之间还有很大的距离），但却是已经踏上了在无限的进步中接近圣洁的道路。"①也就是说，把纯粹的道德法则纳入自己准则的人，还不代表自己就已经是善的（具有道德的）人，因为在人们的主观动机本身和行为的实现之间还有很大的鸿沟要跨越，简言之，动机本身并不等于行为本身。人们在具体行动时，还随时有可能将其他的动机纳入意志的主观准则中，进而促成行动的实施。因此，要实现真正的改恶向善，还必须重新回归到它的本源——行动的动机上面，将行动的动机限定在唯一的、最高的道德法则之上。那么，要实现这种转变，其可能性究竟何在呢？康德认为，必须通过一种心灵的根本转变或者说一种思维方式的根本性变革。以下就顺着康德的思路进行具体分析。

　　首先，康德对"习俗的改变"和"思维方式的转变"作出严格的区分。

---

① 康德. 单纯理性限度内的宗教. 李秋零译. 北京：中国人民大学出版社，2003：35.

康德认为，所谓的习俗的改变，就是人们以为在改恶向善的过程中，始终坚守一种合乎道德法则的坚定准则，将之作为平时行动的一种"长期的习惯"。在这样的习惯中，康德指出："任性为此所需要的动机，人们则可以随意从什么地方取来。"①也就是说，一种习俗的改变，着眼的仅仅是行动表现出来的合法则性这一特征，而对于驱使行动的背后动机却可以随意拿来。康德认为，这仅仅是一种经验层次的合法则性习惯，它仅仅是一种"道德现象"（virtus phaenomenon）。这时，"如果一个人感到自己在遵循自己的义务的准则方面是坚定的，他也就认为自己是有道德的"②。即人们只需要凭"感觉"或者"经验"，就可以随意获得某种自己是有道德的人的印象。显然，这并不是真正的改恶向善，因为很多人仅仅是为了其他的目的（而不是道德法则）而使自己的行动符合道德法则的要求，如毫无节制的人为了健康而回到节制的状态、说谎者为了名誉而选择坦诚、不正义的人为了利益而开始展现出表面的正义等，从本质上讲，这些行动都仅仅是一种表面符合道德法则的"道德现象"，而其背后的动机却不是纯粹的道德法则。因此，要真正实现人类的改恶向善，康德认为，必须通过一种与习俗的改变不同的内心思维方式的转变才可能。

所谓思维方式的转变，是人意念中的一场革命，和习俗的改变之强调外在行动的合法则性相对，思维方式的转变强调的是行动的内在动机的合法则性，并且作为行动的动机，它表现为："如果他把某种东西认作义务，那么，除了义务自身的这种观念之外，他就不再需要别的任何动机。"③可见，思维方式的转变，是一种人们在内在意念中将道德法则作为唯一的和最高的行动动机的做法，将原本不纯洁、不纯粹的动机转变为一种纯洁的、纯粹的动机。这种情况，用宗教的话语来说就是："他只有通过一种再生，就好像是通过一种重新创造（约3：5；创1：2），以及通过心灵的改变才能成为一个新人。"④显然，这种要成为"新人"的思维方式的转变，是不能在经验中感觉的，它只能是一种"智性"的意念行为。思维方式的转变之智性特征，被康德称为"道德本体"（virtus noumenon），与习俗的改变之于"道德现象"相比，前者是无法通过长期的改良彻底实现的，它只能通过唯一的一次不可改变的决定来实现。那么，这种思维方式的转变是否可能呢？康德认为，完全可能。因为，道德法则命令人们所做的事，也仅仅是人们力所能及的事，

---

① 康德. 单纯理性限度内的宗教. 李秋零译. 北京：中国人民大学出版社，2003：35.
② 康德. 单纯理性限度内的宗教. 李秋零译. 北京：中国人民大学出版社，2003：35.
③ 康德. 单纯理性限度内的宗教. 李秋零译. 北京：中国人民大学出版社，2003：36.
④ 康德. 单纯理性限度内的宗教. 李秋零译. 北京：中国人民大学出版社，2003：36.

因此，思维方式的转变既是必需的，同时也是可能的。对此，可以根据前面第三章对道德法则的论述部分来进行理解。总之，道德法则具有普适性、底线性等特征，只要人们不找其他借口，其必定是可能的。

其次，康德批判了传统的道德教养方式。通过对道德现象和道德本体的区分，康德认为"人的道德教养必须不是从习俗的改善，而是从思维方式的转变，和从一种性格的确立开始。"[①]也就是说，道德教养如果仅仅从外在的行动符合道德法则来开始和进行，这样的道德教养就无法使人真正实现改恶向善。在此，康德实质上隐晦地批判了传统的道德教养方式。因为，一般来说，传统的道德教养方式无非两种：第一，教人去赞赏外在的、符合道德法则的种种行动，即通过援引善人（就其行动的合法则性而言）为榜样使人去效仿；第二，教人去赞赏真正有道德的行动（就其行动的动机完全与道德法则一致而言），即通过援引真正的善人为榜样使人去效仿。需要指出的是，康德在论述中，虽然没有明确说明以上两种常见的道德教养方式的区别，但是这可以从其整体思想和分析中推断出来：以上两种常见的道德教养方式在康德看来均不可取或者不是正确的道德教养方式。就第一种道德教养方式而言，很显然，如果合法则的行动的动机不是纯粹的道德法则而是其他准则，这样的行动就会失去其本身的道德价值，这样的善人，本质上讲是一种"伪善"，丝毫不值得人们去效仿和赞赏。就第二种道德教养方式而言，表面上看，这是很有意义的，因为行动的人的动机是一种真正的善（以道德法则作为唯一的动机），但是即便这样，康德认为："教人去惊赞有道德的行动，无论这样的行动要求做出多大的牺牲，都还不是学习者的心灵对道德上的善所应保持的正当情调。"[②]换言之，不管一个人如何有道德（真正动机上的善），他所做出的一切道德行动都仅仅是义务所要求的，这样的行动处于道德法则所要求的正确的道德秩序之中，既然是本来就应该的行动，那么其自身也就不值得惊赞。如果教人去惊赞义务本身要求人们做的事情，从某种程度上讲，会带来对道德秩序的误解，因为："这样的惊赞是我们的义务感的一种变质，好像顺从义务是某种非同寻常的、有功劳的事情似的。"[③]可见，即便在动机上完全符合道德法则的行动，其本身也仅是一种"应该"，它是一种完全在道德法则正常秩序之内的行动，如果教人赞赏一种原本就应该这样的行动，其结果无疑是使这种原本应该的行动变质了，因此这时，按照道德法则去行动就好像是不自然的事情似的。概言之，无论从行动本身的合法

① 康德. 单纯理性限度内的宗教. 李秋零译. 北京：中国人民大学出版社，2003：37.
② 康德. 单纯理性限度内的宗教. 李秋零译. 北京：中国人民大学出版社，2003：37.
③ 康德. 单纯理性限度内的宗教. 李秋零译. 北京：中国人民大学出版社，2003：38.

则性还是动机的合法则性来教人去赞赏善人（行），都是有问题的、不正确的道德教养方式。

那么，正确的道德教养方式应该教人惊赞什么呢？康德认为，一切正确的道德教养方式，应该首先教人惊赞人们心中的原初道德（向善）禀赋。在康德看来，真正崇高的东西，不是某个人（善人）或者某些外在的行动，而是存在于每一个人心中的普遍的、客观的道德法则。同时，康德认为，在正确的道德教养中，应"经常激励自己的道德使命的崇高感，这作为唤醒道德意念的手段，是特别值得称颂的"①。也就是说，除了教人赞赏每个人心中向善的原初禀赋及道德法则本身外，还应该教人赞赏自己的道德使命感，这种道德使命感是每一个人都能体会到的。在赞赏崇高的道德使命感时，每一个人都能感受到自己身上的道德重担，从而愿意为自己的改恶向善付出代价乃至牺牲生命。

最后，康德强调了善恶原则在人心中的斗争及善的原则最终胜利的可能。在批判常见的道德教养方式并指出正确的道德教养方式之后，康德并没有停留于此，因为，如果仅仅这样，还不足以断言思维方式已经实现了根本性的转变。根据前述，人的本性中具有的"天生的恶"或者"根本恶"，是永远不可能彻底根除的；同时在现实中，人类还作出了大量恶行，这些因素在人类试图实现改恶向善时，都是不可能忽略的。正因如此，康德指出："在从道义上培养我们那被造成的向善道德禀赋时，我们不能从一种对我们来说自然的天真无邪状态开始，而是必须从任性在违背原初的道德禀赋而采纳其准则时的恶劣性假定开始。而且由于这样一种倾向是无法根除的，还必须同时与这种倾向作不停顿的斗争。"②也就是说，要确保道德教养有效，使人最终实现从恶向善过渡，成为一个"新人"，就必须从人的恶劣本性开始（而不是从已有的善的禀赋开始），时刻做好与趋恶的倾向作斗争的准备。而这种斗争，从本质上看，就是善的原则和恶的原则在人性中争夺"统治权"的斗争。

对于这种在人性中围绕"统治权"的斗争，即争取善的原则取得胜利的斗争，从古到今人们在道德哲学中讨论了很多，其中最著名的要数古希腊的斯多亚学派。斯多亚学派对德性（tugend）这个术语作出了特别经典的定义：德性表示一种英勇无畏的精神。这样的理解，几乎在古希腊语和拉丁语中通用，并且影响至今。但是，康德认为，虽然斯多亚学派对德性的定义本身并

---

① 康德. 单纯理性限度内的宗教. 李秋零译. 北京：中国人民大学出版社，2003：39.
② 康德. 单纯理性限度内的宗教. 李秋零译. 北京：中国人民大学出版社，2003：40.

没有错，但错在他们为此设定的"敌人"（即德性的反面）上。斯多亚学派和很多其他的伦理学派都普遍认为，善和恶的斗争，本质上就是要驱逐人类的感性欲望等自然层次的需求，否定它们存在的作用和意义，以此来为善赢得地盘。但康德认为，他们在此搞错了自己的敌人（善的敌人），各种自然的感性欲望、性好本身并不是恶，它们充其量只能作为嫁接各种恶习的载体而已。对此，康德指出："他们（指斯多亚学派及一切否定感性欲望的道德学家——笔者注）的敌人不应该在自然的、只不过是未受教化的但却毫不掩饰地向每一个人的意识公开呈现的性好中去寻找。而是一个似乎不可见的、隐藏在理性背后的敌人，因而也就更加危险。"[①]换言之，善的敌人并不是各种自然欲望和性好，而是各种隐秘在理性背后的恶的准则。这些准则是理性（自由任性）通过其自由选择，将非道德的原则作为行动的主观意志规定（动机），因此，恶并不是各种感性欲望和性好本身，而是将感性欲望或者性好作为行动的最高准则（动机）这种自由选择行为。概言之，恶并不能从自然中寻找，"而是只能在把任性规定为自由任性的东西中（在默许性好的那个准则的内在最初根据中）去寻找"[②]。可见，真正的善恶原则的斗争，是人的理性意义上的善恶意念之间的斗争，其所要达到的目标是将善的原则应有的地位在人的意念中重新颠倒过来，而不是盲目地驱逐和否定人的感性欲望和性好。

　　在限定"善的敌人"是一种自由任性选择的非道德动机之后，康德进而强调，善恶原则的斗争，首先必须要将善的原则拟人化，将之视作一种理念。这时，上帝就要出现了，因为"惟一能够使世界成为上帝意旨的对象和创世的目的的东西，就是处于道德上的彻底完善状态的人性（一般有理性的世俗存在者）"[③]。也就是说，道德上彻底完善的人性状态是一个完善的理念，它是上帝所意旨和创造世界的目的所在，它需要一个原型来作为载体，这个原型只能是全善的上帝。但人作为尘世的存在者（即便拥有理性），其离完善的状态还有相当的差距，这时，善的原则（作为完善的状态）就必须通过一个中介（其必须和人有很多相似点或共同点）为人所理解和效仿，而这个中介就是上帝之子——耶稣基督。对此，康德指出：通过上帝之子的形象，"人们也可以更正确地说，那个原型（即善的原型——上帝——笔者注）是从天国降临到我们这里来的"[④]。在此，康德的希望问题自然地和宗教联系了起

① 康德. 单纯理性限度内的宗教. 李秋零译. 北京：中国人民大学出版社，2003：44.
② 康德. 单纯理性限度内的宗教. 李秋零译. 北京：中国人民大学出版社，2003：46.
③ 康德. 单纯理性限度内的宗教. 李秋零译. 北京：中国人民大学出版社，2003：48.
④ 康德. 单纯理性限度内的宗教. 李秋零译. 北京：中国人民大学出版社，2003：49.

来，希望问题的前提——道德之所以可能，它需要通过一个拟人化的形象为人们所接纳，从而受到鼓舞，最终战胜恶的原则，实现改恶向善。也只有这样，人们才能成为上帝所喜悦的人。需要注意的是，上帝的存在并不是为了幸福的实现，而是为了善的实现，它首先为人战胜恶的原则提供了一种拟人化的、可理解的善的理念和力量。同时，还需要强调的是，与其说，人们信仰上帝，还不如说人们信仰自己内在的力量，这正如康德所言："在对上帝之子的实践上的信仰中（就他被设想得好像他接纳了人的本性似的而言），人可以希望成为使上帝所喜悦的（从而也可以得救）。"①换言之，在和恶的原则斗争的过程中，上帝之子为人们提供了一个很好的榜样，从很大程度上讲，人的很多本性都和上帝之子一样，后者能最终战胜恶，人类必定也可能。

　　当然，人们效仿上帝之子的做法是否真的能够成功呢？这还有赖于人们自己内在的力量，在康德看来，这也是完全可能的。因为，"从实践的方面来看，这一理念在自身之中完全拥有其实在性，因为这种实在性就在我们那在道德上立法的理性之中"②。也就是说，理性自身在道德上的立法（道德法则得以可能），为人们践行善的原则提供了一种实在性，它并不是虚无缥缈的，而是作为一个"母本"原本就已经蕴含在每一个人的理性之中。然而，人始终是一个具有两重属性（理性和感性）的存在者，其时刻会受到感性的各种诱惑，从而可能在意念上作出恶的选择。显然，要克服这些问题是困难重重的，必须通过长时间的努力和不断的斗争。至此，必须假定灵魂不朽（具体在本节的最后部分论述）和上帝存在。而这时的上帝，除了代表前述的善的原则这个完善理念外，还是一个全知、全能、全善的公正审判者，他能够识人心（人们意念的选择），从而为未来世界的人们作出公正的奖赏或者惩罚。由此可见，康德对上帝的假设，完全出于一种人类道德改善的需要，从某种程度上讲，上帝是人类改恶向善道路上的一个积极导引者，他扮演着铁面无私的审判者，时刻威慑着人类在改恶向善的道路上自觉选择善的原则作为意念的根本准则。可见，康德对灵魂不朽和上帝存在的公设，并非全部用在实现幸福这个目的上，在实现幸福目的之前，它是作为实现配享幸福的前提——道德的一种积极保障而出现的。这是人们在研究康德道德神学时应该十分注意的一点（具体见本书第五章的相关论述）。

　　此外，需要强调的是，康德始终意识到，在人类改恶向善过程中，每一个有理性（同时又是有限的）的存在者，无论他付出怎样的努力，始终

---

① 康德. 单纯理性限度内的宗教. 李秋零译. 北京：中国人民大学出版社，2003：50.
② 康德. 单纯理性限度内的宗教. 李秋零译. 北京：中国人民大学出版社，2003：50.

随时受到"恶的精灵"的诱惑而有可能作出恶的选择，即便他能在某些时刻战胜了恶的准则作出了善的选择，他受到恶的侵袭的危险也不会有所减少，因为从根本上讲："人依然是由于他自己的罪而处于这种充满危险的状态之中。"①因此，康德认为，要彻底摆脱这种随时受到恶侵袭的危险状态，单靠个体的力量是不够的。除了每个人能够自觉实现思维方式的根本转变之外，还必须建立一个"联合体"，这个联合体被康德称为"伦理-公民的社会"。所谓"伦理-公民的社会"，其区别于"律法-公民的社会"，前者是一个自觉的伦理共同体，后者是一个强制的政治共同体。在后者中，即便人们作为个体能够意识到道德法则的重要性和力量，但其只能个别地和恶的原则作斗争，充其量只能处于一种伦理的自然状态之中。此时，"就像律法的自然状态，是一种每个人对每个人的战争状态一样，伦理的自然状态也是一种存在于每个人心中的善的原则，不断地受到恶的侵袭的状态"。②鉴于此，人们必须走出和恶的原则单打独斗的伦理的自然状态，从而进入一种伦理-公民状态，从而建立这样一个共同体。在这样一个伦理共同体中："善的原则的统治，假如人们能够致力于这种统治的话，就我们所能洞察的而言，只能通过建立和扩展一个遵照道德法则，并以道德法则为目的的社会来达到。这样一个社会，对于在其范围内包含这些法则的整个人类来说，就通过理性而成为他们的任务和义务。"③换言之，伦理-公民的社会（共同体），是一个人人自觉地意识到道德法则，并共同在意念中遵守道德法则的社会，只有在这样的社会中，人们才能期待善的原则对恶的原则的最终胜利。

在此，可以看到，康德从个体的改恶向善过渡到了社会（共同体）的改恶向善上，关于这个伦理共同体如何得以真正建立的问题，康德重新又回到了宗教和上帝的问题上来（具体在本节最后部分再论述）。需要强调的是，不管怎样，人类的改恶向善都是必须从个体内在的意念出发才是可能的，只有每个个体在思维方式上实现了根本的转变，将道德法则作为最高的动机纳入行动的准则之中，人类的改恶向善才最终得以可能。与此同时，"如果一个伦理共同体要得以实现，那么，所有单个的人都必须服从一个公共的立法；而所有把这些人联结起来的法则，都必须能够被看做是一个共同的立法者的诚命"④。也就是说，人人通过理性为自身立法（确立道德法则），同时又自觉遵守法则，是伦理共同体建立的前提和基础，而这一切，又必须以每一

① 康德. 单纯理性限度内的宗教. 李秋零译. 北京：中国人民大学出版社，2003：86.
② 康德. 单纯理性限度内的宗教. 李秋零译. 北京：中国人民大学出版社，2003：90-91.
③ 康德. 单纯理性限度内的宗教. 李秋零译. 北京：中国人民大学出版社，2003：87.
④ 康德. 单纯理性限度内的宗教. 李秋零译. 北京：中国人民大学出版社，2003：92-93.

个个体独自完成作为前提。简言之，个体的思维方式的转变，是人类实现改恶向善的总前提。

总之，在康德看来，即便人类在改恶向善的道路上困难重重，但其最终必然能够实现。这一切，基于人类身上具有原初的向善禀赋这个本性而得以可能。同时，要最终实现人类彻底的改恶向善，除了个体的努力，即转变思维方式克服恶的侵袭外，还必须依靠人类共同建立一个伦理共同体来长久抵制随时侵袭个体的恶的原则。此外，还必须借助一些外在的力量来促成向善的过渡，如灵魂不朽、上帝存在的公设，人类文化、历史的推动，等等。接下来，我们就重点围绕这些对人类改恶向善具有促进作用的外在条件进行具体论述。

二、改恶向善的外在条件及其作用

康德认为，人类要实现改恶向善，以使自己具备配享幸福这样的前提条件，必须要通过每个人自己内在思维方式的转变这种方式来完成，而这种可能性又源于人本性中具有的原初的向善禀赋这个基础，这是康德讨论改恶向善的基本立足点和出发点。显然，这些内在条件及其实现，是康德所言的人类改恶向善最重要也是最基础的前提，即便康德谈到的"伦理共同体"（伦理-公民社会），其建立也必须通过每一个个体自觉的思维方式转变作为前提来实现。所以，从根本上说，人类的改恶向善，必须通过每一个个体自身内在的努力才得以可能。但是，以上这些内在的条件并非康德讨论改恶向善问题的全部，内在条件是基础和前提，其重要性不言自明。此外，康德还强调了一些"外在条件"在人类实现改恶向善过程中所扮演的特殊角色和发挥的积极作用。对此，康德当然是基于多种考虑的，但这充分表明了一点：康德并非在纯粹"自我"之中看待改恶向善的过程及其可能，他同时关注和考虑到了人类生活的各种"现实"（文化传统、社会历史等）。与其他思想家不同，康德以其独特的视角阐述了这些外在条件在人类改恶向善过程中所发挥的作用。

（一）灵魂不朽、上帝存在、教会及其作用

首先，是灵魂不朽的公设对改恶向善所发挥的积极作用。关于康德哲学中灵魂不朽的公设，人们可能会陷入这样一种流俗的理解当中：灵魂不朽主要是为了来世享受今生应该享受而又无法享受的幸福而作出的一种公设。当然，这确实以人们今生的善为前提，其主要体现一种现世无法实现的"正义"

在来世能够得到实现的希望和理想。诚然，康德关于灵魂不朽的公设，具有弥补有道德的人今生无法享受幸福的缺憾这一面，但这不是康德最看重的。客观而论，康德最看重的是灵魂不朽对于人类在现世中最大限度地实现改恶向善所能发挥的积极作用①。通过前述可知，由于善恶两种原则长期共居于人的本性之中，人作为"有限的理性存在者"，随时都可能受到恶的原则的侵袭，要使人真正实现思维方式上的改恶向善，其将不得不面临一个极大的困难："意念如何能够对在任何时候（不是一般地，而是在任何一个时间点上）都有缺陷的行为有效。"②而如果意念永远能够保持对行为有效的话，那么这样的存在者显然不是作为两重性存在者的人，因为"意志与道德律的完全的适合就是神圣性，是任何在感官世界中的有理性的存在者在其存有的任何时刻都不能做到的某种完善性"③。也就是说，如果有这样一种存在者，其行动的主观意志规定在任何时候都完全和道德法则相一致，那他只能是一种具有纯粹神圣属性的存在者。显然，这样的存在者只能是神，而人作为一种"有限的理性存在者"，永远不可能达到纯粹的神圣性，否则人就不是人而是神了。但是，即便这样，人毕竟又是理性的存在者，作为理性的存在者，人的纯粹实践理性要求人们的意志应该以道德法则作为行动的最高动机，只有这样才能体现出人之为人（区别于动物和世间万物）应有的价值和尊严。因此，人类在纯粹实践理性的要求下，必须在自己的意念中时刻做好和恶的原则作斗争的准备，哪怕这是一个无限的、在人们此生中永无止境的过程。

需要注意的是，在人类改恶向善的过程中，如前所述，任何真正的改恶向善都只能以个体思维方式的转变为基础，也就是说，这样的过程不可能由别人来替代完成，而人作为有限的理性存在者在现世和此生又难以完全与道德律的要求一致（难以具有纯粹的神圣性）。因此，就必须假设"灵魂不朽"。这正如康德在《实践理性批判》中所言："这个无限的进程只有在同一个有理性的存在者的某种无限持续下去的生存和人格（我们将它称之为灵魂不朽）的前提之下才有可能。"④换言之，要在同一个理性的存在者身上实现彻底的改恶向善，使其意志与道德法则完全一致，只有设想这个存在者的灵魂不朽才最终可能。在此，根据《实践理性批判》对灵魂不朽的公设，需要特别

---

① 关于灵魂不朽等公设的作用主要是改善人类的道德——至善的一个前提要素，著名的康德研究专家华特生也持这样的看法，他甚至认为，道德原理是上帝存在、灵魂不朽和意志自由等信仰的基础（换言之，对灵魂不朽等进行公设，不仅仅是为了使人在来世享受到幸福，而更多的是为了现世道德的改善）。详见 Watson J. The Philosophy of Kant Explained. Glasgow: James Maclehose and Sons, 1908: 389.
② 康德. 单纯理性限度内的宗教. 李秋零译. 北京：中国人民大学出版社，2003：56.
③ 康德. 实践理性批判. 邓晓芒译. 北京：人民出版社，2003：167-168.
④ 康德. 实践理性批判. 邓晓芒译. 北京：人民出版社，2003：168.

指出的是：康德表面上是将灵魂不朽作为至善在实践上得以可能的条件来公设的，而至善是德福的统一，也就是说，似乎灵魂不朽在这里也是为了幸福的实现而必然在实践上被公设。但是，康德对灵魂不朽的公设，还有更深层次的意涵：虽然至善包括道德与幸福两个方面，是道德与幸福的统一，但是至善必须以道德为前提，所以灵魂不朽首先是针对道德如何真正可能（改恶向善）这个问题而出现的。可见，灵魂不朽的公设，其重要目的在于：作为有限的理性存在者的人，如何在意念中长期和恶的原则作斗争直至来生最终实现道德（这个前提），而并非为了实现幸福（这个后果）。对于这点，在理解康德灵魂不朽的公设时应该给予特别的注意，这也是容易被人们误解的地方。

　　此外，在康德看来，灵魂不朽的公设，并不意味着就可以减少甚至放弃人们此生和恶作长久斗争的努力。恰恰相反，正是因为人们此生（作为有限的理性存在者）哪怕尽了自己最大的努力和恶作了长期不懈的斗争，也很难达到纯粹的神圣性（时刻和道德法则一致），才需要假设人们的灵魂可以长久持续下去，永不间断和恶作斗争而最终取得胜利。同时，正是因为灵魂不朽，才有利于人们时刻保持高度的警惕，不能让恶的原则侵袭自己的灵魂，否则人们在来世将会得到此生哪怕仅仅作出的一点点（或一次）恶所应该承担的惩罚。当然，灵魂不朽所带来的这种警示作用，又必须和上帝存在这个公设联系起来（具体详后）。总之，在康德哲学中，灵魂不朽的公设，其主要针对人类在改恶向善中遇到的可能困难，对灵魂不朽的假定是实践理性的一种需要，灵魂不朽既促使有限的理性存在者在此生现世持续和恶作斗争，同时又警示着此生作恶在来世所应该承受的惩罚（基于自由任性的可归咎性），以此可以时刻鞭策有限的、理性的人能全身心投入到无限的改恶向善之努力进程中。

　　其次，是上帝存在的公设对改恶向善所发挥的积极作用。显然，在希望问题的关联中，上帝存在的公设，主要是为了至善的实现而成为必然。因为，上帝作为一个全知、全能、全善的存在者，一方面，他确保了现世中无法实现的与道德相匹配的幸福能够在彼岸世界实现；另一方面，他还确保了彼岸世界幸福分配的公平性与公正性。这是康德在《实践理性批判》中对上帝存在公设的最主要目的，正如他总结所言："第三个悬设（即上帝存在——笔者注）来源于通过独立的至善、即上帝存有这个前提来给这样一个理知世界提供为了成为至善的条件的必要性。"①换言之，上帝存在是至善的实现的一个必要条件。但是，康德在专门论述希望问题的《单纯理性限度内的宗教》

---

① 康德. 实践理性批判. 邓晓芒译. 北京：人民出版社，2003：181.

一书中，对上帝存在的"功用"则作出了更为宽泛的理解：上帝存在对至善的其中一个最重要因素——善（道德）的实现也同样具有十分积极的作用，这种积极作用体现在人们改恶向善的过程中，其主要包括以下两点。

其一，上帝对于人类改恶向善的协助作用。康德认为，因为人是"有限的理性存在者"，人类在道德改善的道路上会遇到种种艰难险阻，要克服这些艰难险阻，某些人可能无法通过自己的力量最终彻底地达成（也许绝大多数人都是如此），所以就有必要假设某种更高的智慧来协助人们，以使人类的改恶向善彻底实现。对此，康德强调："假定为了成为善的或者更加善的，还需要一种超自然的协助，无论这种协助是仅仅在于减少障碍，还是也做出积极的援助，人都必须事先就使自己配得上接受这种协助，并且必须假定有这种援助（这是非同小可的事情）。"[①]可见，康德在此做出了假设：如果人们在改恶向善的过程中无法依靠自己的力量最终实现这种转变，可以假设存在某种更高的智慧来帮助我们，或减少障碍，或提供援助。显然，这种更高智慧只能是上帝，换言之，上帝存在在此被赋予了协助人们改恶向善的更高智慧者的角色。但是，康德也为此限定了条件：就是要取得这种协助，其合法的前提只能是人们必须先要配得上接受这种协助，即人们一心积极向善（成为道德的）是接受上帝协助的前提条件，否则对上帝存在的假设就没有意义。概言之，在改恶向善的过程中，人们可以假设上帝存在，也可以希望得到上帝的协助，但是必须设定一个前提和条件："谁为了（至少在向完全符合法则的不断接近中）履行自己的责任，而以真诚的、奉献于义务的意念做他力所能及的事情，他就可以希望最高的智慧以某种方式（这种方式能够使这种不断接近的意念成为始终不渝的）补上他力所不能及的事情。"[②]

其二，上帝对于人类改恶向善的警示作用。上帝存在的公设除了对人类改恶向善具有某种积极的协助作用外，还具有某种警示作用。因为，人类在改恶向善的过程中，由于自身的有限性，随时会受到恶的原则的侵袭，而此时，如果有一个公正的审判者时刻审察世间的一举一动，人们的内心将会产生某种"敬畏感"——如果人们不时刻省察自己的内心并检查自己的行为（乱作为），将受到这个公正审判者最终的判决，这种判决可以在人们的此生也可以超越此生（基于灵魂不朽）。鉴于此，人们就会"逼迫"自己始终以道德法则作为行动的最高动机，并力求使自己的行为也符合道德法则，否则将难逃上帝的判决。关于人们和这位审判者的关系，康德指出："对于未来的

---

① 康德. 单纯理性限度内的宗教. 李秋零译. 北京：中国人民大学出版社，2003：33.

② 康德. 单纯理性限度内的宗教. 李秋零译. 北京：中国人民大学出版社，2003：180.

审判者（他自己心中的清醒的良知，连同由此唤起的经验性的认识）的判决，他想不出证明自己有罪的别样的状况，除了日后向它展示他自己的全部人生，而不是仅仅展示人生的一个阶段，也许是最后一个并且还是对自己最有利的阶段之外。但是，他将会自动地在此之上联系着对还要继续下去的（而不是以此为界限的）生活——如果它还会持续更久的话——的展望。"①也就是说，上帝作为一个公正审判者的存在，它时刻能够警示人们行动的动机（及由此而来的结果），敦促人们时刻保持着和道德法则的一致，努力在人生的每一个阶段都以这样的形象向这位审判者展示出来，以证明自己的清白和无罪。这种对上帝存在的设想，也是康德假设上帝存在的更为深层的意义所在。同时，上帝是一位最高的立法者，他代表着一种"诫命"，一切对这种诫命的僭越，都要承担相应的惩罚。显然，这也是康德对"原罪"解释的一种深化，从某种程度上讲，是上帝必须存在的真正道德需要（这正是康德的原意——具体详后）。为此，康德强调："只有这样一个人物，才能被设想为一个伦理共同体的最高立法者，对他来说，所有真正的义务，因而也包括伦理的义务，必须同时被设想为他的诫命。因此，他也必须是一位知人心者，以便也能够透视每一个人意念中最内在的东西；并且就像在任何共同体中必须的那样，使每一个人得到他的行为所配享的东西。然而，这正是关于作为一个道德上的世界统治者的上帝的概念。"②概言之，上帝作为一个最高的立法者，他代表着一种诫命，同时他又是一个全知者，洞悉每一个人的内心（人类意念的善恶均了然于上帝之心），这样的最高存在者时刻注视着人们，谁还有胆量敢去作恶吗？如果这种存在者真的存在，每一个人肯定就不敢轻易去作恶了。

综上所述，上帝存在的公设，并非仅仅为了与道德相匹配的幸福能在彼岸实现这个目的，其对于人类改恶向善具有十分积极的作用和意义，这也许才是康德最后走向道德神学更加始源的意旨和目的。当然，需要说明的是，上帝存在对于人类实现改恶向善的作用也和至善的实现有直接的关联，因为在至善中，首要的因素就是道德（做我应当做的——善），因此如何实现善也就构成了至善实现的前提。基于此，从某种程度上讲，上帝存在的公设，是希望问题得以最终解决（至善实现）的"隐性前提"（如何实现道德）实现的十分积极的因素。

最后，教会对改恶向善所发挥的某种积极作用。在促进人类改恶向善的

---

① 康德. 单纯理性限度内的宗教. 李秋零译. 北京：中国人民大学出版社，2003：69.
② 康德. 单纯理性限度内的宗教. 李秋零译. 北京：中国人民大学出版社，2003：93-94.

外部条件中，康德还注意到了教会的某种积极作用。康德认为，建设伦理-道德的公民共同体（与政治-律法的公民共同体相对），需要一个载体，这个载体就是教会。但这样的教会，在康德看来，必须以遵循上帝的道德立法作为前提和基础，即每个人都自觉地以道德法则作为自己行动的最高动机的联合体。对此，康德强调："假如它不是可能的经验的对象，它就叫做不可见的教会（即一个关于所有正直的人在上帝的直接的但却是道德上的世界统治之下的联合体的纯粹理念，这种世界统治是每一种由人所建立的世界统治的原型）。可见的教会是人们现实地联合为一个整体，它与上述理想是一致的。"①也就是说，不管是可见的（现实的）还是不可见的（理念的）教会，它都必须是道德上自觉的人的联合体，在这样的教会中，每一个联合起来的人都是教会的"仆人"——不管你是一般信徒还是最高的管理者（教王），也只有这种教会才是康德所理解的"真正的教会"。这种真正的教会，具有四个独特的标志：普遍性、纯粹性、自由关系原则和宪章不变性的样式。所谓普遍性，是指教会具有一个本质上相同的、唯一的目的，由此它必然导向一个唯一的教会，即没有所谓的教派分裂。显然，这个唯一的目的就是道德法则。所谓纯粹性，则是指教会作为一个联合体，其联合的基础仅仅是人们的道德动机，除此之外，别无其他。由于道德动机具有"纯粹理性"特征，这种"纯粹理性"清除了所有迷信的愚蠢和狂热的疯癫。所谓自由关系原则，是指在教会内部，任何人和别人都处于同等的关系之中，没有等级也没有各种所谓的个人情感。最后，所谓宪章不变性的样式，则是指教会必须在自身的目的理念中，先天地包含着可靠的基本原理，只服从一种原初的、必然的法则，而不服从任何偶然的、可变的、任意的象征。由此可见，康德心目中的真正的教会，是在教会中"彼此之间达到一种自愿的、普遍的和持久的心灵联合"②。从根本上讲，这种教会区别于一切通过外在约束而组成的政治共同体，正如康德所言："一个伦理的共同体，作为教会，即作为一个上帝的国的单纯代表来看，本来是没有在其基本原理上与政治制度相似的制度。"③为此，康德批判了一切以外在规则为约束力的历史性的（启示）教会信仰，其认为它们与纯粹的信仰（道德的、理性的信仰）刚好相对。很显然，在至今的现实社会中，纯粹理性的教会-伦理的共同体是没有真正建立起来的，现实中绝大多数的教会都是一种经验的、规章性的教会团体。那么，这些现实教会就真对人类心灵的改善不起任何积极作用吗？对此，康德持否定的态度。对于一

① 康德. 单纯理性限度内的宗教. 李秋零译. 北京：中国人民大学出版社，2003：96.

② 康德. 单纯理性限度内的宗教. 李秋零译. 北京：中国人民大学出版社，2003：97.

③ 康德. 单纯理性限度内的宗教. 李秋零译. 北京：中国人民大学出版社，2003：97.

切看得见的、经验的教会，康德并没有一味地否定和批判，而是认为，它们的存在同样具有某些积极的意义，主要体现在以下四个方面。

其一，现实教会的某些形式、活动及经书有利于人们改恶向善。对此，康德指出："在必须赋予教会的形式上团结起来，以及为促进宗教中的道德因素而举办公共活动看做本身就是必要的。……尽管所有这些惯例从根本上来说，都是些在道德上无所谓的行动，但正是由于这些行动仅仅据说是为了上帝而做出的，就被认为是使他更加喜悦的。"[①]也就是说，通过一些特定的教会形式和各种公共活动，它使人能够以上帝（而上帝又是道德诫命的化身）作为最高的对象去作出行动上的努力（改善自己的动机，使自己的动机符合上帝的要求）。显然，这样的教会形式和活动，对于人类的改恶向善具有积极的影响作用。在此，康德还特别强调了《圣经》的作用，他认为，《圣经》作为一种启示性的古老文本，对于一代又一代人的不变信仰是一种维持手段，其能促进各个时代的人去敬重一个对象（最神圣的对象——上帝，同时也是道德法则），这种敬重在即便没有读过《圣经》的人那里，也同样存在。对此，康德指出："历史也证明，没有一种建立在经书之上的信仰能够被根除，哪怕是通过最具毁灭性的国家革命。"[②]可见，《圣经》（或其他经书）除了能启示人们敬重道德法则外，还具有一种传世的影响力，无疑，如果能从这样的经书中挖掘出某种道德启示，将对人类的改恶向善具有极大益处。显然，康德正是以这样的目的去重新解释《圣经》的。总之，现实教会的各种形式、活动和教会的经书，只要使用得当，都可以启示人们改恶向善。

其二，教堂作为特定的场所有利于个人和整体的向善。在《单纯理性限度内的宗教》中，在批判了各种"内在的"、将事奉上帝作为一种邀恩手段的"伪事奉"之后，康德肯定了一些外在事奉形式对于人类改恶向善的积极作用，而教堂就是其中的一种重要载体。康德认为，人们前往教堂参加礼拜，有利于陶冶个人的道德情操和提升整体的义务感。为此，康德指出："前往教堂，它被设想为在一个教堂中隆重举行的、对上帝的外在的一般事奉，鉴于它是信徒团体的一种感性体现，它不仅是一种对每个个人而言陶冶自身的值得推荐的手段，而且对于整体而言，这也是就他们作为必须在这尘世中体现出来的、上帝之国的公民义不容辞的直接义务。"[③]也就是说，在参加教堂礼拜等可经验的、感性的仪式中，（作为个体）人们既可以切身体会和感受自我身心的陶冶，（作为整体）又可以感悟一种尘世中必须遵守的道德义

---

① 康德. 单纯理性限度内的宗教. 李秋零译. 北京：中国人民大学出版社，2003：102.

② 康德. 单纯理性限度内的宗教. 李秋零译. 北京：中国人民大学出版社，2003：103.

③ 康德. 单纯理性限度内的宗教. 李秋零译. 北京：中国人民大学出版社，2003：213.

务（上帝之国的要求）。需要注意的是，康德认为，在此需要一个前提：
"这个教会并不包含可能导向偶像崇拜的、并从而使良知背上沉重负担的仪
式。"①即不能把这种仪式本身当作一种"邀恩"的手段，将上帝看作一个
法力无边并能为人赦免一切罪恶的"偶像"，从而仅以礼拜形式作为直接事
奉上帝的做法，而不从内心上去真诚事奉上帝从而改恶向善。

　　其三，加入教会的典礼可使人体会到责任并能促使人们以追求神圣为目
的。康德认为，"入教"的庄重典礼对人的改恶向善同样具有某种积极的意
义，这主要表现在："加入教会团体的一次性的庄重典礼，即最初被接纳为
一个教会的成员（在基督教中是通过洗礼），是一种很有意义的庆典。它要
么使加入者（如果他能够自己来认信自己的信仰），要么使他的保证人（他
们自愿负责前者在信仰方面的教育）承担起重大的责任，并且是以某种神圣
的东西（把一个人塑造成神圣国家的公民）为目的的。"②也就是说，加入
教会的典礼，对于初入教会者来说是一种心灵上的洗礼，能够使其从中体会
到重大责任的使命感（皈依上帝，一切都要顺从上帝的意愿，而上帝的最根
本意愿是要看人类的善意）；而对于介绍人（牧师等神职人员）来说，这种
庄重的典礼将会使之自觉地意识到要把人塑造成令上帝喜悦的公民这种神圣
的目的。显然，在此，无论对于加入者还是介绍人来说，都是一种启发自己
尽心尽责、改恶向善的好机会。同时，如前所述，康德强调，人们不能把这
种加入教会的神圣行为当作一种将自我罪恶一次性洗涤干净的"邀恩"手段，
对于人的改恶向善来说，加入教会只是一个起点，而不是终点。

　　其四，教会日常的庆典有利于人们扩展一种世界公民的道德团体理念。
除了以上所述的种种比较特殊的形式、活动、经书和典礼外，康德认为，一
些日常的教会庆典对于人类的改恶向善也具有某种积极的意义。这些庆典有
"根据平等的法则为庆祝这个教会团体的复兴、存续和传播，而反复多次举行
的庆典（领圣餐）。必要时还可以按照这样一个教会的创始人的榜样（同时
也是为了纪念他），通过在同一张餐桌旁共享的仪式来举行。这种庆典包
含着某种伟大的东西，这种东西把人们狭隘的、自私的和难以共处的思维
方式——尤其是在宗教事务中——扩展为一种世界公民的道德团体的理念。
而且，这种庆典也是振奋一个团体，使它达到在其中体现的兄弟之爱的道
德意念的一种好手段。"③也就是说，像领圣餐这样的经常性的庆典，对于
消解人类自然本性中的自私、不合群性等具有伟大的启示意义，这种启示能

---

① 康德. 单纯理性限度内的宗教. 李秋零译. 北京：中国人民大学出版社，2003：213.
② 康德. 单纯理性限度内的宗教. 李秋零译. 北京：中国人民大学出版社，2003：214.
③ 康德. 单纯理性限度内的宗教. 李秋零译. 北京：中国人民大学出版社，2003：214-215.

够扩大为一种世界公民的道德团体的理念，在这种团体中，人与人之间是一种毫无猜忌的友爱关系（博爱精神）。显然，这种道德团体的理念，正是"伦理共同体"的理念，它是上帝的国在地上实现的可能图景。

综上所述，在康德的视野中，一些外在的条件，如上帝存在、灵魂不朽的公设及现实经验性的、历史性的教会等，都对于人类的改恶向善具有某种积极的影响和作用。尤其是前两者，在康德希望问题的结构中，它们已经超出了希望"显隐两重对象"——幸福及至善的实现范畴，而是作为一种至善的重要因素（道德）实现的积极条件出现。对于这种微妙的"隐性关系"，人们在研究康德的希望问题其至道德神学时，应该引起特别的注意，否则，对于康德希望问题特别是其道德神学的理解就有可能产生某种偏差，甚至偏离康德的原意和初衷。

（二）文化、法制等及其作用

除以上所述的几种外在条件对人类的改恶向善具有积极作用以外，康德还提到了文化、法制等的进步为人类改恶向善可能带来的积极影响。诚如前述，虽然从根本上讲这些外在条件对于人类改恶向善只具有辅助性的而不是根本性的作用，但对这些方面的关注，表明康德希望问题并非脱离现实社会这个地基，而恰恰表明康德具有"理性眼光"之外的"历史眼光"，对于人类生活的现实处境和历史进程，他同样作出了独到的考察和审视。接下来，我们主要从文化和法制两个方面分析它们对人类改恶向善所能发挥的某些积极作用和影响。

首先，文化进步对人类改恶向善的积极作用。关于文化的讨论，康德主要在《判断力批判》中的"目的论判断力批判"部分具体展开。康德认为，人类的文化体现了"作为一个目的系统的自然的最后目的"，主要是指"对能够被人利用（外在的和内在的）自然来达到的各种各样目的的适应性和熟巧"[①]。也就是说，在文化中，人类能够将自然当作一种手段从而满足自己的各种需求。在此，文化和一般的幸福需求就具有了某种区别，后者是大自然对人类需求的"恩赐"（表现为幸福），前者则是人类利用自身的理性对大自然进行选择的过程。因此，康德对前者作出了明确定义："一个有理性的存在者一般地（因而以其自由）对随便什么的目的的这种适应性的产生过程，就是文化。"[②]可见，文化是人类对各种各样目的适应的过程，在这个

---

① 康德. 判断力批判. 2 版. 邓晓芒译. 北京：人民出版社，2002：285.

② 康德. 判断力批判. 2 版. 邓晓芒译. 北京：人民出版社，2002：287.

过程中，人类体现出了自由选择的本性。不过对于各种各样的目的，康德又作出了进一步规定。康德认为，真正构成文化的东西，不能是人类身上的一些自然目的（幸福），因为这样体现不出人类与一般动物的根本区别，因此只能是人类以自己特有的理性去自由规定和选择自己的目的，这种目的具有一定的自觉性特征。对此，康德强调："并不是任何文化都足以成为自然的这个最后目的。……适应性的后面这个条件（即规定和自由选择自己目的时的意志——笔者注）我们可以称之为管教（训练）的文化，它是否定性的，它在于把意志从欲望的专制中解放出来，……然而我们毕竟有充分的自由，由于理性的目的的要求，而使这种动物性绷紧或是放松、延伸或是压缩。"[①]由此可见，真正体现自然最后目的的文化，是人类规训和管束自己自然欲望的能力，虽然其是否定性的，但它体现了人类具有某种独立于感性自然欲望的能力，是人类自由任性（注：这还不是绝对的自由意志）本性的体现。显然，在文化中，人类表现出了高于自然的自由素质之可能性，这也是人类从自然向道德过渡的一个前提。因此，文化也就有可能对人类的改恶向善产生某些积极的影响和作用。这主要体现在以下两个方面。

其一，文化中的科学和艺术，可以启发人们抵制感性偏好进而为趋向道德做好准备。康德认为，科学和艺术作为文化的两种典型的甚至最高的形态，在其中某些技艺的（科学中是人为自然立法，艺术中是一种审美判断）熏陶下，可以使人不断趋向文雅化（文明化），这为人摆脱纯粹的自然感官欲望享受做好了必要的准备。因为"美的艺术和科学通过某种可以普遍传达的愉快，通过在社交方面的调教和文雅化，即使没有使人类有道德上的改进，但却使他们有礼貌，从而对感官偏好的专制高奏凯旋，并由此使人类对一个只有理性才应当有权力施行的统治作好了准备：然而那些有的是自然使我们遭受到的、有的是人类的不能相容的自私所带给我们的祸害，同时也就召唤着、提升着、坚定着灵魂的力量，使之不被这些祸害所战胜，并让我们感到在我们心中隐藏有对那些更高目的的适应性"[②]。也即是说，科学与艺术通过某种普遍性的愉快之传达，能够使人不断地趋向文明化，即便这种文明化没有直接使人在道德上有所改善，但从中人们能学会如何摆脱感官的各种自然欲望享受，并且对科学和艺术的推崇，可以启发人们灵魂深处的自由力量，使人体会到人类应该有比自然目的更高的目的。显然，这种更高的目的就是道德，它是人之为人的安身立命之本，而这在人类文化（基于人类自由选择目

---

① 康德. 判断力批判. 2 版. 邓晓芒译. 北京：人民出版社，2002：287.
② 康德. 判断力批判. 2 版. 邓晓芒译. 北京：人民出版社，2002：289.

的的可能性）的不断发展中，将愈发得到促进和明确化。简言之，科学与艺术的发展，即便不能直接使人改恶向善（趋向道德），但对人类的改恶向善却有积极的影响和作用。由此可见，康德对于人类文化（特别是科学与艺术）的看法，总体上持乐观主义立场，这点和卢梭完全不同。关于文化对道德的影响，卢梭总体上持悲观主义的态度，他试图返回到一种自然主义的原始历史处境中。与卢梭相对，康德不但没有要退回到自然主义的意图，恰好相反，康德认为，文化是人类最终走向道德的一个历史"中转站"，在文化中，人类身上的理性和自由素质（而这是道德的本质）得到了初步的体现和运用。因此，文化对于人类的改恶向善具有某种积极的意义。

其二，文化中的教育，对人类道德素质的培养起着重要的作用。对于教育的论述，主要集中在康德生前在柯尼斯堡大学讲授教育学的讲义中，后来被整理成《论教育学》的小册子出版。在康德讨论教育问题的相关著述中，我们可以明确看到，其教育思想和道德哲学具有深度的关联。从某种程度上讲，康德教育思想的核心就是"实践教育"，而"实践"则是康德道德哲学的本质和核心。对于教育和道德的关系，康德指出："人只有通过教育才能成为人。除了教育从他身上所造就出的东西外，他什么也不是。"[1] 在此，关联康德对人的看法中可知，人之成为人，其本质就是人的道德之维（而非自然之维），而这只有通过教育才可能造就和完成。诚如前述，在人类身上，道德并不是伴随人的出生自然而来的，人类道德的实现，是一个漫长而艰苦的"斗争"过程（善恶原则在人身上的长期斗争）。因此，康德认为，教育就有理由要遵守某些适合人性现实的基本原理，这样教育才能很好地使人类的道德禀赋发展出来。对此，康德强调：教育艺术的一个原理——那些制定教育规划的人士尤其应该注意它——就是："孩子们应该不是以人类的当前状况，而是以人类将来可能的更佳状况，即合乎人性的理念及其完整规定——为准进行教育。"[2] 换言之，制定教育规划应该以人类人性在未来有可能得到改善作为根本的标准，它不是指向当下的、纯粹实用的，而是应该指向未来，教育的根本宗旨应该以人的道德改善（这是一个逐步的过程）为标准。或者说，如果教育确实有好坏之分的话，坏的教育就不能使人类的道德禀赋充分发展出来，而"好的教育正是这样的：从中全部的'善'能够在世界中产生出来"[3]。显然，至此，康德对教育的定位和论述也许有某种狭隘化之嫌，但其对教育的根本目的（发展人性中善的禀赋）进行的道德定

---

[1] 康德. 论教育学. 赵鹏，何兆武译. 上海：上海人民出版社，2005：5.
[2] 康德. 论教育学. 赵鹏，何兆武译. 上海：上海人民出版社，2005：8.
[3] 康德. 论教育学. 赵鹏，何兆武译. 上海：上海人民出版社，2005：9.

向，仍然具有十分重大的意义。教育当然要具有教人"学会做事"（技术上的实践）并使之具备生存能力这种功能，但教人"学会做人"（道德上的实践）才是一切教育所应该达到的终极目的。鉴于此，康德这种对教育本质的把握现在看来仍然不过时。同时，为了进一步明确教育的道德培养功能，康德还提出并阐释了"道德教育"概念："道德教育的第一要务是确立一种品格，即按照准则来行动的能力——开始时是学校的准则，然后是人性的准则。"①也就是说，道德教育中最根本的要素就是教会人运用自己自由任性（按照准则来行动）的能力，而自由任性的运用又是人类走向道德的一个开始。概言之，在康德的视域中，教育对于人类道德素质的培养（最终实现改恶向善）具有十分积极的影响和作用。这种积极影响和作用，正如康德在《实用人类学》中所言："所以人必须被教育成善的。"②

由此可见，在康德看来，即便文化可能暂时导致某些反道德的结果（奢侈、战争等③），但从总体上说，人类的文化，特别是科学、艺术和教育等，对于人类的改恶向善还是具有十分重要的积极影响和意义的，文化促成人类自由任性的自觉，是人类走向道德的一个重要过渡和准备。

其次，法制进步对人类改恶向善的积极影响。和文化一样，在康德的视域中，法制对于人类的改恶向善没有直接的推动作用。因为作为一种外在的强制性约束，法制与人们内心思维方式的转变是一个完全不同层次的概念，只有后者才是人类真正实现改恶向善的直接方式，它以一种"主观的"方式使人的意志规定根据恢复到道德原本的正常秩序。但是，康德并没有因此就断然否定法制（外在的律法公民状态）对于人类在改恶向善过程中所能发挥的某些积极作用，相关论述主要集中在康德对人类历史的独特阐释里（详见中译本《历史理性批判文集》的几篇论文）。康德认为，外在的法制至少在客观上可以促进人类不断改恶向善，这种客观上的促进，大概分为以下两个步骤。

其一，大自然的目的是使个体的自然状态必然走向团体的法制状态，这成为一种客观需要。在个体的自然状态中，正如几乎与康德同时代的英国思想家托马斯·霍布斯（Thomas Hobbes）讲的那样，由于种种私欲的驱使，"人与人之间就像豺狼对豺狼一样"，不可避免地发生各种争执甚至厮杀。因此，基于自我保存和生存等的需要，人们被迫"放弃他们那野性的自由而到一部

---

① 康德. 论教育学. 赵鹏，何兆武译. 上海：上海人民出版社，2005：36.
② 康德. 实用人类学. 邓晓芒译. 上海：上海人民出版社，2005：265.
③ 见康德在《判断力批判》（人民出版社，2002年）第290-291页的相关论述。

合法的宪法里面去寻求平静与安全"①。也就是说，人们必须从野蛮的自然状态中走出来，通过法律的形式来保证每一个人的生命和安全，这是人类历史发展的事实也是其必然的进程。显然，这样的法制状态之组织形式就是一个国家体制或者社会，它是一种区别于个体的团体形式。而这样的客观历史进程，在康德看来，是大自然实现其目的（使人类身上的各种自然禀赋充分发展出来）的一种"安排"，"因而大自然给予人类的最高任务就必须是外界法律之下的自由与不可抗拒的权力这两者能以最大可能的限度相结合在一起的社会，那也就是一个完全正义的公民宪法；因为唯有通过这一任务的解决和实现，大自然才能够成就她对我们人类的其它目标"②。换言之，外在的律法（法制）状态及与其结合的强制（权力）使一种依靠遵守公民宪法的社会（或国家）的形成得以可能，在这样的社会中，大自然对于人类的其他目标才能得以实现。在此，康德所说的国家法制状态是一种以正义的公民宪法为基准的状态，而不是任意的特别是专制的法制状态，"因为正如良好的国家体制并不能期待于道德，倒是相反地一个民族良好道德的形成首先就要期待于良好的国家体制"③。即良好的国家体制（正义的公民宪法是其体现）有利于民族良好道德的形成和发展。根据前面的论述，大自然对于人类的最高目标就是人类的文化，而文化对于人类的改恶向善具有明显的积极作用，顺此理路，通过一部公民宪法来约束的社会（或国家）的形成，也就同样对人类的改恶向善具有某种间接的积极作用。

其二，战争使国家法制状态过渡到国家（国际）联盟的法制状态成为必然，而国家联盟同样在促进人类向善靠近的道路上起到某些积极作用。国家体制的建立，虽然保护了其之内的个体之宁静和安全，但是基于团体性利益甚至是某些统治者的荣誉、名利欲等复杂的原因，又引起了国家与国家之间的争夺或战争。然而，所有的一切战争，其后果都令人感到恐怖，战争也是一种人性恶充分体现的形式，按照康德的说法，"战争造出的恶人比它所消灭的恶人更多"④。因此，为了人类的整体利益和人类整体向善的过渡，必须尽力制止战争的发生。为此，康德认为，必须建立一种"国家联盟"，以"国家联盟"共同遵守一部普遍的、正义的法律（盟约）来实现人类的"永久和平"。康德指出，国家联盟本质上是一种"和平联盟"（foedus pacificum），而不是一种"和平条约"（pactum pacis），后者只企图结束一场战争，前者

---

① 康德. 历史理性批判文集. 何兆武译. 北京：商务印书馆，2009：13.
② 康德. 历史理性批判文集. 何兆武译. 北京：商务印书馆，2009：9.
③ 康德. 历史理性批判文集. 何兆武译. 北京：商务印书馆，2009：129.
④ 康德. 单纯理性限度内的宗教. 李秋零译. 北京：中国人民大学出版社，2003：20.

则要永远结束一切战争，其体现的是各个国家和民族的自由权利（一个国家和其他国家加盟的自由等）。在此，康德认为，虽然这些国家或民族的自由权利没有直接推动人类的道德发展，"然而每个国家对权利概念所怀有的这种效忠（至少是在字面上）却证明了，我们仍然可以发现人类有一种更伟大的、尽管如今还在沉睡着的道德禀赋，它有朝一日会成为自己身上邪恶原则的主宰的（这是他所不能否认的）；并且这一点他也可以希望于别人"①。也就是说，每个国家或民族对自由权利的推崇和认可，能够启示人们发现人类自己身上的道德禀赋，因而使人有可能在今后克服自己身上"恶的原则"时而走向道德，并且这一点可以推己及人。显然，康德在此将个体和国家作了类比（类似于柏拉图在《理想国》中对个体与城邦的类比），人们能从国家或民族的自由权利中体会到个体的某种自由权利（自由任性），由此发现自己身上的道德禀赋，这是人们改恶向善的前提——道德觉醒的表现。概言之，在"和平联盟"的法制状态中，人类的改恶向善意识得到了某种自觉。

需要指出的是，康德虽然对战争持有一种天然的排斥和厌恶，但是基于人类历史上长期战争不断的现实，他并没有一味逃避对战争的解释，更没有直接武断地否定战争对于人类改恶向善所可能具有的某种客观的积极作用，而是正视人类长期战争的现实，从人类的战争现象中，挖掘某种可能的、客观的（即便不是人类自身所愿意的）积极意义。康德认为，历史上不断发生的、不可避免的种种战争，从某种程度上讲，即便它们是人类走向道德的最大障碍，但其又必然在客观上使人意识到战争的种种危害，以敦促人们不得不选择一种不断向善的法制来保护自身（特别是利益），从而减少战争发生的可能性以至使战争最终消失。对此，康德指出："也就是说，人们将被迫使道德的最大障碍，即总是使道德退步的战争，首先逐步地更符合人性，然后日益减少，最后使侵略性的战争彻底消失，以便选择一种能够坚持不懈地向善进步的制度。按照这种制度的本性，它建立在真正的权利原则之上，不会削弱自身。"②显然，战争作为一个"恶的手段"，却能促使人类尽力消灭这种恶成为可能。尤其是观照自己所处时代的战争所带来的种种恶果，康德更加坚信了这一点，正如他所强调的："然而当前战争（指法普战争和法奥战争——见原文对应脚注）的惨痛后果却可以迫使政治预言家承认，人类走向改善的转折点即将到来，它现在是已经在望了。"③换言之，战争的恶使人类受尽了折磨，由此人类对善的期待就更加强烈，哪怕没有任何一

① 康德. 历史理性批判文集. 何兆武译. 北京：商务印书馆，2009：115.
② 康德. 康德书信百封. 李秋零编译. 上海：上海人民出版社，2006：288.
③ 康德. 历史理性批判文集. 何兆武译. 北京：商务印书馆，2009：167.

个人愿意经历战争,但战争却客观上使要求善的来临具有了紧迫性和重要性。

　　综上所述,康德并没有撇开人类生活的历史现实来谈道德及其改善的问题,也没有因历史中的恶而堕入一种历史虚无主义的泥潭中,彻底否定历史及其内在的规律,而是从总体上持一种历史乐观主义的基本立场,这是难能可贵的。另外,康德关于一些外在条件对人类改恶向善具有某种积极作用的肯定,也表明了他的希望问题并非仅仅局限于宗教哲学的范围。从某种程度上讲,康德的希望问题还关涉其历史哲学、法哲学甚至文化哲学等复杂范畴。换言之,康德的希望问题是一个"综合体",绝非某种简单的"独门哲学"。当然,也许连康德自己都没有意识到这点(因为康德曾在两处明确表示希望问题是其宗教哲学要解答的问题),但从其文本的相关逻辑线索来看,又确实印证了这一点。最后,从本章的相关论述中可见,康德希望问题的道德前提是具有"显隐两重性"的复杂系统:道德作为"可以希望幸福"的"显性前提",从某种程度上讲,这只是一个"事实"前提;而道德的实现(改恶向善)才是康德希望问题所要解决的真正前提问题,它是需要每一个个体去具体解决的问题。什么是恶?什么是善?或善恶究竟应该怎样理解,从而人们应该怎样去改恶向善(实现道德)?以上这些问题才是希望问题的更深层次的前提("隐性前提")。而在康德的视域中,虽然现实中人类表现出了大量的恶(恶行、心灵颠倒),并且在人类的具体实践中,改恶向善也困难重重,但是只要经过各种内在努力和对各种外在条件的合理认识、利用,人类最终完全可能实现改恶向善。换言之,希望问题的前提(道德)完全可能实现,这也就为人类最终能够配享幸福做好了可能的铺垫。

第五章 可以希望的真正对象
——至善及其实现的可能

通过第三、第四章的论述，笔者基本上厘清了康德希望问题三大组成部分中的前提之"显隐两重性"——道德及其如何实现的问题、"显性对象"——幸福及其直接实现所遇到的难题等。但是，就康德对希望问题的解答来说，这仅仅是第一步。因为"一切的希望都指向幸福"，也就是说，在人们具备道德资格之后，对幸福的希望能够在何种意义或者何种程度上实现，这才是彻底解答希望问题的宗旨所在，否则，人们谈论希望问题，仍然只停留在传统的"德福悖论"的窘境之上。对于康德而言，谈论对幸福的希望如何实现这个问题，是具体的、复杂的，希望的对象——幸福始终要和道德相匹配，这才是人们可以希望的真正对象。此外，在讨论如何实现德福一致（至善——"隐性对象"）这个希望问题的真正对象时，又需要某些条件作为基础和前提，这些条件包括社会历史条件和宗教条件两大类，只有这些条件都满足了，希望问题的最终解决才算完成。因此，本章将按照上面的思路来展开：先讨论康德希望问题的真正对象（至善），然后讨论实现至善所需的各种条件。

第一节 可以希望的真正对象——至善

在康德的视域中，人作为两重性的存在者（有限的理性存在者），既是感性世界的一员，也是理智世界的一员，对应于两个世界，人的身上不可避免地具有两种目的：自然的目的和道德（自由）的目的。这两种目的又会趋向于两种"善"：自然的善和道德的善。前者指的是人作为自然存在者所要求的幸福，它是感性的、经验的，服从自然律；后者指的则是人作为理性存在者所应当具备的道德，它是纯粹理性的、超经验的，服从自由律。同时，一切对自然善的追求都是有条件的，没有普遍的必然法则可循；而只有对道德善的追求才是无条件的，具有普遍的必然法则可循。鉴于此，康德认为，只有道德的善才是属人的善，它是人类自由的表征，能体现出人和天地万物（特别是动物）的根本区别，是人作为人的根本价值和尊严所在。但是，无论怎样，人类都不可摆脱自己作为两重性存在者的身份属性，因此，只有道德的善，对于现实的人来说是"不完满的"，必须将自然的善考虑在内，才算是"完满的善"，这种"完满的善"即道德与幸福的统一（其又被称为至善——highest good）。诚如前述，虽然"一切的希望都指向幸福"，这是康德和人们常识中对希望理解一致的地方，但是如果仅仅以单纯的幸福为根本目的，这样的希望追求既不可能也不合法。所以，康德在希望问题中，设定了道德前提——必须是"做了我应当做的"，人们才可以去希望幸福，换言之，可以希望得到的幸福是必须和道德相匹配的幸福，是道德与幸福的统一，即至善。由此，人们可以希望的真正对象就变成了至善（而不是单纯的幸福），那么，作为可以希望的真正对象——至善，它的内涵究竟是什么呢？德福作为两个完全不同的人性目的在至善中究竟是怎样结合的呢？至善的本质究竟又是什么呢？这些问题是康德彻底解答希望问题（如何实现幸福）必须要面对和阐释的，接下来我们就这些问题展开论述。

一、至善的内涵：德福的先天综合

众所周知，至善是西方思想史上一个由来已久的概念，自古希腊以来，诸多思想家对至善问题进行了研究，他们中虽可能对之作出不同甚至相反的理解，但有一点在康德看来几乎都是相同的，那就是："在他们那里，哲学曾是对至善必须由以建立的那个概念及至善必须借以获得的那个行为的指示。"① 也就是说，在康德看来，哲学某种程度上讲就是对至善的构建及践行，它是一门古老的"智慧学"。对于这样一种"智慧"，康德认为，至今"仍是一个理想"，即一种尚未实现的"希望"。基于此，区别于以往哲学家，康德对至善进行了独特的阐释。

（一）至上的善与完满的善

对于至善的内涵阐释，康德主要是在《实践理性批判》的第二卷——"纯粹实践理性的辩证论"部分展开。在具体论述至善的概念之前，康德对传统人们日常使用的与之相关的词汇——"至高的东西"作出了严格的概念厘定。康德认为，"至高的东西"可以有两种含义：其一是意味着"至上的东西"（supremum）；其二是意味着"完满的东西"（consummatum）。很显然，

---

① 康德. 实践理性批判. 邓晓芒译. 北京：人民出版社，2003：148.

"至上"主要强调一种限度（最高的或者极限的），这是一种极点状态；而"完满"则主要强调一种完整性（不缺少任何部分的或者完整的），这是一种最全面的状态。因此，康德认为："前者是这样一种本身无条件的、亦即不从属于任何别的条件的条件（originarium）；后者是一个整体，它绝不是某个同类型的更大整体的部分（perfectissimum）。"①根据前述，在康德对世界作出的两重性（感觉世界和理智世界、现象和物自体、自然和自由）区分中，前者是有条件的，受到各种外界因素的影响，它们遵守自然的因果规律；而后者是无条件的，不受外界因素的影响，它们本身是自因的，因而只有在后者的世界中，才可能具有"至上的东西"。显然，这种"至上的东西"，就是因遵守自由规律而可能的人类道德（德行）。在道德世界中，人类通过纯粹实践理性为理性自身立法（道德法则），而道德法则本身是一个纯粹形式性的、普遍性的先天法则，对道德法则的遵守、以道德法则作为行动的最高或唯一动机，就是人类具有道德的表现。因此，康德认为，人类道德本身是无条件的，它自身是自给自足的，不需要任何其他的条件作为自身存在的更高条件，它是"至上的东西"，是一种"至上的善"。

关涉康德的希望问题，"至上的善"——道德是人们可以希望幸福的前提（配享幸福的资格），也是人类作为"有限的理性存在者"区别于动物的根本价值和尊严所在。诚如前述，康德认为，这种作为希望前提的"至上的善"是合理的，也是可能的。但是，这种纯粹道德上的善并不因此就是人类所追求的完满的善，至上的善只体现了人作为"有限的理性存在者"之两重性的其中一个维度。为此，康德指出：至上的善"就还不是作为有限的理性存在者的欲求能力之对象的全部而完满的善；因为要成为这样一种善，还要求有幸福，而且这不仅是就使自己成为目的的个人的那些偏颇之见而言，甚至也是就把世上一般个人视为目的本身的某种无偏见的理性的判断而言的"②。在此，需要注意两点：其一，人作为"有限的理性存在者"具有两重性，人的两重性特征决定了人具有两种不同的欲求能力——低级欲求能力和高级欲求能力，前者的对象是幸福，后者的对象是道德，幸福与道德一起才能构成完满的善，两者缺一不可或者说缺少任何一方都不是人真实的、全部的欲求对象；其二，幸福作为完满的善不可缺少的一部分，不是某个人完全主观性的一种欲求，也是任何一个具有公正理性的人都具有的一种欲求，换言之，幸福是人类的一个共同欲求，把人当作目的来看待，就必须

① 康德. 实践理性批判. 邓晓芒译. 北京：人民出版社，2003：151.
② 康德. 实践理性批判. 邓晓芒译. 北京：人民出版社，2003：151-152.

要考虑到每一个人的幸福欲求。由康德的论述可见，"至上的善"——道德，并非等同于"完满的善"，它只是"完满的善"不可缺少的一部分，"完满的善"作为一个整体，其必须要有幸福的加入才可能完整；同时，幸福作为"完满的善"不可缺少的一部分，其不但是某个个体纯粹私人的、以自我为目的的一种欲求，还是每一个个体共同的、以自己的"类"为目的的一种理性欲求。简言之，不但人的"有限性"要求幸福，人的普遍"理性"也要求幸福，当然，这种幸福必须要和自身的道德相匹配（配享幸福）。

以上所述的由道德与幸福共同构成的"完满的善"，被康德称为"至善"，道德和幸福，缺少其中的任何一个，都无法构成至善。这正如后来的研究者所指出的那样，在康德的至善概念中，"完整性""整体性"的概念是决定性的，尽管实践理性能够在不容怀疑的命令性的伦理法则的形式中，作为"理性的事实"预先给出无条件者，然而，无条件的应该并不满足实践理性对整体性的追求。①换言之，纯粹道德的形式性这个"理性的事实"，并不能满足实践理性对整体性的终极欲求和渴望，任何一个"有限的理性的存在者"都不可避免地导向一种对完整性的欲求和愿望。在此基础上，进一步理解康德的至善概念，有两个问题需要特别注意，具体如下。

第一，至善概念中的道德与幸福的次序问题。对此，康德认为，虽然道德与幸福共同构成了至善，但它们在至善中的次序应有先后之分，必须是和道德相匹配的幸福才是至善的部分。换言之，在至善中，幸福永远都只能以道德为前提，只有完全和道德相匹配的幸福才是至善的构成部分。因为，就至善作为"完满的善"来说，"德行在其中始终作为条件而是至上的善，因为它不再具有超越于自己之上的任何条件，而幸福始终是这种东西，它虽然使占有它的人感到快适，但却并不单独就是绝对善的和从一切方面考虑都是善的，而是任何时候都以道德的合乎法则的行为作为前提条件的"②。可见，和道德（绝对的善、无条件的善）相比，幸福始终是一种有条件的善，如果没有道德作为前提的限定，幸福随时都有可能转化为恶或者受到恶的侵袭。因此，作为至善不可缺少的两个部分——道德和幸福，它们之间的次序必须是以道德作为前提，而幸福始终只能是和道德相匹配的幸福。对此，伍德在其著作中曾有过一个经典的分析：鉴于康德面临的古代至善论遗留下来的问题（具体在接下来的第二个问题中分析），康德只有两条路可以选择，要么将道德与幸福这两个不同种类的、没有共同标准的善通过一个独一无二的目

① 格尔哈特·克勒姆林. 作为可能世界的至善——康德的文化哲学和体系建筑术的关系. 邓安庆译. 云南大学学报（社会科学版），2007，6（3）：26-34，46.

② 康德. 实践理性批判. 邓晓芒译. 北京：人民出版社，2003：152.

标统一起来，但必须将其中一个作为另一个的基础和前提并为它提供一种价值；要么任由道德与幸福这两种相互冲突的善各自发挥作用，而不提供一个可以统一的目标。很明显，康德选择了前者，因为只有前者才能使道德与幸福两者在"有限的理性存在者"——人身上统一起来①。诚如前述，正如伍德所说的那样，康德是将道德作为幸福的基础和前提而使两者以某种方式统一起来的。诚然，康德这种德福一致的至善理念，古已有之，但是对于至善中道德与幸福的次序之严格定位，是康德对至善概念定义的独特之处，其主要来源于康德对道德与幸福两个概念的不同定位，这种不同定位则主要体现在道德与幸福的层次区别上面。

第二，至善概念中道德与幸福的独立性问题。对此，康德始终认为，道德与幸福是两个完全不同层次的概念②，因此人们不能随意地将两者"混合"甚至将两者"同质化"。为此，康德重点批判了古希腊哲学中的两个对立派别：伊壁鸠鲁学派和斯多亚学派。康德认为，不管两个派别对至善理解的基本立场表面上分歧有多大，他们都犯了一个共同的错误：将至善概念蕴含的道德与幸福两个不同的概念"同质化"，而没有看到两者的根本区别。对此，康德指出："伊壁鸠鲁派说：意识到自己的导致幸福的准则，这就是德行；斯多亚派说：意识到自己的德行，就是幸福。"③也就是说，在前者看来，幸福就是德行或者只要是幸福的就是善的，由此他们将幸福和道德等同了起来；在后者看来，德行就是幸福或者只要有道德就会是幸福的，从而他们将道德与幸福也等同了起来。显然，前者会导致后来产生的功利主义流派，后者会导致后来产生的禁欲主义流派，这是古希腊两个古老流派思想发展的必然逻辑。然而，即便表面上他们各执一词，但最终都难免落入将道德和幸福"同质化"的困境当中。鉴于此，康德不无感慨地说："我们不能不遗憾的是，这些人（我们同时却也不由得惊叹他们在如此早的时代就已经尝试过了哲学征服的一切想得出来的方式）的敏锐目光不幸被用于在两个极端不同性质的概念、即幸福概念和德行概念之间挖空心思地想出同一性来。"④显然，古希腊哲学中两个派别将道德与幸福两个概念"同质化"的做法是他们自己无法意识到的，但是两者确实在学理上犯了一个共同的错误，这是一个事实。这种将道德与幸福"同质化"的做法，运用到至善的概念上，只能引起逻辑

① Wood A W. Kant's Moral Religion. Ithaca: Cornell University Press, 1970.
② 在康德视野中，道德体现人自由本性的一面，幸福则体现人作为自然存在者的一面，这是康德哲学的一个基本立场，对此笔者已在第三章作出了详细的论述，在此不再赘述。
③ 康德. 实践理性批判. 邓晓芒译. 北京: 人民出版社, 2003: 153.
④ 康德. 实践理性批判. 邓晓芒译. 北京: 人民出版社, 2003: 153.

混乱和内涵含混：因为至善是德福统一，而德和福又具有"同一性"，那么，至善就既是道德又是幸福了，而不是包含道德和幸福两种不同的成分。

因此，对道德与幸福不作层次区别的做法，只能引起一种逻辑上的混乱。对此，康德指出了其中的原因："凡是在另一个概念中所包含了的东西，虽然与包含者的一部分是相等的，却并不与那个整体相等，此外，两个整体虽然由同一种材料构成，但如果因为在两者中的那些部分被结合为一个整体的方式是完全不同的，则它们也可以在种类上相互区别开来。"① 可见，在至善概念中，虽然包含了道德和幸福这两个部分，但这两个部分是不能和至善（作为一个整体）等同的；另外，两个派别理解的至善虽然由同一种质料（即道德和幸福）构成，但如果他们将道德与幸福两个部分结合为一个整体（即至善）的方式不同（显然，在伊壁鸠鲁学派和斯多亚学派理解的至善概念中，两种成分的结合方式明显不同），那么两种至善的整体概念也可以相互区别。遗憾的是，虽然古希腊两个派别都试图相互区别，并人为造成两派分歧，但他们本质上都将道德与幸福"同质化"了，因此不可避免地导致了至善概念的逻辑混乱，而没有真正将两派相互区别开来。

由此可见，传统对至善概念的定义和理解始终是含混的甚至逻辑混乱的，人们没有做到：清楚地将道德和幸福严格区分开来，同时又将它们适当地结合在至善概念中。因此，即便人们对于至善概念的理解存在很大分歧甚至对峙，但从本质上讲都是殊途同归，充其量也只是表达形式的不同而已。显然，观照西方后来由伊壁鸠鲁学派和斯多亚学派发展出来的近现代功利主义伦理学和禁欲主义伦理学，他们本质上都犯了和古希腊两个流派同样的错误，而这是康德在其哲学建构中有意识地避免的地方。概言之，在康德的伦理学中，虽然以道德作为前提和核心，但绝非要否定幸福的价值。因此，康德学说既不像后来一些功利主义者所批判的那样是一种导致禁欲主义的伦理学，也非一种简单的绝对道德主义伦理学。可以说，康德最大的功绩在于将道德与幸福置于了各自恰当的位置，赋予了它们不同的意义和功能，以使这两个不同的概念以合理的形式结合在人类最终的至善理想中。那么道德与幸福应该以何种形式结合才能真正构成至善呢？或者说至善的真正内涵是怎样的呢？至善在人类的实践中是如何可能的？这些构成了康德伦理学的同时也是康德彻底解决希望问题（因为希望问题的真实对象是至善，因此希望问题的最终彻底解决又必须依赖于至善如何可能这个问题的解决）所必须面对和解答的关键问题。

---

① 康德. 实践理性批判. 邓晓芒译. 北京：人民出版社，2003：154.

（二）德福的先天综合

诚如前述，康德认为，传统哲学虽然对至善概念的阐释做出了很多探索和努力，但从总体上讲，这些做法是失败的，因为至善中的两个部分即道德与幸福在这些努力中没有得到很好的结合和安置。因此，就至善概念的阐释而言，"不论迄今已作了怎样多的联合尝试，还仍然是一个未解决的课题"[①]。为此，康德另辟蹊径，将至善这个古老命题进行重新审视和定位，以使其成为一个具有清晰内涵和逻辑的概念，从而为人类追求至善这个终极理想打下基础，也为其彻底解决希望问题做好铺垫。对此，康德重点解决两个问题：一是至善概念的定位问题（即至善究竟应该是一个什么样的命题），二是至善概念如何可能的问题（即道德和幸福如何能够结合起来）。

首先是至善概念的定位问题。康德认为，至善是一个"先天综合"的概念，在至善概念中，道德与幸福是通过一种先天综合的形式结合起来的。在此，必须先梳理一下康德对命题（判断）所作的分类。在《纯粹理性批判》中，康德对一切命题（判断）作出了严格的区分，他认为，判断（命题）分为两种：一种是分析判断，另一种是综合判断。它们通过主词对谓词的关系来区分："分析（肯定性的）判断是这样的判断，在其中谓词和主词的连结是通过同一性来思考的，而在其中这一连结不借同一性而被思考的那些判断，则应叫作综合的判断。"[②]也就是说，在分析判断中，主词内在地包含了谓词或者谓词包含于主词之中，谓词的含义可以通过对主词的分析演绎而得出；而在综合判断中，主词和谓词则不存在这种包含和被包含的关系，谓词无法通过对主词的分析演绎而得出。因此，康德指出："前者（即分析判断——笔者注）也可以称为说明性的判断，后者（即综合判断——笔者注）则可以称为扩展性的判断。"[③]显然，分析判断是一种"同义反复"的判断，但这种判断的主谓词之间具有一种逻辑上的必然性，或者说先天的必然性：只需要通过对主词的逻辑推理和分析就可以得出谓词；而综合判断则是一种从主词到谓词的增加内容的扩展性判断，谓词的存在扩展了主词的内涵和意义，因而一切综合判断都具有经验性的特征，但是综合判断的主谓词之间没有逻辑上的必然性关联，或者说它不是一种先天性的判断。由此，康德认为，无论是分析判断还是综合判断，都无法体现知识的真正本性。因为，一切真正的知识，必须既具有扩展性的特征，又具有先天必然性的特征，否则，知识要

① 康德. 实践理性批判. 邓晓芒译. 北京：人民出版社，2003：154.
② 康德. 纯粹理性批判. 邓晓芒译. 北京：人民出版社，2004：8.
③ 康德. 纯粹理性批判. 邓晓芒译. 北京：人民出版社，2004：8.

么是纯粹分析性的同义反复，要么是纯粹偶然性的经验堆砌。显然，这两种方式都无法构成集普遍必然性（形式）和经验性（质料）于一体的知识。因此，康德认为，在这两种判断之外还有一种判断，其集分析判断和综合判断的特点于一体，使先天性和扩展性有机结合起来，这种判断就是"先天综合判断"。这是康德对人类知识所作的一种基本定调，他认为，一切真正的知识只能是"先天综合判断"：在这种判断中，既要有综合性的经验质料的基础，又要有分析性的先天逻辑的形式。那么，这种作为知识的"先天综合判断"可能吗？康德认为，这是完全可能的，人们为知识寻找确定的基础，主要解决的就是"'先天综合判断'如何可能？"这个问题。为此，康德在《纯粹理性批判》的导言中开宗明义地指出："纯粹理性的真正课题就包含在这个问题之中：先天综合判断是如何可能的？"[①]换言之，《纯粹理性批判》就是围绕着"'先天综合判断'如何可能"这个总问题展开的。

在此，暂且撇开康德如何论证"'先天综合判断'是如何可能的？"进而为知识奠基这个问题，关涉本章主题，我们主要关注的问题是：康德如何借用"先天综合判断"来为至善概念构建内涵？诚如前述，在康德的哲学中，存在两种知识：一种是理论知识，另一种是实践知识。理论知识的客体是数学和自然科学知识，它们与经验直接关联，而实践知识的客体则是道德知识，它与经验没有直接关联。因此，借用理论知识的特点，康德认为实践知识同样应具有"先天综合"的特征，由此推定，道德法则（定言命令）是一个先天综合命题[②]，而至善则可以说是一个特殊的以"先天综合"形式为特征的概念[③]。基于此，从康德对至善概念所作的定位——道德与幸福的"先天综合"中，可窥见传统理解至善所存在的根本问题：无论是伊壁鸠鲁学派的主张（幸福就是整个至善），还是斯多亚学派的主张（德行就是整个至善），都将至

---

① 康德. 纯粹理性批判. 邓晓芒译. 北京：人民出版社，2004：15.

② 鉴于本书主题，对于道德法则为什么是一个先天综合命题这个问题，在此不作展开，具体分析可参见康德著作——《道德形而上学原理》（苗力田译本）第二章的相关论述。

③ 诚然，在康德的著作中，他并没有明确表示过至善概念是一个"先天综合命题（判断）"，但从他实际的论述中，可以看出：至善概念包含的两个部分——道德与幸福，它们之间不存在包含或者被包含的隶属关系，要使两者结合在一起（即至善），就只能以"综合"的形式进行。同时，至善概念中的道德与幸福有次序之别，道德永远是配享幸福的前提，而道德的核心是道德法则，因此，至善中的幸福由道德法则（道德法则是一个先天的普遍形式）来规定。因此，可对至善概念作出"先天综合"的理解。在至善概念中，道德与幸福以先天综合的形式结合，康德对此也有过相关描述（详见康德. 实践理性批判. 邓晓芒译. 北京：人民出版社，2003：151-156.）。需要说明的是，笔者强调至善概念是一个道德与幸福以"先天综合"的形式结合而来的概念，并非等同于康德所说的"先天综合命题（判断）"，而是为了说明至善概念是由两个完全不同的概念综合而来，并且是以先天的形式综合的而已（具体在本小节的第二部分谈到）。

善概念定位为一个分析性的概念——或从幸福中分析出道德（幸福包含了道德），或从道德中分析出幸福（道德包含了幸福）。对此，康德认为不妥：因为他们都将两个完全不同的概念放在同一个层次进行理解和定位，同时如果至善是一个分析性的概念，也不符合它作为一种实践上的"绝对知识"这个身份定位。可见，道德和幸福作为至善概念两个不可缺少的部分，既不能是分析的结合（这无法形成绝对的实践知识），也不能仅仅是综合的结合（这和至善概念的先天性不符）。那么，它们应该如何结合起来呢？毫无疑问，它们的结合只有最后一种方式：先天综合的方式。这两种完全不同的要素，如何能够以先天综合的方式结合在至善概念中呢？接下来就此展开论述。

　　其次是至善概念如何通过道德与幸福的先天综合而可能的问题。诚如前述，道德与幸福是构成至善的两个不可缺少的部分，而对道德与幸福如何结合为至善这个问题的解答，传统的做法均不成功，因为一切传统的做法都是试图通过分析的方式从道德推出幸福或者从幸福推出道德，其会导致道德与幸福的"同质化"，既不可能也不符合逻辑。鉴于此，康德指出："既然现在给予的结合不可能是分析的，如刚才已预先指出的那样，所以它必须被综合地设想，也就是被设想为原因和结果的联结：因为它涉及到一种实践的善，亦即通过行动而可能的东西。"①可见，道德与幸福的结合只能以一种"综合的"方式来设想，但是这种因果关系的综合究竟以怎样的方式来进行呢？为此，康德进而指出："要么对幸福的欲求必须是德行的准则的动因，要么德行准则必须是对幸福的起作用的原因。"②换言之，道德与幸福的综合，只能是两种方式：或幸福作为道德的原因，或道德作为幸福的原因。显然，前者是不可能的，因为如果幸福是道德的原因，就会直接消解道德，因而也会消解至善的道德成分（而这是构成至善的首要因素），这在康德看来是"绝对错误的"；同样，后者也是不可能的，因为如果将道德作为幸福的原因，那就将现世中的道德看成了人们必然能够在现世中获得幸福的原因了，这样实质上是将至善"现世化"或"此岸化"了，这显然是不现实的（在现实中，德福大多数时候都是一种"悖论"）。需要注意的是，康德认为，相比于幸福作为道德的原因这种"绝对的错"而言，"第二个命题，即德行意向必然产生出幸福，则不是绝对地错，而只是就德行意向被看作感官世界中的因果性形式而言，因而是当我把感官世界中的存有当做有理性存在者实存的惟一方式时，才是错误的，因此只是有条件地错误的"③。换言之，德行如果作

　　① 康德. 实践理性批判. 邓晓芒译. 北京：人民出版社，2003：155.
　　② 康德. 实践理性批判. 邓晓芒译. 北京：人民出版社，2003：156.
　　③ 康德. 实践理性批判. 邓晓芒译. 北京：人民出版社，2003：157.

为幸福的前提，这不是错误的，因为这是在为幸福"定向"——以道德作为构成至善的前提要素；而只有将道德必然要导致感官世界的幸福作为"有理性存在者"唯一的存在方式时，才是错误的，因为有理性的存在者，除了现世的幸福（作为感觉世界的人）欲求外，理性还要求他具有另外一种超越现世幸福（作为理智世界的人）的欲求——纯粹的道德之下的幸福：至善中的幸福状态。

　　因此，道德与幸福的综合在现世（或经验层面）中是不可能的。也就是说，即便人们在现世中践行道德法则，以道德法则作为行动的最高动机，也不必然地就能够在现世中享受相应的幸福。简言之，至善在尘世中的出现也许是永远不可能的。因为如果是这样的话，道德与幸福的结合就永远只能是偶然的、经验的，而无法具有一种实践上的普遍必然性（这明显不符合至善的绝对知识身份）。然而，人又永远都是具有"两重性"特征的存在者，他既属于感性世界，又属于理智世界，因而他也必然地具有两种终极目的：自然的目的和道德的目的。这正如康德在《单纯理性限度内的宗教》中明确谈到的一样：自己的幸福是理性的尘世存在物（即是人——笔者注）主观的终极目的，而按照道德法则来行动则是理性的尘世存在物客观的终极目的①。也就是说，作为理性的尘世存在物（有限的理性存在者），道德与幸福都不可避免地构成了人类的终极目的，一个是客观的，一个是主观的。显然，诚如前述，如果当幸福这个主观的终极目的被当作一切行动的最高动机时，人类的道德就会被消解，从而至善也就无法可能；而只有将道德这个客观的终极目的作为幸福（这个主观的终极目的）的前提条件时，至善才有可能被设想，因为这才保证了道德与幸福两者的同时并存。鉴于此，以道德为前提而又不得放弃幸福，这样的结合就只能是一种"先天综合"，因为道德本身中并没有内在地包含着幸福这个不同层次的要素，因此在至善中，从道德到幸福的过渡并使两者必然地结合起来，就是对于道德内容的一种增加和扩展了。而在至善中，以道德为前提条件的幸福内容的增加和扩展无法在现世和经验中实现，那么它就只能是一种纯粹理性的"理想"，即一种实践理性的理念。对此，康德明确指出："我把对这样一种理智的理念称之为至善的理想，在这种理念中，与最高幸福结合着的道德上最完善的意志是世上一切幸福的原因，只要这幸福与德性（作为配得幸福的）具有精确的比例。"②这就是说，道德与幸福的必然结合，是一种理念或者理想，在其中，具有一种与道德上

---

　　① 康德. 单纯理性限度内的宗教. 李秋零译. 北京：中国人民大学出版社，2003.
　　② 康德. 纯粹理性批判. 邓晓芒译. 北京：人民出版社，2004：615.

最完善的意志结合着的最高幸福，德福之间具有精确的比例关系。在此，康德主要强调的是，德福结合成至善的可能，只是一种超越现世的纯粹道德或者幸福之单方面要素的状况，因而只能当至善以一种"先天性"的理念形式出现时，德福的真正结合才是可能的。

综上可见，康德对至善的论述极其复杂和晦涩。要抓住至善的基本内涵，必须抓住以下这条层层推进的线索：其一，道德与幸福处于两个不同的层次，是人作为"有限的理性存在者"之实践理性和感性的两种必然欲求，这两种欲求不能在相互之间分析地推导出来。其二，道德与幸福这两种不同的欲求，也不能通过单纯"相加"式的经验综合互相推导出来，因为道德是超越经验的，具有先天的普遍必然性特征，道德本身没有经验特质。其三，道德与幸福只有以一种"先天综合"的方式结合起来，才是可能的，也是合理的。因为道德必须是享受幸福的前提条件，而道德的形式又是先天的，道德本身不包含幸福，因此道德与幸福的结合就既是先天的，又是综合的了（在至善概念中，扩展和增加了道德中本身不包含的幸福因素）。其四，因为道德与幸福的性质迥异、层次不同，那么由道德（配享幸福）与幸福的必然结合而来的至善就只能是一种理想或者理念，即道德与幸福的必然结合是一种理念的结合，是纯粹实践理性的一种必然要求，是纯粹实践理性的一个必然客体。对于至善的"先天综合"特征及其中道德与幸福结合的可能性，康德在《实践理性批判》中如此总结道："所以这个问题：至善在实践上如何可能？不论迄今已作了怎样多的联合尝试，还仍然是一个未解决的课题。但使它成为一个难以解决的课题的东西已经在分析论中提出来了，这就是，幸福和德性是至善的两个在种类上完全不同的要素，所以它们的结合不是分析地能看得出来的……而是这两个概念的某种综合。但由于这种结合被认为是先天的，因而是实践上必然的，从而就被认识到不是由经验推出来的，而至善的可能性也就不是基于任何经验性的原则的，于是这个概念的演绎就必须是先验的。通过意志自由产生出至善，这是先天地（在道德上）必然的；所以至善的可能性的条件也必须仅仅建立在先天的知识根据之上。"[①]因此，在康德看来，至善就是德福两者的一种综合，它们是以先天的形式综合起来的，即至善是一个德福的"先天综合"概念，并且这种先天的综合是可能的。至此，有一点需要重申：在希望问题中，虽然康德从一开始就认定"一切的希望都指向幸福"，但是他所说的可以希望的幸福始终是至善中的幸福（与道德前提相匹配）。概言之，康德希望问题中的真正对象是至善，而不是至善以外的单

---

① 康德. 实践理性批判. 邓晓芒译. 北京：人民出版社，2003：154-155.

纯幸福（没有道德前提或不与道德相匹配的幸福）。

二、至善的本质：正义

通过前述可知，康德认为，至善包含的"德福一致"，是以道德作为前提条件的（这种秩序绝对不能颠倒过来），并且道德与幸福是以"先天综合"的形式必然地结合起来的，同时，至善中的幸福是必须和每个人所具有的道德（德性）相匹配并因而精确地分配的部分。由此，从根本上讲，康德视域中的至善概念，其本质就是正义或正义的分配原则：公正、合理地分配每一个人应该得到的和自身道德精确匹配的幸福要素。但是，在康德希望问题中，作为至善本质的正义，又并非简单的一种幸福成分分配，它的独特之处在于：正义首先具有一个纯粹的形式，这个形式是每个人心中的普遍理性赋予自身的一个基本法则，进而由此才能思考它的内容，这个内容则是每个人心中普遍理性的一个必然客体。正义的形式是道德法则，正义的内容则是至善本身。

（一）正义的形式：道德法则

关于正义的讨论，从古希腊开始便形成了传统，并且这一传统经久不衰，这是哲学领域的一个核心议题。在柏拉图和亚里士多德的哲学（伦理学）中，正义被看作四种基本德性之一，这四种基本德性包括：节制（temperentia）、勇敢（fortitude）、智慧（prudential）和正义（dikaiosyne）。柏拉图认为，正义包括两大类：个人正义和城邦正义。所谓个人正义，即人灵魂中的"三驾马车"——理智、激情和欲望各司其职，并由理智来统领"全局"，从而达到灵魂的协调和宁静。而城邦则是个人的"扩大化"，因此，城邦正义是城邦的三个阶层——普通民众（生意人、农民等）、辅助者（军人）、护国者（统治者）之间的各尽所能、各司其职，并由统治者的智慧来统领军人的勇敢和生意人、农民的节制，从而达到城邦的和谐与发展。亚里士多德则认为，正义是每一个人所具有的一种品质，"这种品质使一个人倾向于做正确的事情，使他做事公正，并愿意做公正的事"①。也就是说，正义是一种由人内心中的一种公正法则引导而做正确、公正的行动的品质。由此可见，古希腊思想中的正义，其基本内涵具有一定的共性：正义具有一个基本的形式法则，那就是适当的人或者灵魂的部分，对应去从事适当的活动。因此，正义具有一个形式性的基本法则或者规范，而这种规范最终只能来自人类各种功能中最高级的部分——纯粹理性（这是人区别于动物的最根本标志）。

---

① 亚里士多德. 尼各马可伦理学. 廖申白译. 北京：商务印书馆，2003：126-127.

　　相比于古希腊的两位大哲,康德虽然很少提及"正义的"(德文是 gerecht)或"正义"(德文是 gerechtigkeit)这样的概念,更从来没有明确将"正义"视作一种德性,但是只要仔细考量就会发现,康德同样具有一种强调和要求每一个人要做"正确的事"的明显的形式倾向。因为,康德十分强调"纯粹实践理性的基本法则"——道德法则(绝对命令):"要这样行动,使得你的意志的准则任何时候都能同时被看作一个普遍立法的原则。"①对于康德的道德法则,现代西方大哲罗尔斯(John Bordley Rawls)认为其本质上就是一个正义的原则,为此,他在《正义论》中明确指出:"正义原则类似于康德意义上的绝对命令。因为康德把一个绝对命令理解为一个行动原则,这个行动原则是根据一个人作为自由的、平等的理性存在物的本质而运用到他身上的。这个原则的有效性并不以假设人有一种特殊的愿望或目的为先决条件。相反,一个假言命令却的确假设了这样一点:它指示我们采取某些有效的手段的步骤来达到某种特殊目的。在不管我们的具体目的是什么,但正义原则都适用于我们的意义上,按照正义原则行动也就是按照绝对命令行动。"②在此,且不说罗尔斯的解读是否切合康德原本的意图(也许康德并没有特意将道德法则设想为正义原则),但可以肯定的是,罗尔斯的分析确实切中了康德道德法则的内在逻辑:道德法则就是普遍地存在于每一个自由平等的理性存在者心中的一个原则,这是康德毫不隐讳的立场——道德法则是一个存在于每一个人心中的"理性的事实",不管这个人在现实中是恶人还是善人,只要他是被设想为具有理性的人,这点就不能否认。同时道德法则是一个不顾及任何个人的特定欲望和目的的纯粹普遍法则,它本身是一个纯粹的形式,而不管具体的目标是什么,它本身只对自身负责,是理性本身的一个"自在目的"。在康德看来,道德法则命令具有理性的人"做自己应当做的事",它是每一个人行动正确背后的一个基本形式。

　　比对柏拉图和亚里士多德的正义观,康德的道德法则与之具有一种深刻的"同构性":其一,是理性自身的主体性(自主性)。只有理性(智慧、统治者——智慧的化身)具有自己独立的纯粹主体性,其不受制于其他外在的因素(激情、欲望等),而其他两者都不具有纯粹的主体性,它们受制于其他的因素。其二,是理性颁布基本法则。只有理性颁布的基本法则才是正确的,行为只有和这个基本法则相符合才是正确的。再者,如果将柏拉图提到的人的灵魂中的"三驾马车"(理智、激情、欲望)理论和康德的自由

　　① 康德. 实践理性批判. 邓晓芒译. 北京:人民出版社,2003:39.

　　② 约翰·罗尔斯. 正义论. 何怀宏,何包钢,廖申白译. 北京:中国社会科学出版社,2009:199.

任性理论（善恶分居两边，自由任性居中）作细致比较，就会发现，两者之间同样具有惊人的相似性：在柏拉图的灵魂学说中，只有遵守智慧原则的行动才是正确的；而在康德的自由任性理论中，则只有按照善的原则（道德法则）行动才是正确的。基于此，虽然康德没有明确指出来，但是这难道不就是一个基本的正义形式吗？

　　诚然，道德法则并没有被康德明确地定义为一个正义原则，对此，也有学者认为康德的道德法则和正义并没有很大的关系，甚至没有直接的关联。德国学者赖因哈德·勃兰特（Reinhard Brandt）指出：不论是正义的人，还是正义的行为，在康德的伦理学著作中都没有得到讨论。因此，绝对命令显然并不是正义原则；于是，谁出于对法则的敬重而实施或终止某些行为，也并不被称为正义的。[①] 这样的论断，笔者认为，其前半部分大概是正确的，因为这确实是康德伦理学甚至康德哲学中的一个"事实"，但其后半部分的结论则值得商榷。为此，我们可以比对康德文本中出现的有关"正义"（公正）的明确论述。在《实践理性批判》中，康德强调："在我们的实践理性的理念中，还有某种与触犯德性法则相伴随的东西，这就是它的该当受罚。……在任何惩罚本身中首先必须有正义，正义构成惩罚概念的本质。……所以惩罚是一种身体性的坏事，它即使并不会作为自然的后果而与道德上的恶联系起来，但却必定会作为按照道德立法原则的后果而与之联系起来。"[②] 也就是说，在实践理性的理念中，受罚就应该和违背道德法则相伴随，而惩罚的本质和首要要素就是正义。在此，康德实质上从反面并以隐晦的方式表达了道德法则就是一个正义的原则这个想法。即便惩罚并不能作为自然的后果与道德上的恶直接联系起来（因为道德上的恶可能并不导致自然后果的惩罚），但是之所以有惩罚就必须将之作为违背道德法则的后果来设想。因此，惩罚的根源就在于对正义的违背，正义的形式就是道德法则本身。

　　同时，康德虽没有明确道德法则（绝对命令）是正义原则，或者康德没有在其伦理学中讨论正义这个论题，但这并不代表他的道德法则不是或不能被理解为一个正义原则。对于康德道德法则与正义之间的关系，国内也有学者作出过研究，其中一些分析颇具启发意义。如有学者认为，如果我们更仔细地进行考察，就会发现：康德不仅没有把正义当作我们对之负有义务的"德性"理解，他也从来都没有明确地提出，他所说的绝对命令本身就是一条正义原则。康德的这种做法，即他的伦理学在正义问题上确实偏离了西方古典

① 转引自舒远招. 康德伦理学中的正义概念. 哲学动态，2010，（10）：45-51.
② 康德. 实践理性批判. 邓晓芒译. 北京：人民出版社，2003：50-51.

规范伦理学的传统。①也就是说，康德并没有像古希腊的柏拉图、亚里士多德那样，将正义认作一种"德性"（四种基本德性之一），也没有明确地将道德法则作为一条正义原则来看待，但这只能说明：康德视域中的正义，已经对传统古典伦理学有所偏离，而并非说道德法则不能被理解为一条正义原则。笔者认为，这种解释是较为合理的也是可以接受的。康德的这种偏离，主要体现在以下两个方面：其一，道德法则并非德性的一种而是全部的德性；其二，道德法则作为一种形式法则，它不像古典规范伦理学那样要顾及幸福因素才算德性。关于第二点，柏拉图和亚里士多德认为正义应该包括幸福在内，一个正义的城邦同时是一个幸福的城邦或者一个正义的人同时是一个幸福的人（灵魂的各个部分协调平和）。而康德则认为，道德法则只是一个纯粹的形式法则，这个形式法则不包括任何具体的目的（幸福等）在内。

由此可见，即便康德对传统伦理学的正义观有所偏离，但他的道德法则仍然是一种正义原则，或者说，它为正义提供了一个形式的法则。对此，只要稍作分析，我们就可以推论出这样的结果：如果纯粹理性作为一个法庭，指示人们去做应当做的事情，或者做正确的事情，人们完全按照理性的要求去做了，这不就是正义了吗？或者说，人们按照道德法则去行善，而不是与之相反去作恶，这不就是正义了吗？在日常生活中，所有人都指责作恶的人是不义之人，或者人们经常讲：公道自在人心。这不正好表明了隐藏于每一个有理性的人心中的道德法则正是一个自明的正义法则了吗？从以上的分析中，可以推出如下的结论：道德法则作为一个普遍的、纯粹形式性的、潜藏于每一个有理性的存在者心中的法则，它能够让人甄别出人们的动机和行为之善恶，即何之为应该和不应该，何之为正确和不正确，等等。因此，道德法则本身就是一个正义的法则，更确切地说，是正义的一个纯粹形式。虽然这个正义的形式没有具体的目标和内容，但它却为人们进一步去谈论正义的具体目标和内容奠定了基础和方向，换言之，如果没有这个基本形式，人们直接去谈论幸福的分配就没有意义或没有价值支撑。

（二）正义的内容：至善

根据前述，康德的道德法则实质上是一个正义的基本形式，它本身是普遍的、纯粹的，不涉及任何具体的目的和后果，也就是说，它没有质料的成分。因此，道德法则作为正义的形式，它是先天的，具有普遍必然性的特征，适用于对任何时间、任何人的动机和行动的判断。但是，正义作为一个形式

①　舒远招. 康德伦理学中的正义概念. 哲学动态，2010，（10）：45-51.

的法则，从某种程度上讲，它本身是"空洞"的，道德法则只能是每一个人内心中的一个"公共正义法则"，它能使人分辨善恶，而对于每一个有德之人应该由此享有的幸福却无法赋予或实现出来，这不能不说是一个遗憾。因为，无论如何，人始终是一个"有限的理性存在者"，而道德法则作为正义的形式只顾及了人作为理性存在者这一面，而无法顾及人作为有限的理性存在者这一面。因此，如果正义的形式法则要真正在每一个人的动机和行动中发挥作用，使每一个人都完全按照正义的法则去思想和行动，就必须要考虑人作为"有限的理性存在者"的整体性诉求，必须要有具体的内容。显然，这些具体的内容必须和人的"有限性"相关。而人的"有限性"，就是人作为自然的存在者，具有"不可避免地追求幸福"的需求。但康德认为，人在追求幸福的过程中，对幸福的获取并不是没有规则的：正义的、正当的幸福，来自每一个人自身德性的水平，或者说对幸福的获取必须与德性成精确的比例。这种与自身的德性水平完全相匹配的幸福或者德性与幸福以精确比例相结合，就是康德所说的至善。因此，至善构成了康德视域中关于正义的真正内容。关于至善是正义的内容这个论断，有以下几点需要作出说明。

第一，单纯的幸福可以是正义的内容，但并非康德视域中的真正内容。因为，作为"有限的理性存在者"，虽然每一个人的意志都具有设定某种目的而规定自身行动的能力，但是，这样的意志能力并非理性存在者之本质。为此，康德指出："设定目的就是意志自身规定的客观根据，那么，如果这一目的单纯是由理性确立，它一定也适合于一切有理性的东西。反之，那种只包含着行动可能性的根据的东西，就是手段（Mittel），这种行动的结果才是目的。"①也就是说，在人的意志设定目的的过程中，有一种目的是指向结果的，而另外一种目的是没有指向结果的，只有后者才适合于一切有理性的东西。在此，康德也明显透露出了一个信息：一切的意志必然都指向一个目的。那么，这个目的究竟应该怎样才是合理的呢？显然，从正义的角度来看，单纯指向幸福的享受之目的必然是片面的，而只有以道德法则为前提，并与之相匹配的这样一种目的——至善，才是正义的。因为，如果没有道德法则这个形式前提，人们盲目地作出正义的分配，这种分配显然是没有支撑的。另外，如果人们遵照一个可以随时改变的、不稳定的原则去作正义的分配，那么这种分配同样也难以真正确立正义。所以，在康德看来，正义的内容超越了单纯幸福这个主观目的，其指向由道德和与道德相匹配、成精确比例的幸福一起构成的"客观目的"——至善。概言之，没有道德法则这个前提，幸福即便

---

① 康德. 道德形而上学原理. 苗力田译. 上海：上海人民出版社，2005：46.

能够作为正义的内容，其本身也无法被看作是合理地作出分配的。

第二，正义的形式要求一个与之相关的内容。从表面上看，康德对于道德法则与幸福（形式与内容）的态度有点自相矛盾，因为道德法则本身不需要任何质料和具体目的而可以独立存在，但是人又必须要求有一些具体的目的作为行动的报偿（因为人无法逃脱自然存在者这重身份的限制）。然而，只要仔细考察，我们就会发现，康德在此并不存在根本性的矛盾。康德认为，每一个意志，哪怕是纯粹善良的意志，其也必然需要一个客体，因为只有意志的客体存在了，人的意志作为一个整体才算是完整的，而不是某一个片面——纯粹的形式或者某些具体的目的。因此，道德法则作为意志的纯粹形式，它本身也需要一个与之相应的客体才算完整。对此，康德在《纯粹理性批判》中指出："每一个人都会把道德律视为命令，但如果道德律不是先天地把相应的后果与它们的规则联结起来，因而具有预兆作用和威胁作用的话，道德律就不会是命令。"[①]对于康德的这种言论，有人认为，偏离了康德伦理学的纯粹性。但笔者认为，如果从正义的角度来理解，这其实还在康德的伦理学范围之内。很显然，如果道德法则这个纯粹的形式没有与之相关的内容的话，它自身对于人类的行动还能具有指导性的意义吗？或者说，如果作恶的人也能够享受各种各样的幸福，而为善的人却无法享有某种幸福，这样的道德显然也是人类的理性所无法接受的。所以，道德法则作为一种形式，其必须要有一种与之相关的内容（作为一种目的或者质料），唯有这样，道德法则作为正义的法则其自身才是完整的，这种完整并没有损害道德法则本身的纯粹性、纯洁性。充其量这种完整是道德法则作为形式的一种"增加"——质料性的增加罢了。当然，这种作为道德法则之补充的意志客体，它的必然性必须来源于道德法则这个前提规定下的与之相匹配的幸福。因此，道德法则与其后果又必须是在先天（因为道德法则本身是先天的）的意义上被设想的，这样具有的一种"预兆"或者"威胁"就和正义联系起来了。这种意志的必然客体只能是至善（德福的统一），换言之，只有至善才是与正义形式相对应的完整内容。

第三，至善作为正义的内容，它是指向希望世界的。康德认为，德福统一——至善是通过一种德福的"先天综合"形式出现的，很显然，道德与幸福的统一或者匹配，是一种正义的理念，只要是有理性的存在者，都可以通过自己的理性来对这种理念进行考量并认同之。因为如果只有德（至上的善），而没有幸福的话，"这是与一个有理性的同时拥有一切强制力的存在者——哪

---

① 康德. 纯粹理性批判. 邓晓芒译. 北京：人民出版社，2004：616.

怕我们只是为了试验设想一下这样的存在者——的完善意愿根本不能共存的"①。虽然人们在这个论断中不能直接看到德福统一就是正义所要求的，但是至少可以看到一种"公道自在人心"的理性判断，这其实就是正义的一种表达。然而，作为正义内容的德福统一——至善，它是否在当下就是现实的呢？这当然是每一个人都希望并且深感迫切的问题。显然，在现实中，这个问题的答案是残酷的。其一，大量德福不统一的现象存在于人们的现实生活当中——有德没福、没德有福等，这是任何人都无法回避的现实。其二，作为至善要素的道德与幸福，在现实中往往都是残缺不全的：人们时常作恶，幸福很多时候都表现为一种"难以穿透的黑夜"，等等。这些现象，都表明了至善在现实世界中是难以实现或至少是难以得到完全实现的，但是，这样的现实显然是不正义的。因此，每一个正确行动的人都有理由或者应该得到合理的希望，使他们能够在未来的世界享有与自己道德相匹配的幸福，这样对于他们来说才是正义的（当然其中也包括那些作恶的人理应受到相应的惩罚）。鉴于此，至善就只能也必须作为一种希望的理念，指向人类的未来世界或者彼岸世界，这也是人们希望正义能够在未来世界或者彼岸世界得到实现的一种必然理念。但是，康德所说的正义之内容——至善作为一种指向希望世界的概念，并非对人们现世的生活毫无作用，正是因为有了未来世界或者彼岸世界的至善理念，才可能激起、提醒和威慑人们在现世中过应该过的生活、做应当做的事。换句话说，如果现世没有按照正义的形式来生活或行动，则正义的内容——至善在人们未来或者希望的世界中就不会实现。

　　综上所述，康德希望问题所指向的真正对象是至善，其中的前提之构成因素——道德是以一种正义的形式出现的，因为至善必须要以道德作为基础和前提，然后才有与之相匹配的幸福与之"综合"。这时，人类道德中的先天形式——道德法则就成为至善的一个先天形式，而至善本身由于在道德这个前提上增加了额外的目的——幸福（但这个目的必须以道德为前提并与道德相匹配）就最终构成了正义的真正内容。简言之，康德视域中的至善，其本质就是正义。而作为至善本质的正义，或者以正义为基本形式的至善，究竟怎样才能实现或者以哪一种形式实现呢？这就构成了康德希望问题最终得到彻底解决所必须回答的一个关键问题。如果人们谈希望幸福（确切地说是至善）仅仅是一种情感诉求或者仅仅作为一个人类无法理解更无法企及的遥远幻影的话，这种希望显然就是虚妄。本章余下的部分，将重点讨论康德希望问题最终解决所需要的两种条件。

---

① 康德. 实践理性批判. 邓晓芒译. 北京：人民出版社，2003：152.

第二节　实现至善的社会历史条件

众所周知，关于至善的最终实现即在道德前提下幸福的最终实现这个问题，在康德的视域中，需通过宗教来完成，同时康德也没有过多地讨论在宗教以外（即现实的社会历史条件）至善如何能够实现这个问题，但这并不代表康德不关心至善在现世中怎样实现或者能够实现到什么程度这个问题。康德在其著作中多次表明：即便至善最终难以通过"人力"来实现，但作为有理性的存在者，每一个人必须将至善作为一个"终极目的"并力图在现世中促进至善，而不应该放弃现世促进至善的种种努力而将之完全交给宗教（上帝）来完成。为此，康德在三大批判中均提到每一个人应该力图尽自己最大的能力去促进至善在现世中的实现（哪怕不能完全实现），现将他的这些明确论述摘录如下。

其一，《实践理性批判》中的论述："然而在纯粹理性的这个实践任务中，即在对至善的必然探讨中，这样一种关联却被悬设为必然的：我们应当力图去促进至善（所以至善终归必须是可能的）。"①

其二，《判断力批判》中的论述："道德律作为运用我们的自由的形式上的理性条件，单凭自身而不依赖于任何作为物质条件的目的来约束我们；但它毕竟也给我们规定、并且是先天地规定了一个终极目的，使得对它的追求成为我们的责任，而这个终极目的就是通过自由而得以可能的、这个世界中最高的善。"②

其三，《纯粹理性批判》中的论述："我们将会在以理性原则为根据的合目的性的统一之下来探讨自由，并且我们只有使理性出自行动本身的本性教给我们的那个道德律保持圣洁，我们才相信自己是合乎神的意志的，而我们只有通过促进我们自己和别人身上的世上至善，才相信自己是服务于神的意志的。"③

纵观以上出自三大批判的三段话，我们可以明确地看到，在康德看来，

---

① 康德. 实践理性批判. 邓晓芒译. 北京：人民出版社，2003：171.

② 康德. 判断力批判. 2 版. 邓晓芒译. 北京：人民出版社，2002：307.

在这段引文中，对于最后一句话即"这个世界中最高的善"，邓安庆教授认为，准确的译法是"此世中的至善"，详见格尔哈特·克勒姆林. 作为可能世界的至善——康德的文化哲学和体系建筑术的关系. 邓安庆译. 云南大学学报（社会科学版），2007，6（3）：26-34，46. 对此，笔者表示赞同。亦即是，这整句话的意思就是：促进此世中的至善就是实践理性赋予每一个人追求终极目的的权利，即便我们没有能力完全完成，但我们不能放弃在此世中促进至善的努力。

③ 康德. 纯粹理性批判. 邓晓芒译. 北京：人民出版社，2004：620-621.

至善作为一个"终极目的"，其始终要对每一个人生活的现实世界发生作用，至善是实践理性对每一个人的一个根本要求：应该尽力促进至善在此世中的实现。由此可见，某些后来者将康德至善实现问题纯粹作为"一种神学残余"的说法是有失公允的，如著名的新康德主义者柯亨这样论道：仅仅设问，至善实际上是如何可能的是有害的，它不再成为问题。^①其实，由康德的明确论述可见，至善实际上是如何可能的这个问题绝非有害的，相反，它正是每一个人在现实世界中行动的一个"终极目的"，它作为"引线"，始终引导人们朝着正确的方向去努力（哪怕这种努力最终无法完全实现至善）。显然，至善作为希望最终的目标，如果始终只能在遥远的彼岸或者未来世界去设想它的实现，那么这样的希望就和一般的希望情绪那样，只能作为一种纯粹的情感依托，而它的实现就永远没有人力的加入，换句话说，这样的希望从本质上讲就是没有实际意义的。因此，必须分析在现实的社会历史条件（宗教以外的条件）中，人们的现世努力对至善实现的促进作用及其局限性。

关涉至善的"现实化"（如何在现世中促进或者实现）的问题，必须重新回到至善概念（理念）的内涵上面来。除了前述关于至善是一个"先天综合"概念这个"静态阐释"维度外，还必须注意后来者对康德至善概念所作的其他定位和论述。其中，德国学者约韦尔（Y. Yovel）的观点十分值得注意。约韦尔认为，在康德的实践哲学中，其实至善理念是在不同的意义上使用的，这种不同的意义至少有四个维度：个人的、普遍的、超验的和内在的^②。所谓"个人的"的至善，就是德性和幸福的比例分配完全从个体的角度来考量，单个道德行为直接促进或导致个体的多少额度的幸福；"普遍的"至善，是道德与幸福的合理比例被理解为一种外在的或设定的联系系统，在这个系统中对幸福的主观期待同道德性、合法性相互协调；"超验的"至善，是把至善的实现托付给对灵魂不朽和上帝存在预设的彼岸生活的希望和信仰模型中；"内在的"至善，则是虽将至善设想为未来世界的理想状况，但同时也将至善作为一个"命令"，命令人们在此世中通过合理的行为来逐步实现（至少是接近）至善^③。以上关于至善概念的四个维度的划分，确实在康德的著作中都能找到相应的论述。可见，至善概念在康德视野中是一个十分复杂的

---

① 转引自格尔哈特·克勒姆林. 作为可能世界的至善——康德的文化哲学和体系建筑术的关系. 邓安庆译. 云南大学学报（社会科学版），2007，6（3）：26-34，46.

② Yovel Y. The Highest Good and History in Kant's Thought. Archiv fuer Geschichte der Philos ophie, 1972,（3）：238-283. 同时可参见格尔哈特·克勒姆林. 作为可能世界的至善——康德的文化哲学和体系建筑术的关系. 邓安庆译. 云南大学学报（社会科学版），2007，6（3）：26-34，46.

③ 格尔哈特·克勒姆林. 作为可能世界的至善——康德的文化哲学和体系建筑术的关系. 邓安庆译. 云南大学学报（社会科学版），2007，6（3）：26-34，46.

问题，但有一点可以明确的是，不管是对现世促进的强调还是来世的希望或信仰，康德的问题都集中在至善应该如何实现或者以何种形式实现（即实现的程度）这个中心问题上。

对于以上四种至善含义及其如何实现（或实现的方式与程度）的理解，德国学者格尔哈特·克勒姆林认为，虽然第三种即超验的意义十分重要，将至善的实现寄希望于未来的彼岸世界和全能存在者，是康德实践理念的一种必然补充（作为"人是有限理性存在者"之完整性的补充，这部分将在本章第三节展开详细论述），但与此同时，内在的和普遍的意义在康德批判哲学发展的过程中，事实上处于最重要的地位，同时它导致对实践理念的系统联系不断加以阐明。这些联系还涉及理论与实践的关系规定以及目的论在理性批判的建筑术大厦中的建设性作用。[①]也就是说，即便对来世的希望和信仰（超验意义的）对于至善的实现是实践理性理念完整性的一个必然补充，但是康德十分强调人们在此生尽自己最大努力去促进至善（内在意义的），并且这个可能世界中的至善应尽可能地在现世中实现（普遍意义的）。笔者认为，这种判断对于康德至善理念的理解是十分中肯的。因为，如果至善的实现仅仅是一个"超验"的问题，而无须现世的任何努力，仅凭希望和信仰就能达成的话，那么这样的希望就既没有"正义"的说服力，也没有引导人们过健康、正确生活的意义，因此这是任何一个具有理性的存在者都无法认同更无法接受的理路。同时，这样的希望也将堂而皇之地变成人们对此世行为可以不负责任的合理"借口"。显然，这是康德根本无法接受的结论。诚如前述，康德认为，即便希望问题的彻底解决最终会导向对宗教的一种需要，然而这并不能阻止人们在现实世界中为道德付诸应有的行动和努力，相反，道德永远是导向"可以希望"或者合法希望的前提条件。接下来具体考察康德视域中人的文化创造和人所处的具体社会历史条件对实现至善所能起到的促进作用。这些可以分为以下两类：一类是文化历史条件，另一类是制度法律条件。

一、文化历史的积极促进作用

至善概念是一个"先天综合"的实践理念，是人类理想指向的一个"终极目标"，至善的实现有赖于人类道德的改善，同时也不能缺少人类对幸福的享受和体验，这两个方面必须同时达到才能算至善的实现。由于至善是道德与幸福的"先天综合"，因此至善的实现不能是道德和幸福两者的机械相

---

① 格尔哈特·克勒姆林. 作为可能世界的至善——康德的文化哲学和体系建筑术的关系. 邓安庆译. 云南大学学报（社会科学版），2007，6（3）：26-34，46.

加，而应该是一种以道德的实现为前提和基础，同时幸福又必然随之实现的理想状况。

在康德视域中，文化历史对于至善的实现具有客观上的促进作用，其首先体现在人类历史的"隐秘"和"整体"进程中。换言之，至善在现世中的促进，既不表现在"明确可见"的状态中，也不表现在单个个体身上，而是表现在大自然对人类整体发展的"安排"上面。这种安排，实质就是人类对于"自由"的发现历程，这种对"自由"的发现表现为人类对"恶"的自觉和意识。为此，康德借卢梭之口指出："大自然的历史是由善而开始的，因为它是上帝的创作；自由的历史则是由恶而开始的，因为它是人的创作。对个人来说，由于他运用自己的自由仅仅是着眼于自己本身，这样的一场变化就是损失；对大自然来说，由于它对人类的目的是针对着全物种，这样的一场变化就是收获。"①也就是说，相对于自然的历史，人类历史的发展是从人的"自由"开始的，而这种初始的自由就首先表现在人类的"作恶"上面，即基督教所讲的"原罪"（人类祖先在伊甸园偷吃禁果的故事）。人类历史的发展，对于作为个体的人类的影响，表现为不断地承受各种痛苦和不幸的折磨，但这却是大自然的一种客观的目的。

康德的思路和后来马克思的思路十分相似，马克思认为："历史不过是追求着自己目的的人的活动而已。"②在人类追逐自己目的的时候，从个体上讲，人类在大部分时间里一直经历着磨难和痛苦，但这背后都遵循着"生产力决定生产关系"的客观社会历史规律，这个客观的历史规律在不断地推动着人类历史一直向前发展，从而趋向更高的社会历史阶段，最后的社会历史阶段在康德这里就是在地上建立起"上帝的国"（伦理共同体），在马克思那里则是建立"共产主义社会"。显然，虽然康德和马克思一样，都没有明确强调最后的社会阶段能够实现至善的完整状态，但从他们论述的逻辑可以推断：在最高级的社会阶段里，人作为自由自觉的存在者，加之文化技术等的发展，这一切为人类的道德和幸福都准备了充足的条件，至善作为道德与幸福的结合也就有了实现的可能。从某种程度上讲，康德和马克思的思路一样，他们都是以一种历史乐观主义的态度来看待人类的发展历程，即便这个历程充满艰险、困难和各种不幸。因此，对于人类历史最终走向至善所必须经历的复杂而艰辛的历程，康德如此总结道，"哲学所探讨的一部人类最古老的历史的结论便是这样：应该满足于天意，应该满足于人间事务全体的

① 康德. 历史理性批判文集. 何兆武译. 北京：商务印书馆，2009：70-71.
② 马克思，恩格斯. 马克思恩格斯文集（第一卷）. 马克思恩格斯列宁斯大林著作编译局编译. 北京：人民出版社，2009：295.

总进程，这个进程并不是由善开始而走向恶，而是从坏逐步地发展到好；对于这一进步，每一个人都受到大自然本身的召唤来尽自己最大的努力做出自己的一份贡献"①。也就是说，人类历史是一个由恶走向"普遍好"的整体历程，这是自然界的一个"天意"，在这个历程中，虽然人类个体并非都能享受到幸福，但每一个个体都在历史发展的总体进程中发挥着自己的力量，即为此作出自己的一份贡献。

以上是康德对人类历史的总体看法，历史虽然是一个恶的历程，但从总体上看，是走向善甚至至善的历程。由此，人们不禁要问：人类在整个客观的历史发展过程中，起到的作用究竟是什么呢？这是必须要解决的。在康德看来，人类自身创造的各种文化在默默地推动历史不断地向至善迈进。在本书第三章已经就文化对人类道德改善的促进作用作出了详细的论述（这为至善的实现提供了一种道德前提），在此不再赘述。

接下来，主要考察另外一个方面，即文化如何促进人类幸福的实现。客观而言，康德并没有明确论述过文化的发展能为人类幸福带来哪些直接的利益，但从康德的思想中，仍然可以看到文化对人类的整体幸福所能起到的促进作用。

其一，文化促进人类充分发挥自己的所有天赋。因为大自然本身没有给予人类太多相对于其他物种来说的"恩赐"，因此人类不得不通过自己的自由和理性（工具理性）发展出自己的文化以弥补自然给予的不足。而对于人类文化，在康德看来，"这就是对能够被人利用（外在的和内在的）自然来达到的各种各样目的的适应性和熟巧"②。因此，人类在创造自身文化的发展历程中，可以不断地创造出满足自己各种需要的物质力量。显然，这些由文化而来的各种物质力量（以自然为质料），正是满足人类幸福诉求的必需品。当然，康德也强调，在人类创造自身文化的过程中，这也许不是一个"愉快的"历程，在这期间，大自然"要驱使他（即人类——笔者注）非常之有耐心地去把自己所憎恶的那种艰辛加之于自身，去追求他自己所不屑的种种廉价的装饰品，并且关怀着他目前更加害怕丧失掉的那一切身外琐物而忘却他所恐惧的死亡本身"③。由此可见，即便人类创造文化及促进文化发展的过程极其痛苦和艰辛，但从总体进程上说，人类的文化在不断地促进人类发挥自己所可能具有的天赋和能力，以创造更多的物质和产品等来抵抗饥饿、死亡等。

---

① 康德. 历史理性批判文集. 何兆武译. 北京：商务印书馆，2009：81.

② 康德. 判断力批判. 2版. 邓晓芒译. 北京：人民出版社，2002：285.

③ 康德. 历史理性批判文集. 何兆武译. 北京：商务印书馆，2009：69.

　　其二，文化促进人类审美情趣的发展。除了强调文化可以促进人类发挥自身的天赋去创造物质条件外，康德还注意到了文化对人类审美情趣的发展具有促进作用。这种审美情趣的发展，在道德和幸福两种不同层次的诉求冲突中达成，在这个过程中，康德指出："处在相互冲突中的过舒适生活的意向和道德的意向，以及后者对前者的原则上的节制，则结合在一起构成了一部分在感性上、另一部分在道德的智性上有教养的人的总目的。"①也就是说，生活的节制构成了有教养的人的总目的（终极目的）实现的一部分。生活的节制，促使人类产生了更高的人生追求（有教养），在这种有教养的生活中，康德认为："使舒适生活与交往中的德行协调起来的思想方式就是人道。……重要的只是用道德法则去节制追求舒适生活的意向时，所应取的比例关系。"②换言之，道德和幸福（舒适生活）将在人类的有教养的生活中能够很好地协调起来，这正是至善要追求和实现的目标。虽然这个道德与幸福相协调的过程复杂而又艰难，但这又是文化不断进步和发展的一个客观过程。在文化中，人类首先脱离野蛮的自然状态，一步步地趋向各种文明，在不断文明化的过程中，人类开始对审美或者艺术（开始可能是虚荣、礼貌或谦让等）产生了需求，最终将会发展出高尚的审美情趣。对此，康德强调："使人们因之而犯罪的那种冲动的本身却是好的，并且作为自然秉赋而言乃是合目的的；但这种秉赋却表现为单纯的自然状态，所以就受到不断前进着的文化所摧残并且反过来也摧残着文化，直到完美的艺术重新成为天性为止。而这就是人类道德天职的最终目标。"③也就是说，伴随着文化发展的过程，人类自身的发展，是从自然走向文明最后走向审美（艺术）的过程。而审美情趣（艺术）则必然地减少人类对自然欲望的依赖，从而使自己的道德和幸福能相对完美地、合比例地结合起来，这样，人类生活将走向一种德福统一的状态，而这就是至善的状态。

　　可见，康德关于文化和历史对人类实现至善具有积极促进作用的论述，即使表述有点模糊，但是从客观上讲或者从人类社会发展的现实来看，这种总体的发展趋势是可信的。文化历史的发展，一方面促进人类道德的不断改善（本书第四章的内容），另一方面也在为人类的幸福积攒着相应的物质和精神（态度）条件，从而使人类在现实的发展中（至少从族类意义上看）不断地趋向道德与幸福的统一（至善）。

　　当然，文化历史的进步和发展对至善的最终实现所能发挥的作用始终具

---

① 康德. 实用人类学. 邓晓芒译. 上海：上海人民出版社，2005：197.
② 康德. 实用人类学. 邓晓芒译. 上海：上海人民出版社，2005：197-198.
③ 康德. 历史理性批判文集. 何兆武译. 北京：商务印书馆，2009：72-73.

有局限性。这种局限性主要表现在：文化历史的进步无法保证每一个个体在现世生活中实现自身意义上的至善（个人的至善）。因为，个人私欲的侵袭、战争和自然灾害的发生等随时威胁着人类个体的道德持久性及幸福诉求的满足，所以，在现世中，人类实现至善的目标充其量只能呈现一种无限接近的态势，很难在真正意义上彻底实现。

二、制度法律的积极促进作用

和文化历史一样，关于制度法律对至善的实现具有哪些具体的促进作用，康德也没有相关明确的论述。但是，康德曾在一些零散的历史哲学论文中多次明确表示：制度法律的建立，客观上有利于人类道德的改善（这是至善的一个重要前提和要素，这些内容在本书第四章已有详细论述，在此不再赘述），同时也有利于人类幸福的实现或至少能为实现幸福（这是至善的另外一个不可缺少的要素）准备某些可能的条件。当然，康德始终认为，外在的制度法律最终仍然无法直接保证至善（德福按精确的比例分配）在现世中的实现，但他并不否认制度法律对至善的实现具有某些积极的促进作用。

首先，康德认为，大自然的"天意"使人不得不走进"社会"的制度法律状态。对此，康德指出："大自然使人类的全部秉赋得以发展所采用的手段就是人类在社会中的对抗性，但仅以这种对抗性终将成为人类合法秩序的原因为限。"①也就是说，大自然利用人类天性中的"对抗性"这一反社会特性，迫使人们充分认识到走进社会状态的重要性和必要性：因为只有在社会状态中，每一个人的基本权利才有可能得到保障。概言之，社会状态是人类脱离野蛮状态的第一步。显然，在野蛮状态中，正像霍布斯所说的"人与人之间就像豺狼对豺狼一样"，每一个人都不可能长期享有基本的权利（生存权、自由权、财产权等）。康德认为："唯有在社会里，并且唯有在一个具有最高度的自由，因之它的成员之间也就具有彻底的对抗性，但同时这种自由的界限却又具有最精确的规定和保证，从而这一自由便可以和别人的自由共存共处的社会里；——唯有在这样的一个社会里，大自然的最高目标，亦即她那全部秉赋的发展，才能在人类的身上得到实现。……因而大自然给予人类的最高任务就必须是外界法律之下的自由与不可抗拒的权力这两者能以最大可能的限度相结合在一起的一个社会，那也就是一个完全正义的公民宪法。"②这就是说，只有在一个以制度法律为本的社会中，每一个人自身

---

① 康德. 历史理性批判文集. 何兆武译. 北京：商务印书馆，2009：6.

② 康德. 历史理性批判文集. 何兆武译. 北京：商务印书馆，2009：9.

禀赋的发展和权利的基本保障才得以可能（至少提供了条件）。可见，在社会的制度法律状态中，并不是至善就能直接实现，而是由于人类摆脱了野蛮状态，这为人类的道德自觉准备了前提；同时在社会中，人类的基本权利得到了保障，这是人类追求和实现幸福的最低保障条件。康德认为，这种社会状态最终得以稳固，又必须以一部完全正义的公民宪法为前提。自此，实质上出现了国家的概念，换言之，国家作为社会的第一载体，在人类发展的历史中为人类实现至善提供了第一道可能的保障。国家这个特殊"社会"的出现，是大自然的一种"天意"，大自然利用人类时刻存在的"非社会性"（对抗性）这一恶劣特性，最终迫使人类不得不走向社会的状态，从而保证人类的基本权利得到有效保护和某种程度的实现。

其次，康德认为，单有国家层面的制度法律还不够，还必须要有"国际联盟"层面的制度法律。只有这样，才能保障每一个个体基本权利的实现，从而为至善的实现创造条件。因此，基于完全正义宪法的概念，康德做了进一步延伸，他指出："建立一部完美的公民宪法这个问题，有赖于国家合法的对外关系这个问题，并且缺少了后者前一个问题就不可能得到解决。"[①]也就是说，真正完全正义宪法的建立，除了国家内部的正义宪法外，还必须要有一个国际关系（国家合法的对外关系）层面的正义宪法。因为，如果仅有一个国家及国家内部的制度法律，仅能保证一国国内的和平与宁静，但不能保证消除国家与国家之间争执甚至战争的可能性。而战争一旦爆发，除了"战争制造的恶人比它消灭的恶人更多"（实质上战争是人类道德败坏的典型）外，还威胁着人类每一个个体自身幸福的权利（这在后来的两次世界大战中得到了很好的印证）。因此，康德强调："脱离野蛮人的没有法律的状态而走向各民族的联盟。……放弃他们那野性的自由而到一部合法的宪法里面去寻求平静与安全。"[②]可见，国家之间的野蛮状态之消失，必须依靠各民族（国家）的联盟来实现，而国家联盟的建立，必须依靠一部正义的"国际法"来保障，这是人类走向"永久和平"的重要前提。显然，只有在国家与国家、民族与民族的永久和平状态中，人类个体才能真正达到安居乐业、安全与宁静的生活状态，而这些都是人类实现幸福的必要条件。

同时，康德还强调，国际联盟的正义宪法之实现，也是大自然的一个"天意"，大自然最终通过国家或民族之间的"商业精神"来促进民族之间的和平共处。康德指出："正如大自然很聪明地分隔开了各个民族，而每一个国

---

① 康德. 历史理性批判文集. 何兆武译. 北京：商务印书馆，2009：11.
② 康德. 历史理性批判文集. 何兆武译. 北京：商务印书馆，2009：12-13.

家的意志却是哪怕根据国际权利也会高兴通过阴谋或者暴力而把它们都统一于自己之下的；另一方面则同样地世界公民权利的概念在抗拒暴力行为和战争方面所无从加以保障的各个民族，大自然也就通过相互的自利而把它们结合在一起。那就是与战争无法共处的商业精神，并且它迟早会支配每一个民族的。"①也就是说，商业精神本质上由一个国家或者民族的"自利"需要而必然产生，每一个国家或民族为了更大程度、更好地保护自己的商业利益，最终都必然选择以和平共处、互惠共赢的方式来处理国际关系。因此，这必须要依靠一部强有力的、公正合理的国际联盟宪法来保证。客观地说，从目前全球"经济一体化"的现实和趋势来看，康德的洞见非常具有前瞻性：基于国家或民族之间的依赖性越来越强而导致的利益"交叉化"这个现实，在世界范围内发生大规模战争的可能性和概率已经是越来越小。而在"经济一体化"的进程中，国际层面的各种制度法律也越来越发挥重要的作用。并且，可以看到，每一个国家和民族，都在不断地适应和参与"经济一体化"的游戏过程中得到不同程度的利益满足。国际环境的长期和平稳定，正为每一个国家的人民提供追求和实现幸福的基本条件。

　　另外，需要指出的是，康德视域中的国家内部或者国际层面的制度法律，其始终只能作为一种外在的条件去促进至善的实现，而无法直接促成至善在现世中实现，甚至制度法律也难以直接导致人类道德的改善和幸福的实现（而这两者正是至善实现不可缺少的要素）。但是，康德认为，制度法律的出现，至少表明人类是在朝着一个整体上进步的方向前进，即便这确如某些学者指出的那样："康德把进步局限于政治的公正，局限于国家和国际范围内的作为法律关系、包括强制权力在内的法律关系。因为在历史中涉及的是外在的事件，所以它的最终意义根本不可能在于某种'内在的'进步，即道德思想意识的发展。进步只能在外部被期望，在于按照纯粹实践理性的标准建立法律关系。"②很显然，如果上面引用的结论成立的话，至少能推导出两点：其一是制度和法律的公正，其至少保证了人类作为个体或者国家的种种基本权利，而这些权利是幸福得以可能的最基本条件，没有公正的制度和法律作为保障，人们追求幸福的基本条件都无从谈起；其二是制度法律这些外在条件虽然无法促成人类内在的道德意识的实质性发展，但是按照纯粹实践理性标准建立的法律制度至少是人类理性的一种外化，在外在的制度法律建立过程中人们至少可以看到：它必须以人类道德意识的某种觉醒作为前提，没有

　　① 康德. 历史理性批判文集. 何兆武译. 北京：商务印书馆，2009：131.

　　② 奥特弗里德·赫费. 康德：生平、著作与影响. 郑伊倩译. 北京：人民出版社，2007：225-226.

道德意识（道德法则作为正义的形式）的觉醒，外在制度法律的公正（正义）则难以想象。

最后，需要注意的是，康德虽然没有将现实政治（制度法律）和道德合为一体的意图，但是他认为，真正的政治（或理想的政治形态），其核心法则和道德一样，都遵守着"正义"的"公共性""公开性"法则，这是人类理性自身确立的一个普遍法则。为此，康德指出："凡是关系到别人权利的行为而其准则与公共性不能一致的，都是不正义的。"①其同时强调："这一原则应该看作不仅是伦理的（属于道德学说的）而且也是法理的（涉及人类权利的）。"②由此可见，在康德的心中，正义是道德和法律的共同形式法则，从这种意义上讲，道德和法律是相通的，区别只在于前者是内在的，后者是外在的。如果说这是道德与法律的"消极"先天原则的话，还有一个积极的原则，那就是："凡是（为了不致失误自己的目的而）需要有公开性的准则，都是与权利和政治结合一致的。"③也就是说，正义这个"公开性"准则，其本身就和人类的权利和政治是一体的，或者说是权利和政治的核心要素。对此，康德指出："因为如果它们只能通过公开性而达到自己的目的，那么它们就必须符合公众的普遍目的（即幸福），而政治本来的任务就是要使之一致的（使公众满意自己的状态）。"④换言之，政治（制度法律）的正义，其目的就是保证人们普遍追求幸福的权利。在此，康德实质上将对制度法律的正义和至善（道德与幸福的统一）的关系作出了明确的论述，从某种程度上讲，制度法律的正义和至善具有"同构性"，制度法律的正义或者进步，客观上可以促进至善的实现或至少能使人类不断地向至善靠近。

综上所述，从总体上看，康德肯定了社会历史条件对至善实现的积极促进作用，从而使人类对于至善的希望并没有完全脱离真实的社会现实环境，这是难能可贵的。因为，如果人们对至善的希望仅能依靠对未来世界或者彼岸世界的想象的话，这样的希望显然是无法令人满意的，同时也是虚幻的。

行文至此，同时结合本书第四章关于希望问题的前提——道德如何可能的论述，我们可以清楚地看到，康德视域中的希望问题，并非仅仅是宗教哲学、历史哲学或这两者的结合就能囊括得了的。客观地看，康德希望问题既涉及了其道德哲学（实践哲学）、理论哲学的内容，同时也和其历史哲学、文化哲学、法哲学等具有密切的关联。因此，从某种程度上讲，康德希望问

---

① 康德. 历史理性批判文集. 何兆武译. 北京：商务印书馆，2009：143.
② 康德. 历史理性批判文集. 何兆武译. 北京：商务印书馆，2009：143.
③ 康德. 历史理性批判文集. 何兆武译. 北京：商务印书馆，2009：148.
④ 康德. 历史理性批判文集. 何兆武译. 北京：商务印书馆，2009：148.

题是一个多种哲学的"综合体",或者说,康德对于希望问题的构思和解决,是一个综合各种哲学领域的复杂过程,其牵涉到几乎整个康德哲学体系。

第三节 实现至善的宗教条件

诚如前述,外在的社会历史条件对至善的实现具有积极的促进作用,在大自然"天意"的安排下,人类社会的历史总体上不断向前进步,这也表明了通过人类自身的不懈努力,至善的终极目标是有可能一步步逼近的。也就是说,至善作为人类可以希望的真实对象,在人力的范围内,是可以有所作为的。希望作为属人的希望,其始终要求人类在希望的旅途中,须尽自己最大的努力向至善的目标不断迈进和接近。为此,康德始终强调,人类可以凭借自身的努力来实现"改恶向善","因为道德是应该的,所以其也是必然可能的",同时,人类也可以通过自身的最大努力来为幸福的实现创造各种条件,换言之,人类可以通过自身的努力去不断向至善接近。另外,康德还强调,实现至善是人类实践理性(道德)对现世生活的一种必然要求(至善是实践理性的一个必然客体),因此,人类不仅可以努力接近至善还应该不断地促进至善的实现。但是,康德也看到这样一个现实:毕竟至善在现世的彻底实现是十分困难甚至是不可能的。至善作为道德与幸福的完整统一体,其以道德作为享受幸福的前提条件,并且根据德性来严格分配幸福,德性和幸福构成一个严格精确的"体系"。从本质上讲,至善是一种道德与幸福的"先天综合体",是一个最高的实践理性理念,仅仅依靠人力(人永远是有限的理性存在者,兼具理性和感性这两重属性)始终难以最终完全达到这个目标。因此,要实现至善,实现人类希望指向的真正目标同时也是终极目标,必须要悬设一个高于人、高于一切世间存在者的最高存在者才是可能的,由此康德过渡到了实现至善的宗教条件上来。显然,这点是康德和传统很多思想家解决希望问题相类似的路径(最终指向宗教),但由于康德对宗教理解的独特视角,这也是康德和传统希望问题解决路径最大的不同。下面就此展开论述。

一、上帝存在的作用及证明

从本书第四章的论述可知,康德对上帝存在的公设,具有双重作用。第一重是上帝存在作为"可以希望幸福"的前提——道德实现的一种外在促进条件出现,这时上帝是以人类实现"改恶向善"的协助者(也是"威慑者")的身份出现的。而在康德的希望问题中,希望的真正对象——至善的彻底实现也需要上帝的作用，这是上帝存在公设的第二重作用，也是康德最终解决希望问题最根本、最重要的深层意图。当然，康德的公设具有三大指向：灵魂不朽、意志自由、上帝存在。需要说明的是，灵魂不朽和意志自由主要是基于人类道德实现的可能性而预设的，也就是说，在希望问题中，灵魂不朽和意志自由的主要功能在于实现希望问题的前提——道德如何可能，其重点不在于希望问题最终如何彻底解决（至善如何最终实现）这个层次。诚然，康德也强调过，灵魂不朽同样是至善得以可能的条件，但是这个意图相对容易理解：如果没有灵魂不朽的话，至善作为希望的真正对象在彼岸或者未来的世界即使实现了也没有一个可以与之对应的主体来享受与道德相匹配的幸福，因此这也是灵魂不朽对于至善得以可能的另一重意义。但是鉴于本书及本章论述的重点，加之灵魂不朽意义的简明性等原因，在此不再展开论述。接下来，笔者重点考察上帝存在对于希望问题的最终解决有何重要意义及康德如何对其作出独特的道德证明。

（一）上帝存在是实现至善的保证

康德认为，至善是道德与幸福相结合的"先天综合体"，其作为实践理性的一个必然客体，存在于人们的理念当中，是人类必然追求的一个终极目的。在至善中，包括了人类作为"有限的理性存在者"的两重属性诉求，道德关乎的是人作为理智世界（自由世界、物自体）成员的本性，而幸福关乎的是人作为感觉世界（自然世界）成员的本性。因此，可以说，康德的至善概念既关乎实践的问题，又关乎理论的问题，它是实践和理论的"综合体"。同时，在这样一个综合体中，道德与幸福遵循严格的次序排列：道德作为一个前提，即作为享受幸福的前提条件而存在；而幸福作为一个后果，即"做了我应当做的"，然后"我应该得到和我道德相应的成精确比例的幸福"。这种道德与幸福成精确比例的结合状态是一个理想的状态，在现世中始终难以彻底实现，因此它是一个理念，是一个人们具有了道德资格之后可以希望实现的理念。而至善的实现，无论怎样考量，都超越了有限的个体——人的能力，所以必须假设有一个超越于人的能力之上的最高的存在者存在，才可以保证至善这种理想状态的实现，至少这样可以使人合理地设想至善可以由此实现。因此，康德就引出了上帝存在的公设。

上帝存在作为保证至善彻底实现的一个必需条件，并非只在康德后期的著作如《实践理性批判》《单纯理性限度内的宗教》等中才出现。实质上，上帝存在以保证至善能够最终实现或者可以合理地被人设想，贯穿康德前后的主要著作，这是康德一贯的立场和思路，前后并没有大的转变。以下摘录相关论述，以表明这种前后的连贯性。

在早期的《纯粹理性批判》中，康德如此论述上帝存在的"功用"："所以，幸福只有在与理性存在者的德性严格成比例、因而使理性存在者配得幸福时，才构成一个世界的至善，……这种统一的实在性也不能建立在别的东西之上，而只能建立在一个最高的本源的善的预设之上，在那里，以某种至上原因的一切充分性装备起来的独立理性，按照最完善的合目的性，而把普遍的、虽然在感官世界中极力向我们隐藏着的事物秩序建立起来、维持下来和完成起来。"①

在《实践理性批判》中，康德这样表述对上帝存在进行悬设的作用："而导致至善的第二个要素，即与那个德性相适合的幸福的可能性，亦即必定把上帝实存悬设为必然是属于至善（这一我们意志的客体是与纯粹理性的道德立法必然结合着的）的可能性的。"②

在《判断力批判》中，康德对上帝存在及上帝的性质作了如下明确论述："从原始存在者的这一如此被规定的因果原则出发，我们将必须不仅仅把原始存在者设想为理智及为自然立法的，而且必须设想为在某种道德的目的国中的立法的首领。考虑到惟有在这首领的统治下才有可能的至善，也就是考虑到服从道德律的有理性的存在者的实存，我们将把这个原始存在者设想为全知的：以便甚至意向中最内在的东西（这构成有理性的世间存在者的行动的真正的道德价值）对他都不会隐藏；设想为全能的：以便有可能使整个自然都与这个最高的目的相适合；设想为全善的同时又是公正的：因为这两种属性（结合着智慧）构成一个至上的世界原因作为在道德律下的至善的因果性之条件；同样，还有其他一切先验的、在与这样一种终极目的的关系中被预设的属性，如永恒性、全在性等等（因为善和公正是道德的属性），我们也必须为这个原始存在者想到。"③

而在晚期专门的宗教著作《单纯理性限度内的宗教》中，康德在序言中就开宗明义地说明了上帝存在的意义："为使这种至善可能，我们必须假定一个更高的、道德的、最圣洁的和全能的存在者。"④

从以上引文中，我们可以清楚地看到，上帝存在的公设始终出现在康德的重要著作中，同时因为上帝存在作为保证至善最终实现的必需条件，也表

① 康德. 纯粹理性批判. 邓晓芒译. 北京：人民出版社，2004：617-618.
② 康德. 实践理性批判. 邓晓芒译. 北京：人民出版社，2003：170.
③ 康德. 判断力批判. 2 版. 邓晓芒译. 北京：人民出版社，2002：301.
④ 康德. 单纯理性限度内的宗教. 李秋零译. 北京：中国人民大学出版社，2003：3.

明了希望问题始终是康德关注的一个中心问题甚至是终极问题。鉴于希望问题的实践和理论之两重性特征，人们也能从中看到人（既区别于神也区别于一般动物，人介乎于神和动物之间）的问题（人是什么？——这是康德哲学的总问题）是贯穿康德哲学的一条主线。显然，康德对于上帝存在公设的这个思路，实质上和后来的一些评论者的说法具有明显区别，很多论述对康德哲学中上帝问题的定位其实是不准确的。其中最著名的要数海涅，在《论德国宗教和哲学的历史》中，他认为，上帝存在的问题在康德哲学中是一个单纯实践的问题，其如此强调道："康德就根据这些推论，在理论的理性和实践的理性之间作了区分并用实践的理性，就像用一根魔杖一般使得那个被理论的理性杀死了的自然神论的尸体复活了。"① 诚然，康德对理论理性和实践理性作了明确的区分，同样也将实践作为上帝存在（或至善实现）的一个"引线"，但是康德论述的上帝存在（鉴于其是为了实现至善而作出的公设），从根本上讲关乎的是至善或理论与实践的"先天综合体"如何实现的问题，而并非单纯的实践问题。因此，在康德的整个哲学历程中，并没有出现过海涅所说的"用理论理性将上帝杀死，而用实践理性将其复活"的简单处理上帝存在问题的情况。充其量只能说康德对传统上帝存在的种种证明方式表示怀疑或者将其视作没有"实践意义"的理论罢了，而这并非意味着，上帝存在问题在康德这里就仅仅是一个简单的实践问题。

　　另外，需要注意的是，在康德的视域中，上帝存在虽然是保证至善实现而必需的公设，但是康德一直强调，作为至善前提和构成要素的道德，其实主要需通过人的努力来实现，基于人身上的"原初向善禀赋"并通过"思维方式"的转变，人类可以也必须在自身能力范围内实现"改恶向善"，从而使自身具备"可以希望幸福"的道德前提条件。因此，从这点来看，上帝存在作为至善实现的必须公设，其主要针对的是人类无法真正在现实中实现德福一致（有德的人无法或者很难享有相应的、按比例精确分配的幸福）。也就是说，上帝存在的真正意义更多地偏向于解决人类在现世中无法实现与道德相匹配的幸福这个"感性"问题。更确切地说，上帝存在主要是为了解决以正义为核心的德福统一问题而悬设的。由此可见，上帝自身必须是全知的（能够分辨人心中的善恶），同时又必须是全善的（具有不偏不倚的理性对待任何一个世间存在者），最后又必须是全能的（能够使道德与幸福实现"先天综合"，以正义的立场来分配幸福）。概言之，只有在上帝这个最高的存在者那里，至善的统一、至善的彻底实现才是可能的。

① 亨利希·海涅. 论德国宗教和哲学的历史. 海安译. 北京：商务印书馆，2017：116.

综上所述，上帝存在的最重要理由是：至善的实现需要一个至高无上、无所不能的存在者来保证。因此，康德认为，希望问题的最终解决、至善的最终实现，必须依靠上帝存在的公设来完成。显然，康德关于上帝存在的作用这种思维套路与其他思想家并没有本质上的区别。对于在现世中无法彻底实现的希望，人们可以寄望于一个高于人，又能全面了解人的存在者来保证它能在彼岸或者未来世界的最终实现。但是，这只是康德哲学中实现至善或者解决希望问题的浅层意义，更重要的在于康德对上帝存在的道德式理解和证明方式。

（二）上帝存在的道德证明

对于上帝存在的证明，传统的哲学和宗教学已作出过诸多尝试，对此，康德在《纯粹理性批判》中作过一个概括："如果我把神学理解为对原始存在者的知识，那么它要么就是从单纯理性而来的（theologia rationalis），要么是从启示而来的（revelata）。"①基于此，康德还进一步作出了概述，前者是先验的神学（理论理性的神学），后者是自然的神学。前者主要指一些试图通过"先天"的方式（纯粹的逻辑推理）证明上帝存在的学说，其以理性主义的哲学或宗教学为主要代表；而后者主要指一些试图通过"后天"的方式（以类比的推理）证明上帝存在的学说，其以经验主义的哲学或宗教学为主要代表。在康德看来，这些学说具有一个共同点：都试图通过一种理论的方式来证明上帝存在。也就是说，他们将上帝存在当作一种可以通过理论理性来认识的"知识"，通过证明，人们可以认识上帝的种种属性，从而获得对上帝的客观知识。与此相反，康德认为，上帝作为一个"超验"的存在物，属于"物自体"的范畴，人们不可能通过理论理性来认识：因为，如果这样做的话，理性就会犯"僭越"运用的错误，它不可能得到真实可靠的知识，因此，这些证明不可能有效。为此，在《纯粹理性批判》中，康德对传统证明上帝存在的种种方式进行了逐一批判。

需要注意的是，康德并没有由此就表现出无神论或者彻底否定上帝存在的倾向，正好相反，康德自己具有虔诚的宗教信仰倾向，他只是否定了传统试图通过理论理性来证明上帝存在的方式，而没有直接否定上帝或上帝存在。康德在批判了所有传统证明方式之后，得出如下明确结论："所以，这个最高存在者对于理性的单纯思辨的运用来说仍然是一个单纯的、但毕竟是完美无缺的理想，是一个终止整个人类知识并使之圆满完成的概念，它的客观实

① 康德. 纯粹理性批判. 邓晓芒译. 北京：人民出版社，2004：497-498.

在性虽然不能以这种思辨的方式来证明，但也不能以这种方式被反驳，并且，如果应当有一种道德神学的话，它就可以补充这种缺陷，这样一来，以前只是悬拟的先验神学就通过对自己的概念的规定、通过不断地检查一个经常被感性狠狠欺骗的并和它自己的理念总是不一致的理性，而证明了它的不可缺少性。"①也就是说，上帝存在的客观实在性既不能通过理论理性（思辨理性）来证明，也不能通过其来证伪。在理论理性这里，上帝存在始终是一个无法确认的问题。为此，要证明上帝存在，只有通过与理论理性证明方式截然不同的方式来完成，这就是康德独创的区别于传统一切证明方式的道德神学理路。

对于康德的道德神学证明方式，我们首先需要注意的一点是：并非道德需要宗教，而是幸福的实现或者确切地说是至善的实现需要宗教。在康德的心目中，道德本身始终是纯粹的，道德自身是独立自主的，人类的德性就在于其行动的动机必须仅以道德法则作为唯一或者最高的意志规定，这是康德一贯不变的基本立场。因此，康德早在《纯粹理性批判》中就强调："德性自在地本身就构成一个体系，但幸福却不是如此，除非它精确地按照道德性而被分配。"②也就是说，道德本身是独立的一个体系，而幸福由于其原则充满感性的变动性，其自身无法成为一个独立的体系，只有在道德的规约下，以道德作为前提来精确分配幸福，这样的幸福才可能成为体系。显然，这种"按照道德性而被分配"的幸福体系，就是至善——德福统一的体系。关于道德的独立性，康德在后期的宗教著作《单纯理性限度内的宗教》中同样明确强调过："道德为了自身起见，（无论是在客观上就意愿而言，还是在主观上就能够而言）绝对不需要宗教。相反，借助于纯粹的实践理性，道德是自给自足的。"③可见，在康德的心目中，道德作为人类区别于动物的尊严和价值所在，它所蕴含的自由本质是独一无二的、自因自果的，它本身是一个与任何经验和感性都无涉的独立体系。

显然，在康德看来，道德是人力可为的一个领域，道德的价值也在于人的自由；然而，与道德成比例的幸福（至善），却不是人力可以彻底实现的。因此，在作出以上判断之后，康德指出："但这只有在理知的世界中、在一个智慧的创造者和统治者手下才有可能。理性看到，这样一个统治者，连同在我们必须看做来世的这样一个世界中的生活，都是它所不得不假定的，要么，它就必须把道德律看做空洞的幻影，因为道德律的必然后果（理性把这

---

① 康德. 纯粹理性批判. 邓晓芒译. 北京：人民出版社，2004：505.
② 康德. 纯粹理性批判. 邓晓芒译. 北京：人民出版社，2004：616.
③ 康德. 单纯理性限度内的宗教. 李秋零译. 北京：中国人民大学出版社，2003：1.

后果与道德律连结起来）没有那种预设就必然会取消。"①可见，上帝是作为人类实现至善的"辅助者"而存在的，没有上帝的存在，至善的实现则难以想象。更为重要的是，由于人类的理性（实践理性）清楚地看到，上帝存在对于至善的实现是必须的，如果没有上帝存在来保证至善的实现，道德的存在（虽然它本身可以独立）就是不完整的，或者说，理性中的正义就是不完整的。因为，虽然道德作为人的本质属性，是人的尊严和价值所在，但作为"有限的理性存在者"，人所具有的理性同样毫无偏颇地确认，具有德性的人应当得到和德性相匹配的报酬——幸福，为此，康德强调：因此，"道德不可避免地要导致宗教。"②综上所述，上帝存在是对道德的补偿或者报偿所必须作出的公设，这就是康德对上帝存在的道德证明的基本理路。

康德对上帝存在的道德证明，主要基于以下两个支撑点。

其一，是上帝存在在实践上的客观实在性和必然性。所谓实践上的客观实在性和必然性，其区别于理论上的客观实在性和必然性。后者主要是基于知识论的一种客观实在性和必然性，它可以通过经验得到证实，一切可以通过人类知性来认识的理论知识都具有客观实在性和必然性的特征，如自然界的客观规律；前者则是不能通过经验来证明的一种超验性的、基于主观上确信的一种信念，它是由实践理性所确立的一种"信其为真"。为此，康德对人类观念中的"信其为真"作了三层区分，其强调："视其为真，或者判断的主观有效性，在与确信（它同时又是客观有效的）的关系中有如下三个层次：意见、信念和知识。"③也就是说，主观和客观上都不充分的"视其为真"是意见，这是最不可靠的，没有任何可"确信"的地方，更没有任何的确定性可言；如果"视其为真"在主观上充分、客观上不充分则是信念，信念虽没有对任何人而言的一种"确定性"，但却对于个体而言是一种"确信"；最后，在主客观方面都能"视其为真"的则是知识，这是可以通过经验来证实的一种客观实在性和必然性，是理性在理论上可以确定无疑的一种观念或者意识。

对于以上三者，意见显然是没有多大意义的，因它不具有任何的"可信度"；而知识，则不用再作过多的证明和论述，因为它在主客观方面都很充分；唯有信念，它是不能通过理论来证明的，它是一种纯粹"超验"的意识。对于信念，康德指出："无论在哪里，只有通过实践的关系，那理论上不充

① 康德. 纯粹理性批判. 邓晓芒译. 北京：人民出版社，2004：616.

② 康德. 单纯理性限度内的宗教. 李秋零译. 北京：中国人民大学出版社，2003：4.

③ 康德. 纯粹理性批判. 邓晓芒译. 北京：人民出版社，2004：622-623.

分的视其为真才能被称之为信念。"①当然，通过实践关系而来的信念表面上也分为几种，如"实用的"信念和"学理上的"信念等。但是，康德认为，这两种信念都只是指向随意的或者偶然的目的，它们只是一种"熟巧"层次的实践信念，严格意义上讲，它们缺乏一种必然性，因此不是纯粹实践理性要求下的必然信念，而只有道德上的信念，才指向绝对必然的目的，具有一种真正意义上的实践的客观实在性和必然性。这就是人们在严格按照道德法则行事（动机是道德法则）之后，随之而来的对上帝存在的一种确信，其确信在此世无法获得与道德相匹配的幸福会在另外一个世界获得上帝的精确分配，而这种对上帝存在的信念也就具有一种源于道德实在性和必然性的实在性和必然性。对此，康德进一步解释道："这种确信不是逻辑上的确定性，而是道德上的确定性，而且由于它是基于（道德意向的）主观根据，所以我甚至不能说：上帝存在等等，这是在道德上确定的；而只能说：我是在道德上确信的等等。"②也就是说，有了道德这个前提，上帝存在从而能给人们分配与道德相匹配的幸福，就是一个必然无疑的信念了。对此，康德认为，即使心中没有道德意识的人也不得不承认这是必然的和确定的，因为如果有人否认上帝存在或者来世幸福的公正分配，那么他将不得不阐明这两者的不可能性，而这是任何人都无法接受的，同时也是不可能阐明的。因此，对于上帝存在的道德信念，从消极的角度来看，至少可以有力地遏制恶劣意向的发生，因为任何人都畏惧上帝的存在和来世的惩罚。可见，关于上帝存在的道德证明，是确定无疑的，这在任何一个有理性（任何理性都有一个共通的公正天平）的普通人心中，都是无法否认的。

其二，是上帝存在在道德目的论上的客观实在性和必然性。关于目的论的思想，西方从古希腊开始就已经形成传统。其中，亚里士多德的目的论最为著名，亚里士多德的"四因说"所强调的事物之存在和运动变化均追求一个目的并通过该目的来实现潜在的可能性等就是目的论的理路。显然，康德的目的论继承了西方传统目的论的思想，但康德对之有所发展和变革。具体而言，康德的目的论，主要包括两个方面：一是自然目的论，二是道德目的论③。前者是指自然界作为一个系统，其内部隐含着一种"合目的性"，自然万物最后都走向一个最终的目的（自然目的最高的层次是人或者具体说是人的文化）；后者则是指自然作为一个整体（包括人），其最终走向一个超

---

① 康德. 纯粹理性批判. 邓晓芒译. 北京：人民出版社，2004：623.
② 康德. 纯粹理性批判. 邓晓芒译. 北京：人民出版社，2004：627.
③ 当然，也有人认为康德目的论还包括"历史目的论"这一部分，但从康德思想的整体出发来看，所谓"历史目的论"，其实从属于"道德目的论"这一层次，因此，笔者仅取两个层次的目的论含义.

越于自然层次的终极目的，这个终极目的就是服从道德律的人。康德认为，前者指向的只能是自然外在目的的层次，人即便是自然界的最后目的，但在这个目的系统中，自然万物对于人来说只是一种手段或者偶然目的，人作为自然的最终归宿，只能是人的幸福或者文化（不管是人的幸福还是文化，都无法真正构成整体上的一个终极目的或者创造的终极目的，因为这两者都是"有条件者"而并非"无条件者"）；而只有后者才超越自然外在目的的层次，作为服从道德律的人，他在目的系统中是一个"创造的终极目的"，这个终极目的是绝对的、无条件的，没有其他目的能超越于它。

需要注意的是，康德道德目的论中的"创造的终极目的"是包含自然系统在内的自然整体的一个终极目的，因此其又包括人的幸福和文化在内，但是这必须以道德作为前提，换言之，终极目的只能是康德所说的至善——道德与幸福的统一或者说是自由与自然的统一。对于这两种目的论导致的神学，康德如此论述道："自然神学是理性要从自然目的（它们只能经验性地被认识）中推论出自然的至上原因及其属性的尝试。某种道德神学（伦理学神学）则将是从自然中的有理性的存在者的道德目的（它可以先天地被认识）中推论出那个至上原因及其属性的尝试。"①也就是说，自然神学和道德神学的区别在于两者遵循的目的论不同，自然目的论必然导致自然神学，而道德目的论导致的则是道德神学，前者被康德证明其是不可能有效的，而后者则在实践上具有必然有效性。对于自然神学或者自然目的论，康德认为，其仅局限于自然本身，因为无法揭示终极目的（绝对无条件的目的），充其量只能止于一种"想象意义上的"偶然或者相对目的。为此，康德论述道："自然神学无论它可能被推进到多么远，却并不能向我们展示有关创造的一个终极目的的任何东西；因为它甚至都没有达到提出这终极目的的问题的地步。"②在此，康德指出了自然神学和道德神学的分水岭：自然神学即便走到尽头，也无法达到整个自然及世界整体的终极目的——至善（道德与幸福的统一），自然神学中充其量只是使幸福或者文化成为其最后目的的神学，而只有道德神学才可能走到这一步，即将至善作为终极目的，把道德与幸福统一起来。

此外，需要指出的是，康德强调，从自然目的论过渡到道德目的论，是解决自然与自由、感觉世界与理智世界的分裂问题所必需的一个弥合。同时，自然目的论所表现出来的"合目的性"是可以通过经验来认识的，而道德目的论所表现出来的"合目的性"则只能通过先天的、超验的方式来思考，但

① 康德. 判断力批判. 2 版. 邓晓芒译. 北京：人民出版社，2002：292.
② 康德. 判断力批判. 2 版. 邓晓芒译. 北京：人民出版社，2002：293.

它又是每一个有理性的人都可以就此"反思"到的一个原理。为此，康德强调："现在，如果我们跟随神学的秩序，这就是一条甚至最平庸的人类理性也不能不直接予以赞同的原理：如果在任何地方应当有一个理性必须先天指定的终极目的，那么这个目的就只可能是服从道德律的人（即每一个有理性的世间存在者）。"①显然，通过这里的引述和前面的论述，我们可以看到，对于"终极目的"，康德的说法似乎有点出入：有时候说是服从道德律的人，有时候说是至善（德福的统一）。对此，笔者认为，应该从康德思想的整体框架去理解：服从道德律的人作为"终极目的"，是指在整个世界系统中，如果有一种目的进程，那么人的道德就是这个目的进程的最高阶段，因为道德体现了最彻底独立于任何自然、经验世界的自由本性，但是在此时不需要任何神学（包括道德神学）；至善作为"终极目的"，则主要是指从作为"有限的理性存在者"即人的角度来考虑，人作为自然界的一个最高目的，其不可避免地具有自然性的一面，任何人都无法避免追求幸福，然而人又具有理性、具有道德上的实践理性，这是人之为人的本质，所以只有两种目的——自然目的和道德目的的统一才能构成人的世界的"终极目的"。换言之，只有作为人的世界的"终极目的"，对于人来说才是有意义的，这才是康德强调的重点或者终极目的的本来意义。而只有至善（德福统一）这个终极目的的实现，才需要神学来辅助，服从道德律的人如果作为终极目的则不需要任何神学。

　　因此，道德目的论，准确地说，应该是作为"有限的理性存在者"的人的"双重目的论"才导致了道德神学，这样上帝存在才是保证至善实现的必然要求，它是人的实践理性必然要求的。可见，在至善这个实践理性的必然客体要求实现的情况下，上帝存在就是必须假定的了，这就是康德用道德目的论来证明上帝存在的基本思路。为此，康德强调说，"我们就必须假定一个道德的世界原因（一个创世者），以便按照道德律来对我们预设一个终极目的，并且只要后者是必要的，则（在同样程度上并出于同一根据）前者也就是必然假定的：因而这就会是一个上帝。"②显然，在此，上帝存在是实践理性的一种必然要求，上帝存在具有实践上的必然性和客观实在性，这种必然性和客观实在性是人类通过实践理性可以也必须先天"认识"的，这种必然性和客观实在性严格区别于人类通过理论理性去认识自然世界（感觉世界、现象）所具有的那种实在性，它是对自由（理智世界、物自体）的一种

---

① 康德. 判断力批判. 2 版. 邓晓芒译. 北京：人民出版社，2002：305-306.

② 康德. 判断力批判. 2 版. 邓晓芒译. 北京：人民出版社，2002：307-308.

必然"确信"。

以上是康德通过道德的方式证明上帝存在的独特理路。在此，需要强调的是，康德并不是为了上帝存在而证明上帝的存在（这是传统哲学和宗教学的常规理路），在康德哲学中，对上帝存在的证明并非"始源性的"，它仅是道德的一种必要补充，但这种必要"补充"又并非可有可无（是一种纯粹的道德附庸）。相反，上帝存在，对于康德哲学来说，是必不可少的一部分。康德将自己哲学的"总问题"归结为"人是什么？"。人既是一种自然的存在者（追求幸福），又是一种自由的存在者（具有道德），简言之，人就是一种"有限的理性存在者"，这是康德对人的一个总体性定位。因此，对于人来说，既满足道德属性的需要，又满足自然（幸福）属性的需要的目的，才是一个终极的目的，这个终极目的就是道德与幸福的"先天综合"，它的彻底实现只能依靠假设一个全知、全能、全善的最高存在者（上帝）来辅助完成。有了上帝存在这个公设，康德的希望问题——"做了我应当做的""我可以希望什么？""一切希望都指向幸福"，作为希望问题最终的对象，即道德与幸福的统一——至善的实现，才得到一个实践性的、必然信仰（信念）上的彻底解决。概言之，希望问题的最终解决必然有赖于上帝存在的公设。

二、作为至善实现条件的道德神学之合理性

康德在《判断力批判》中多次强调：他的道德神学或者道德目的论，根本区别于一些被视为神学但本质上是一种"鬼神学"或"神魔"的神学，严格地说，是"首次"建立一种神学或者产生关于上帝的概念①。那么，我们不禁要问：康德的道德神学何以优于其他的神学而"首次"成为一种"真正的"神学呢？康德的道德神学究竟有哪些独特的本质？其自身的合理性何在？带着这些问题，笔者将从以下几个方面展开相关论述。

（一）道德神学的独特本质：基于道德的宗教

按照西方传统宗教的理论和其现实的发展进程，自古以来人们就存在着对宗教各种各样的理解和认识。关于宗教类型的划分，休谟最具代表性，按照其在《宗教的自然史》中的划分，宗教主要有多神教和一神教两大类型。休谟认为，人类对宗教认识发展的历史，和人类所处的认识水平之阶段密切相关。在古代，人类的智力尚未得到充分的发展，整个世界尤其是自然界的众多领域都对人类保持着神秘感，对此，休谟指出：就文字和历史所及的领

---

① 康德. 判断力批判. 2 版. 邓晓芒译. 北京：人民出版社，2002.

域而言，人类在古代曾普遍地显示出多神教徒的倾向。[①]对此，休谟通过考察和分析，进一步认为，人类在智力尚未"健全"的远古时代主要信奉多神教，其主要原因并非人类心目中真正具有某种"坚固的"信仰或者信念，也并非对自然具有系统性或者目的性的一种反思，而主要是源于人类一种本能情绪（情感）的需要，因为未知世界的种种"魔力"在人类面前实在是太强大了，以至于人类很难控制和把握自己所处的世界及其周遭的环境、事态，很多时候人类只能"坐以待毙"，随时面对各种不测和不幸降临。为此，休谟说：我们可以这样总结，在所有曾经信奉多神教的民族中，最早关于宗教的观念，并非来自对自然作品的沉思，而是来自对生活事件的关注，来自那触动人类心灵的绵延不断的希望和恐惧。[②]也就是说，在远古时代，宗教的产生纯粹是人类对自己身外未知力量的一种希望或者恐惧，这种希望或者恐惧又主要源于人类的无知。这样的多神教崇拜又被休谟称为"偶像崇拜"。

　　显然，在多神教的偶像崇拜中，人类连基本的理智要素都尚未加入，更没有任何的道德要素可言，这时人类对宗教的信仰纯粹就是一种盲目无知的"想象"。显然，这个阶段人类对宗教的信仰是"迷乱的"，人类恐惧什么、希望什么，对自己身外的哪些东西无法把握，就会将之当作是"神"。这样的多神教信仰是随时可变的，并且信仰的对象会随着各种希望和恐惧的增加而增加。这样的神学，与其说是神学，还不如说是"鬼神学"。因为，在这种情况下，休谟认为：每一个自然事件都受到一些理智操控者的支配；没有什么幸运和不幸的事可以在生活中发生，因为这些事无不是特别的被祈祷或感恩的对象。[③]也就是说，一切事件的发生皆出自注定的"天命"，对此，人只能祈祷或者感恩。

　　考察古代多神教的起源之后，休谟继续分析多神教的发展路径。休谟认为，随着人类理智的不断发展，人们发现，多神教中的"众神"并非对应一个个完美的存在者，它们各自都有自身的缺点和不足，因此它们都不足以成为世界的终极"创造者"，甚至在古代就没有过严格意义上的"创世说"。众神之于人的不同，只在于它们的"法力"要比人略大而已。随着人类情感的需要和理智认识能力的不断发展，多神教必然会发展出一神教来，即使大众可能对一神如何从多神中发展而来的必然逻辑缺乏推理，甚至他们根本就不感兴趣也不会对此有所关注，但对于普通人来说，他身边会发生许多意想不到的事情，而这些事情都将不可避免地需要一个原因。

---

① Hume D. The Natural History of Religion. London: A. and H. Bradlaugh Bonner, 1889.

② Hume D. The Natural History of Religion. London: A. and H. Bradlaugh Bonner, 1889.

③ Hume D. The Natural History of Religion. London: A. and H. Bradlaugh Bonner, 1889.

对此，休谟强调：普通人将这些归因于神意的直接操控。这些事件，对于出色的推理者而言，要承认存在一个最高的理智者，出现了根本性的困难，可是对于他而言，却是唯一的理由。①也就是说，关于一个最高存在者的信仰，是人们对于各种事件背后支配原因之思索的一个必然结果。而对于这个背后的原因，一般来说，主要集中于人类对一种背后无法捉摸的"规律"之信仰。

显然，以上这种对一神的信仰，虽然无可避免地加入了某些"理性"的因素，但总体上讲依然是人类的一种情感（情绪）"寄托"需要。对此，休谟指出：自然中存在的种种混乱、失序、奇迹和怪象，虽然与一个英明的统治者的计划最为针锋相对，但却给人类留下了最为强烈的宗教情感烙印，种种事件的原因在那时也似乎是最不为人知和无法解释的。②可见，即便是人类对于一神的信仰，很大程度上讲，仍然是一种纯粹的"情感"，这些情感和人类对多神的信仰并没有本质的区别，它仍是人类对于未来或者现实生活中无法把握的事件的一些希望或者恐惧。为此，休谟指出：当人类为自己定义一个完美存在，即世界创造者的观念时，他们只是碰巧符合了理性和真正哲学的原则；虽然将他们导向这个观念的不是理性——这是他们相当欠缺的能力，而是那些极端流俗的迷信中的奉承和恐惧。③简言之，是一些低级的情感或者说是人性中的某些"软弱"导致了人类对于最高的、最完美的"一神"的信仰，而并非理性（人类的理智推理能力）。

此外，休谟还强调，按照宗教的现实起源和发展，人类的宗教信仰还一直在"多神教与一神教之间往复流变"。休谟将其中的原因概括为：人类微弱的理解力不能满足于把他们的神认作是一种纯粹的精神和完美的理智；然而，他们自然的恐惧则会阻止他们给神抹上哪怕一丝的有限性和不完美性阴影。他们摇摆于这两种互为相反的情绪之间。④也就是说，人类既无法绝对地将神看作一个最高的、最完美的存在者（一神的特点），又无法接受神具有各种有限性和不完美性（多神的特点）这个现实，因此只能在多神教和一神教之间往复流变，而无法最终下定论。

以上是休谟对于宗教起源和发展的一些基本论述和看法，笔者认为，从很大程度上讲，休谟的论述是可信的，同时也符合宗教在西方甚至全世界的发展历程。当然，休谟对"宗教自然史"的考察，主要从人类整体（特别是

① Hume D. The Natural History of Religion. London: A. and H. Bradlaugh Bonner, 1889.
② Hume D. The Natural History of Religion. London: A. and H. Bradlaugh Bonner, 1889.
③ Hume D. The Natural History of Religion. London: A. and H. Bradlaugh Bonner, 1889.
④ Hume D. The Natural History of Religion. London: A. and H. Bradlaugh Bonner, 1889.

俗众）的角度入手，还缺乏人们后来对神（特别是上帝）的存在之证明这一环，显然，对于神的存在的证明主要由智力水平和理解能力都超于常人的哲学家或者神学家来完成。因此，在休谟看来，人类关于宗教的探究，无非是基于对两类问题的回答：其一，关于宗教在理性方面的基础；其二，关于宗教在人性方面的起源。[①]显然，前者是对宗教的理性证明，后者是对宗教的人性起源探究。关于人类对宗教的理性证明及其存在的问题，休谟在其另外一本宗教著作——《自然宗教对话录》中展开了论述，其论述的焦点主要集中在人们对上帝存在的"类比证明"上面。这种类比证明主要是"自然神论"者的理论证明思路，休谟基于彻底经验论的立场最终得出一个结论：一切"自然神论"的类比证明都无法证明自身的合法性，因为，"我们的经验，它自身如此的不完全，范围和持续两方面又如此的有限，不能为我们对于万物的起源提供可能的揣测"[②]。也就是说，自然神论的类比证明，充其量只是人类经验的一种"相似性"的"联想"或者"猜测"，从根本上讲，其对上帝的证明并没有一种绝对的必然性。因此，一切自然神论对上帝证明的尝试，都经不起怀疑和推敲。

从休谟对传统宗教的分析中，我们可以看到，无论是在一般俗众还是在"理论家"那里，宗教的存在都不具备一种"坚固性"特征。对于神的信仰，要么是一种纯粹情感（情绪）上的需要，基于对未知世界和无法把握的世界的恐惧或者希望，俗众走向了宗教；要么是一种"相似性"的类比揣测，理论家走向了宗教。显然，这样的宗教，很大程度上都只能是一种迷信，迷信在人类之外存在一种更为强大的力量从而掌控着世间万物的命运。由此而来的神，只能是人自身之外一个"法力无边"的存在者，是人类希望的对象，同时也是人类敬畏的对象。因此，在传统宗教中，人们根本无法看到一种真正源自人自身的道德的力量。鉴于此，道德充其量只能是宗教的一种附庸，道德本身没有任何独立性和价值。此境之下的道德，就是一种"宗教的道德"，人们即便在日常生活中表现出道德的一面，其道德行为或意识的起因，也只是出于对一个"异己"的至高无上者的"恐惧"和害怕。这样的道德，即使具有某种"功用性"，也在人类的生活中大量存在，但在康德看来，其本身没有任何道德价值，其本质是一种"伪善"，或者是对上帝或神的一种"伪侍奉"。

同时更为重要的是，传统宗教在休谟两个方面的摧毁下，基本已站不住

① Hume D. The Natural History of Religion. London: A. and H. Bradlaugh Bonner, 1889.
② 休谟. 自然宗教对话录. 陈修斋，曹棉之译. 北京：商务印书馆，2017：55.

脚。也就是说，无论从人性的起源方面分析，还是从理论上的"类比证明"，都经不起休谟彻底经验论的质疑和推敲；最终，宗教所设定的神或者上帝，充其量只是一种人类低级情感（情绪）的需要或者是一种蹩足的理论证明而已。虽然休谟对宗教的质疑和推敲也有其不足和理论困境，但是客观地说，传统的宗教确被休谟击中了要害。康德也是在休谟的基础上重新审视传统宗教存在的合理性问题，但康德和休谟的处理方式却截然不同。从康德的整个哲学体系来看，其并非要像休谟那样彻底地摧毁宗教存在的意义及空间，康德虽然在《纯粹理性批判》中对传统种种宗教的理论证明方式批驳得体无完肤，但其目的是要"为信仰留下地盘"，这也是康德希望问题最终得到解决的一个核心前提。康德认为，传统用理论的方式证明宗教存在合法性的做法都是不合理的，是理论理性的一种"僭越"运用，本身只能认识经验世界的理论理性运用到了经验以外的领域（宗教领域）去了，因此其必然经不起批驳和推敲。对此，康德指出，如果将宗教存在的合法性建立在道德这个基础之上，宗教的存在则是必然的同时也是合理的。因为，道德在康德这里，是以其所厘定的道德法则作为基础的，道德法则是一个普遍的、必然的法则，道德法则本身是先天的、超越经验的存在，能对所有人的经验（行为）起到一个普遍的指导作用，是人类经验行为的一个必然规范。因此，建立在道德基础之上的宗教，其根基本身是稳固的，甚至是无懈可击的，一切怀疑论在这里都无法起到任何有效的作用。同时，道德是理性的一种实践运用，人们由此去"认识"宗教或上帝，就不存在"僭越"运用这种可能性。

综上所述，在康德的道德神学中，其一反传统对于宗教存在的种种无法证明自身合法性的信仰方式，将道德作为宗教的前提来切入，宗教只是道德贯彻到最后的一种"补充物"，宗教的存在弥补了道德自身无法完全实现"至善"这一人类实践理性之必然客体的遗憾和不足。康德认为，道德与宗教之间的关系，是道德导致宗教而不是相反。换言之，基于道德的宗教是康德宗教观的本质，也是康德确保宗教存在合法合理的根基。在基于道德的宗教中，康德并非"否定"了宗教，而是以一种不同于传统的方式拯救了宗教，为宗教重新奠定了合法的基础和存在空间。当然，这也是康德彻底解决希望问题的一个必然理路：一切希望都指向幸福，这种幸福是基于道德的幸福，而基于道德的幸福就是至善——德福的"先天综合"，唯有最高的神——上帝才能保证至善的实现。总之，至善的实现，必然要依靠道德神学这种宗教基础，道德神学因此也成了康德哲学的一个必然归宿。

（二）道德神学的合理性：单纯理性限度内的宗教

诚如前述，在康德的视野里，宗教具有和以往宗教不同的独特本质，这种独特性就在于宗教是"基于道德的宗教"，即道德是宗教存在的一种必然基础，没有道德这个前提，宗教本身就没有意义。康德对宗教道德本性的设定，使他的宗教理论和以往所有宗教理论划清了界限。在传统的宗教理论中，要么是低级情感需要导致的多神教、一神教或者多神教与一神教的"往复流变"，要么是通过一种经验上的类比证明而来的"自然神论"。这是休谟的概括，当然在休谟的概括之外，也有康德后来概括的如本体论证明、宇宙论证明等试图通过纯粹思辨的方式证明神的存在的种种宗教理论。休谟概括的几种宗教理论，已经被其基本彻底推翻（至少从反向证明了它们的不合法性）；而康德提到的本体论、宇宙论等，则在《纯粹理性批判》中被其驳斥得体无完肤。同时，为了区别于休谟所说的基于自然经验来证明其存在合法性的自然神学，康德则这样定义思辨神学之"思辨性"："一种理论的知识，如果它指向一个我们在任何经验中都不可能达到的对象或关于一个对象的那些概念，那么它就是思辨的。"[①]显然，一切试图通过理性的理论运用来证明上帝存在的方式都属于这种"思辨"的方式，或者说，这种证明上帝存在合法性的做法是"思辨神学"。按照康德的说法，思辨神学的做法是人类运用只能对经验形成知识的理论理性去试图认识一个超越经验的对象——上帝，这个超验对象既不能被证伪也不能被证明。为此，康德指出："我现在主张，理性（理论理性——笔者注）在神学上的单纯思辨运用的一切尝试都是完全无结果的，并且按其内部性状来说毫无意义的；但理性的自然运用的原则是根本不可能引向任何神学的，因而如果我们不以道德律为基础或用道德律作引线的话，就任何地方都不可能有什么理性的神学了。"[②]在此，康德说明了一切试图证明神存在的宗教理论（不管是思辨神学还是自然神学）之不合理性的根源。也就是说，自然神学试图通过理性在自然和经验中建立神学，这明显是不可能的，在自然和经验中既没有神也没有神学可言，因为这本身就是遵守自然律的经验世界；而在思辨神学中试图通过理性（理论理性或者知性）的"僭越"运用来证明神这个超验对象的存在，同样是不可取的。这些证明均无法为人类所彻底理解，因此是不合理的。

但是，一种神学如果合法或者合理（得以可能），它本身又必须符合人类理性，否则它将走向休谟所批判的那些通过情感来推想出神存在的低级样

---

① 康德. 纯粹理性批判. 邓晓芒译. 北京：人民出版社，2004：501.
② 康德. 纯粹理性批判. 邓晓芒译. 北京：人民出版社，2004：501-502.

态，它们本身还没有达到理性的高度，因此离合理合法就更为遥远，充其量只能是一种纯粹情感的需要（盲目恐惧和希望的需要）而已。可见，要确立宗教的合理性或者为人类所理解的可能性，还必须通过人类的理性来达成。同时，康德认为，这种能够理解宗教的人类理性并非传统的理论理性样态，而应该是实践理性样态。对此，康德对理性进行了"批判"考察，其发现理性可以作为两个层次的运用，其一是理论的层次——指向经验世界、对经验世界形成知识；其二是实践的层次——指向超验世界、对超验世界赋予不同于经验世界的"实在性"。康德认为，传统的宗教证明方式都只是运用了人类理性的理论层次（理论理性），而没有考虑到人类理性的实践层次（实践理性），因此，要通过理性来证明上帝存在的合理性，就只可能剩下理性的实践运用层次了。为此，康德强调："既然有一些实践法则是绝对必要的（即道德法则），所以如果这些法则有必要把任何一个存有预设为它们的约束力的可能性条件，那这个存有就必须被要求，这是因为，这个推论由以出发走向这一确定的条件的那个有条件者本身是先天地被认作绝对必要的。"①也就是说，在此，上帝存在作为道德法则约束力的一个可能性条件而必须被要求，这种要求先天地被认为是绝对必要的。需要注意的是，康德对于道德法则本身的普遍必然性和人类道德自身的独立性（前面已有大量论述，在此不作赘述）是毫不怀疑的，但是由于人类理性（实践理性）最终必然会将至善——德福统一作为自身的必然客体，因此，这时上帝存在就必然作为一种先天的要求而出现。因为，如果没有上帝存在，就不可能有至善的最终彻底实现。概言之，上帝存在，是作为一种实践理性的先天要求必然出现的，即上帝存在是不可避免的。

综上所述，上帝存在，其合理性在于实践理性的必然要求，它是一种"单纯理性限度内的宗教"，这种宗教区别于以往任何一种情感或者"理性"宗教。因为，康德所说的单纯理性限度内的宗教之"理性"，是践行道德的纯粹实践理性，而非认识自然、经验世界的理论理性。为此，在康德专门论述宗教的著作中，还以"理性"作为一个核心和根本要素进行论述和讨论，这就是他晚期著作《单纯理性限度内的宗教》的核心内容。这种"单纯实践理性限度内的宗教"，既避免了传统"单纯理论理性限度内的宗教"之不可能性，又避免了传统"单纯情感限度内的宗教"之盲目性，同时又不失"理性"的特征。因此，康德的道德神学是一种合乎人类理性的神学，是为任何一个"有理性的有限存在者"——人所可以理解和接受的神学。可见，康德基于道

---

① 康德. 纯粹理性批判. 邓晓芒译. 北京：人民出版社，2004：500.

德这个本质而证明其合法性的道德神学，可谓走出了以往任何一种神学所可能出现的种种理性和经验困境，道德作为上帝存在的基础和前提，使上帝存在本身具有了一种不同于理论知识的"客观实在性"特质。总之，康德的道德神学是一种纯粹理性（实践理性）限度内的神学，这是其具有合理性的根本保障。

第六章　康德希望问题的理论后果及当代启示

康德之后的德国古典哲学之集大成者——黑格尔曾一针见血地指出:"在哲学史里我们所研究的就是哲学本身。"①而从很大程度上讲,哲学史就是一部人类关切自身生存发展之境遇的"问题史"。一切哲学都是从问题出发的,虽然没有人能够对什么是"好的"哲学问题作出具体的定论,但是纵观人类历史上曾出现的各种哲学问题,能长久流传于世的并不是很多。显然,能够长久流传于世的问题至少就能算是"好的"哲学问题之一,它的"好",既在于问题本身的深刻性和穿透力,更在于问题魅力的经久不息性。深刻性和穿透力,主要体现在哲学问题的"现时性"之重大影响力上,它能对自己所处时代的精神进行高度浓缩,更能对某些同时代的思想产生直接的根本性影响从而引领时代思想的潮流,这也许就是后来马克思所说的"哲学是时代精神的精华"之深刻含义所在;而经久不息性,则主要体现在哲学问题的"历时性"之启示作用上,这种经久不息性能够穿透历史和时空的界限,达到一种"永恒"。某些哲学问题的永恒性,主要就在于其能给予后世某种深刻的启示,后世能够从"古老的"思想资源中谋得某种"返本开新、启发当下、指引未来"的动力和理由,这也许就是现代著名哲学家胡塞尔所强调的在哲学探索中"我们切不可为了时代而放弃永恒"②的真义所在。笔者认为,在康德庞大哲学体系的诸多问题中,远不止一个问题具有这种双重的品质,作为近代哲学史上承前启后的重要人物,可以说,康德涉猎的诸多哲学问题都既具有"哥白尼式"的变革意义,又具有永恒的魅力。这正如日本学者安倍能成所指出的那样:康德"在近代哲学上恰似一个处于贮水池地位的人。可以这样说,康德以前的哲学概皆流向康德,而康德以后的哲学又是从康德这里流出的"③。因此,康德哲学或者康德哲学的问题本身就具有承前启后的特殊意义,它既指向当下,又开启未来。同理,作为康德明确提出自己哲学体系三大基本问题之一的希望问题也明显具有"好的"哲学问题之双重特性:

---

① 黑格尔. 哲学史讲演录(第一卷). 贺麟, 王太庆译. 北京: 商务印书馆, 1959: 25.

② 胡塞尔. 哲学作为严格的科学. 倪梁康译. 北京: 商务印书馆, 2010: 64.

③ 安倍能成. 康德实践哲学. 于凤梧, 王宏文译. 福州: 福建人民出版社, 1984: 3.

"现时性"和"历时性"。顺此理路，笔者接下来将重点对康德希望问题所可能产生的双重性影响作出论述，即从康德希望问题导致的理论后果和当代启示两个方面进行考察和分析。

第一节　理　论　后　果

所谓理论后果，主要是指一种哲学或者一个哲学问题，对其所处时代的思想及思维方式造成的直接影响，这种直接影响源自这种哲学或哲学问题的内在逻辑发展理路。而理论后果对此前及其时代同类相关思想的变革或者颠覆程度，又是检验这种哲学或哲学问题深度及影响力的重要标志。笔者认为，康德论述的希望问题颠覆了传统人们对希望的解释和理解所形成的固定的思想模式，从某种程度上讲，实现了人类希望的启蒙；同时，康德希望问题中所涉及的对宗教的独特理解，实现了宗教从"神本化"向"人本化"的过渡。以下就此两点理论后果作出相应分析。

一、人类希望的启蒙

通过本书第一章的论述可知，关于希望问题，在康德之前的西方哲学史中，有很多思想家对之作出过论述，在多数思想家及普通民众看来，希望都是一种对"未来"的期待。不管此世今生人们做了什么，或者过得怎样，人们都希望在未来的世界中能满足自己今生或者现世未能实现的某些欲求和愿望。当然，人们最希望满足的就是幸福，因此，康德指出"一切的希望都指向幸福"。然而，这种对幸福的希望大多是盲目的、缺乏牢固根基的，换言之，这样的希望基本都将成为一种"虚妄"或者自我欺骗。

传统关于希望的理解，大体可以分为两种类型：其一，单纯情绪性的表达；其二，知识论的分析。

关于第一种希望的理解，即情绪性的表达，这在前面关于休谟对"宗教自然史"的解释中得到了很好的阐释。也就是说，人们由于此世今生遭遇诸多的不幸、对自己命运和前途的不可预测等因素，经常活在恐惧不安、焦躁不定的情绪当中，这时人们需要寻求一个彼岸的依靠，不管这个依靠具体是什么东西，但其必须能满足解决人们当下面临的各种困境和无助等不利问题这个要求。基于此，人们就对自己甚至人类的未来进行了种种希望，希望在未来的世界自己或者人类能够过得比当下更加幸福、生活得更加稳定和殷实等。显然，这是普通人（俗众）对希望的一种基本理解，也是很多虔诚的普通宗教信徒对希望的一种普遍理解，中世纪的著名教父德尔图良（Tertullianus）说出的名言——"惟其不可能，我才相信"①便是这一情绪性希望的最高表达。

关于第二种希望的理解，即知识论的分析，最早可追溯至公元前 9 世纪到前 7 世纪的古希腊。在古希腊语中，希望（elpis）一词，其最原初的含义是"预见未来"，在古希腊神话体系中，希望实际上是由神谕、飞鸟占卜等手段所获得的关于人自己命运的神秘化知识。柏拉图认为，希望是运用"辩证法"对至善的"观视"，最终希望就只是人类灵魂的事，正如"洞喻"展示的那样："从看见阴影到企图看见真的动物，然后能看得见星星，最后看得见太阳本身。"②由此，柏拉图开创了西方对希望理性表达和证明的先河。这个传统认为，人类的希望可以通过一种"求知"的方式而获得，即人类的未来走向怎样、将会达到一个什么样的美好前景等，均可通过一种类似于知识证明的方式来获得。由此，知识论的希望传统，到了近代启蒙时期，就出现了像孔多塞那样的想法：给出实现人类理想的十阶段式的历史图表。孔多塞认为，人类的希望能按照一个必然的客观历史规律前进：人类在摆脱了偶然性的枷锁之后，接着将会迈着坚实的步伐，在真理、德行与幸福的大道上前进……"那时候太阳在大地之上将只照耀着自由的人们，他们除了自己的理性就不承认有任何其他的主人。"③显然，知识论的传统除了对希望所作的"知识化"理解之外，其最终的走向就是盲目的历史乐观主义。但问题在于，人类的希望是否能够顺着历史的必然规律直接实现呢？显然，这是既无法证明也无法证伪的事，因为各种希望不断地在"当下"发生，也有可能不断地在人们的心目中遭受"偷梁换柱"或无意的"概念置换"等。

从以上简单概述中可知，传统对希望的各种理解都存在明显的问题和缺陷。在单纯情绪性表达的希望中，从本质上讲，希望是缺乏前提的，也就是说，对希望这种指向未来的期待缺乏一种可靠的根基。希望的情绪再强烈，也无法表明人们对未来的希望就是可靠的或者是合法的。而在知识论分析的希望中，希望似乎具备了一种"可靠的"前提，但是问题很快就会出现，因为人类的希望始终是一种对未来世界的期待和渴望，其本质上属于人类情感的一部分，如果用知识论的方式来"计算"这种情感，显然是不合理的，同时也是不可能的。此外，用知识论的方式来试图证明保证人类希望最终实现的最高存在者存在的做法同样不可取（一切用理论证明上帝存在的方式在休

---

① 转引自赵敦华. 西方哲学简史. 北京：北京大学出版社，2001：107.

② 柏拉图. 理想国. 郭斌和，张竹明译. 北京：商务印书馆，1986：298.

③ 孔多塞. 人类精神进步史表纲要. 何兆武，何冰译. 南京：江苏教育出版社，2006：160.

谬之后都已经显露其荒谬性）。概言之，传统的两种理解希望的方式都没有
出路。

　　在此，需要指出的是，传统对希望的理解，或者对希望问题的解决，从
其本质上讲都是不自由的，亦即人们对希望的理解无法体现自身作为"有限
的理性存在者"之价值和尊严，而这种价值和尊严就是人的自由本性。因为
不管是对希望的情绪性表达还是知识论的分析，它们都将人类的希望对象推
向了一个遥远的未来：人类可以希望在彼岸世界中实现自己今生此世无法实
现的种种愿望，在此，人们将希望的实现完全寄托于一个"异己的"、人们
根本无法"认识"的最高存在者身上。因此，一切希望，最终就是希望一个
上帝或者最高的神存在，而人们对上帝或者神却一无所知，或者人们所知道
的都是人类对之进行的"错位认识"，这是人类理性的一种"僭越"运用的
结果。鉴于此，人们对希望的理解，归根结底就是一种"盲目"的信仰甚至
是迷信，希望的实现完全取决于人类之外的一个异己的存在，人类的生活和
精神均只能被一个外在的"最高存在者"所掌控。在希望的面前，人类本有
的自由本性和价值消失了，从而变成了一个在希望中"惶惶不可终日"的尘
世"等待者"和"祈祷人"。

　　鉴于人们对希望的传统理解可能导致人的尊严和价值受到威胁甚至亵
渎，康德对人类的希望问题进行了颠覆性的理解。康德认为，在谈论"我们
可以希望什么？"这个问题之前，人们首先必须要具备"做了我应当做的"
这个基本的道德资格。对此，康德早在《纯粹理性批判》中就强调道："只
有当我们把一个依照道德律发布命令的最高理性同时又作为自然的原因而置
于基础的位置上时，才可以有希望。"①也就是说，即使上帝的公设是人类
实现希望的一个前提，但上帝首先必须是一个颁布道德命令的最高存在，人
们只有按照这个道德命令行动时，才可能有希望，希望在未来的世界得到自
己意想的幸福。注意，对于希望问题，康德虽然强调了上帝的作用，但人们
"可以希望幸福"的条件是：必须按照道德法则行事（行动的动机必须是道德
法则）。可见，在康德这里，解决希望问题就变成了首先必须解决道德问题，
道德问题不解决，径直去谈论希望问题，这本身就是没有意义的。或者更严
格地说，没有道德前提，一切的希望都是没有根基的，这样的希望也不是真
正"属人的"、体现人的价值与尊严的希望，它本质上和其他的动物对各种
欲望的满足之期待没有根本性的区别。因此，没有道德前提的希望，充其量
只能是"动物式"的希望，它完全受制于人类自身的感性欲望，或者是人类

---

① 康德. 纯粹理性批判. 邓晓芒译. 北京：人民出版社，2004：615.

"工具理性"的一种自负的"算计"，但从根本上讲，在这样的希望中，没有人类的自由本性融于其中。

可见，康德将道德作为"可以希望"的前提，从根本上解决了传统人们在解决希望问题时面临的理论困境。因为，将具备道德资格作为希望的前提，其强调的不是人们如何在未来世界中"享受幸福"，而是人们应该如何在此世中"配享幸福"。而配享幸福的前提就是道德，诚如前述，在康德的思想中，从某种程度上讲道德是和自由等同的。道德的本质和核心是人类运用自己的实践理性去摆脱感性欲望、自然因果规律的束缚，达到一种"自由自在"的自律状态。正是有了自由这个核心要素，人类的希望才成了"自由的希望"，没有自由这个前提，一切的希望都是不合法的、不合理的，同时也是人类所无法理解的"盲目"希望。

基于此，从某种程度上讲，康德的颠覆实现了对传统"盲目希望"的启蒙，这是康德解决希望问题的一个必然理论后果。对于康德而言，启蒙就是"人类脱离自己所加之于自己的不成熟状态"[①]，而所谓的"不成熟状态"，就是"不经别人的引导，就对运用自己的理智无能为力"[②]。诚然，康德在此首先强调启蒙是人类理论理性的自由运用，但是其指向的终极目标却是道德的启蒙和宗教的启蒙[③]，换言之，康德的启蒙，理应是对人类实施的全面启蒙。在希望问题上，道德由于作为前提，变成了人类自由的希望：人类可以希望幸福，但是首先并非直接去谈论如何在彼岸世界获得幸福，而是要求人们首先在此岸具备道德资格，在道德中体现人类自由的本性，这才是康德谈论希望问题的根本。

综上所述，在解决希望问题上，康德走出了一条与传统人们谈论希望问题根本不同的道路：自由希望的道路。康德引导人类从传统希望的"漫漫长夜中"走了出来，不再是盲目地祈求幸福，而是在道德（自由）的基础上，必然地走向对未来幸福的期待，这就是康德对人类希望所实现的启蒙。这种以道德作为前提的希望，给传统的希望问题带来了颠覆性的后果，如伯林所言："唯一值得拥有的是无拘无束的意志——这就是康德一再强调的核心命题。它注定要带来极度革命性的、颠覆性的后果，对此康德并未预料到。"[④]

① 康德. 历史理性批判文集. 何兆武译. 北京：商务印书馆，2009：23.

② 康德. 历史理性批判文集. 何兆武译. 北京：商务印书馆，2009：23.

③ 对此，有些学者可能会提出一些疑问，但是只要认真阅读康德的文本，就会发现，宗教或者道德的启蒙(尤其是后者)，康德也有过明确的论述，具体可参见康德. 单纯理性限度内的宗教. 李秋零译. 北京：中国人民大学出版社，2003：189-191. 另可参见拙文曹峰. 启蒙：康德哲学的起点和归宿. 湛江师范学院学报（哲学社会科学版），2007，（5）：44-48.

④ 以赛亚·伯林. 浪漫主义的根源. 吕梁，洪丽娟，孙易译. 南京：译林出版社，2008：82.

这在康德的希望问题上同样适用，也许康德也没有预料到他对希望问题的解决所能带来的革命性、颠覆性后果，但从理论上讲，这的确是一个必然的逻辑。同时，需要说明的是，在《浪漫主义的根源》一书中，伯林认为："一般来讲，我们不能根据康德关于这些权威的观点来考察他这个人，但有一点很清楚，他的道德哲学就是牢牢建立在反对权威的原则之上的。当然，反权威的原则就是对意志的至高无上性的肯定。"①对此，笔者认为，伯林的论断是准确的，但是伯林据此来断定，康德道德哲学的反对权威本质就是浪漫主义的根源所在，却是欠缺准确的。因为，虽然伯林也承认，浪漫主义是一个含混而无法定义的概念，但从总体上讲，浪漫主义是和18世纪欧洲的"启蒙主义"推崇的纯粹理性主义相对的，就此点而言，康德的道德哲学仍然是理性主义的产物（虽然康德理解的理性和启蒙时代很多思想家理解的有所不同，但其毕竟是人类理性的实践方面）。

因此，笔者认为，如果说康德是浪漫主义的根源，这不是源于他道德哲学的反对权威本质，而是源于其以道德为前提的希望问题。因为希望问题兼备道德的反对权威和人类追求幸福的欲望两重属性，同时希望问题又不可避免的是一个"信仰"层次的问题，其根本区别于一般启蒙主义对单纯"理论理性"的推崇（否定信仰），从而具有一种反对一般启蒙主义的气质和追求，可见，希望问题才是康德思想中带有浪漫主义痕迹的部分②。换句话说，康德对人类希望的启蒙，才使他必然地和浪漫主义扯上了某些关系。

二、宗教神学的人本化

如前所述，较之传统人们对宗教的理解，在康德希望问题的大框架中，宗教的内涵发生了根本性转折。在传统的视域中，一般来说，宗教中的神是一个高高在上的、完全独立于人的神秘存在物。在宗教面前，人类显得无比渺小和屡弱。由此，在宗教神学中，人们设定了一个最高的存在者（上帝或者其他神），它全知、全能、全善而无所不能。上帝或者神规定着人类的命运，世间万物都受制于最高神的掌控。正是如此，它只能是人们膜拜的对象，而人作为"有限的理性存在者"，充其量也只能是神的一个附庸。概言之，先有神才有世间万物（包括人），世上的一切都只能听命于神的使唤，只好"因信称义"。显然，这也是传统基督教的信条，从根本上讲，上帝是"本"，而人是"末"。为此，传统宗教神学（包括哲学）对上帝的存在及其性质作

---

① 以赛亚·伯林. 浪漫主义的根源. 吕梁，洪丽娟，孙易译. 南京：译林出版社，2008：81.
② 当然，康德与浪漫主义之间的关系是一个十分复杂的问题，本书在此无法展开详细的论述。

出过无数的证明和描述。传统宗教神学的这种定势性理解，被康德完全颠覆，在康德的希望问题中，上帝虽然仍然无所不能，但它已经变成了一个人类实践理性的必然"公设"，上帝和人的关系、位置也发生了根本性的变化：人不再是神的附庸，而是相反，神变成了人的"附庸"。神既是协助人类在道德上实现改恶向善的必须假设，也是人类最终实现道德与幸福的统一（至善）这个希望的必须"公设"。也就是说，在希望问题中，上帝的存在既是人类满足道德要求的一种必要，也是人类实现在道德要求的前提下追求至善的一种必要。简言之，是人类的道德导致了宗教，并非宗教处于人类道德之上。而道德是人类自由本性的体现，也是人类尊严和价值的根本所在（区别于一般动物）。因此，在康德的希望问题中，上帝的存在虽然必要，但对于上帝存在的合理性之理解已经由传统的"神本化"变成了现在的"人本化"，上帝在这里是"属人的"，而并非相反——人是"属上帝的"，亦即宗教神学实现了由"神本化"向"人本化"的根本性转变。

基于此，笔者认为，在康德的希望问题中，对于宗教"地位"的重新考量进而实现宗教神学的"人本化"转向，是其解决希望问题的另外一个必然的理论后果。需要指出的是，康德希望问题导致的这一理论后果，是对近代处于尴尬地位（合法性遭受普遍质疑）的宗教神学的一次有效拯救，为宗教神学的发展奠定了基础并指明了方向。众所周知，康德生活的启蒙运动时代，最根本的思想特征就是强调人自身的价值和尊严、彰显人性的光辉，而这主要是以反对中世纪的宗教专制统治（其导致"轻视"人的存在价值）为目的的。在启蒙运动时期，不管普通人还是思想家都将矛头指向了天国，对天国的批判和反抗构成了启蒙运动时期的核心思想印记。用某些学者的概括来说，启蒙运动时期是一个"人义论"取代"神义论"的无神时代。在人类理性的法庭面前，西方曾经确立的"神本"传统受到了普遍的质疑和批判，传统宗教神学的合法性地位由此也岌岌可危。对此，正如休谟所讽刺那样，当我们经过各个图书馆时，假如相信这些原则，我们必将会作出哪些破坏举动？如果我们拿起一册书，譬如是关于神学的或经院哲学的，然后问道：其中包含任何关于量或数的抽象推理吗？答案是没有。其中包含关于实际的事实和存在的任何经验推理吗？答案是没有。那就把它投到烈火中：因为它所包含的仅是诡辩和幻想，而没有别的任何东西。[1]由此可见，宗教神学在启蒙时代是多么令人憎恶和鄙视。当然，也正是因为休谟坚持彻底经验论的立场来考量一切传统的宗教神学，才使宗教神学在启蒙时代蒙上了前所未有的阴影。

---

[1] Hume D. An Enquiry Concerning Human Understanding. New York: Oxford University Press, 2007.

总之，宗教神学在启蒙时代无情的"理性法庭"面前，已经走到了生死存亡的关口。

康德作为启蒙时代最伟大的思想家甚至是启蒙运动的真正奠基人，对于宗教神学的处境自然了然于心，他正视了传统宗教神学面临的困境，但并没有像休谟那样将其推向死胡同，而是在休谟的启发下，超越休谟，使宗教神学走上了另外一条合理、合法、令人可以理解和接受的发展道路。

当然，需要明确的是，康德对宗教神学的拯救途径是先批判后建构。所谓的先批判，就是康德在《纯粹理性批判》中首先对传统的宗教神学进行了无情的批判（康德承认，这是在休谟的提示之下作出的）。康德认为，传统宗教神学的做法就是试图用人类的知性（理论理性）去认识超越人类经验的事物（上帝），这是人类理性的一个妄想和"越界"运用，因此，这种做法不可能得逞，这也是休谟用彻底经验论批判传统宗教神学而传统宗教神学又无力招架的根本原因。但是，康德并没有停留于此，正如康德自己所说，《纯粹理性批判》的目的是："不悬置知识，以便给信仰腾出位置。"①具体地说，康德是在解决"我可以希望什么？"这个问题中，给信仰留足了位置。康德认为，"可以希望幸福"的前提是必须具备道德资格——"做了我应当做的"。道德作为人类可以"安身立命"的地基，是对道德法则这个纯粹形式法则的坚持和遵守，在一切的道德行动中，人们不应该考虑任何与经验、感性相关的因素（如幸福等）。而人又始终是具有"两重性"特征的"有限的理性存在者"，他有可能也有能力遵守道德法则，但也无时无刻不受到感性因素的影响，这样，要真正实现道德，实现一种人性上的彻底"改恶向善"，就有必要假设一个最高的存在者来帮助人类（注：前提是人类值得帮助——已经在为自己走向道德作出了最大的努力还难以彻底达到完满的、持续长久的道德状态），这是康德对上帝存在的一个基于完善人类道德的"需要性"推理。另外，在希望问题中，除了道德资格这个"可以希望幸福"的前提之实现需要假设上帝存在外，还有另外一个层次需要上帝，那就是希望问题指向的真正对象——至善（德福统一）之彻底实现也需要假设上帝存在。康德认为，至善是在道德的基础上，人们可以享有与之严格匹配的幸福，而这样的德福统一状态又是人力所无法最终彻底实现的，这时，就只有假设上帝存在，才可能圆满解决这个实践理性的"二律背反"问题。注意，在至善中，道德前提永远是第一位的，这是"配享幸福"的资格，即便是在实现至善必须假设上帝存在的过程中，上帝的存在仍然是由道德导致的，因为道德永远作为

---

① 康德. 纯粹理性批判. 邓晓芒译. 北京：人民出版社，2004：22.

基础，如果没有道德就连至善也不可能出现。

　　因此，上帝存在是在康德希望问题中必然要出现的一个结果。它是道德的一种必然"补充物"，在此，康德对于宗教神学的解释也走向了与传统宗教神学大相径庭的道路：人本化道路。因为道德本身是人身上的一种必然性自由本质。当然，康德对于宗教神学"人本化"的具体阐述，又是从几个方面入手的：对传统基督教的"原罪论"进行人本化的阐释、对《圣经》文本中其他内容也进行人本化的阐释等。而这一切又都离不开人类的理性，具体地说是人类身上的实践理性——实现道德的理性，其严格区别于认识自然、构造知识的理论理性，这也是康德将他理解的宗教称为"单纯理性限度内的宗教"之原因。康德将上帝的存在归之于人类实践理性（道德）的一种必然需求物，从而扭转了传统宗教的"神话化"倾向，使之走向了"非神话化"①——纯粹理性化（实践理性）的道路。虽然，黑格尔也曾论述道："哲学与宗教站在同一基础上，有一个共同的对象：普遍的独立自存的理性。"②但真正将宗教与哲学两者的关系颠倒过来，以哲学（理性）建构（先解构）宗教，并赋予宗教存在合法性基础的，康德才是真正第一人。康德对宗教神学的独特拯救可谓功德无量，这正如詹姆斯·利文斯顿所言："康德在现代神学中的关键作用在于这样一个事实，他使神学摆脱了古典经验主义的腐蚀，同时又维护了宗教信念的合理性。"③由此可见，康德在解决希望问题时，对宗教神学的拯救，既使之摆脱了传统理解宗教所导致的困境和尴尬，又使之重新为人们树立合理的宗教信念指明了方向。

　　另外，需要指出的是，康德对宗教进行的"哥白尼式革命"，既颠覆了传统宗教观又拯救了宗教的独特做法，虽为其首创，但也是对西方传统哲学理性精神的一次超越性继承。康德这种以人类理性解读世界万物、张扬人类主体性的做法，源自古希腊的理性精神，正如英国学者拜恩在其著作《康德论上帝》（Kant on God）的结尾处所言：上帝的图景始自古希腊哲学传统，再经由经院哲学（Scholasticism）到他的新近祖先们，如洛克和莱布尼茨，如今出现在康德的批判的宗教哲学中。但它和独立自主的、批判的理性概念紧密联系在一起。④笔者认为，拜恩的结论基本切中了康德宗教（上帝）概念的本来面目，我们不可否认康德宗教哲学是对传统的一种继承，但重要的是，这也显示了康德超越传统的关键一面，康德在彻底批判传统宗教哲学迷

① 谢舜. 神学的人学化：康德的宗教哲学及其现代影响. 南宁：广西人民出版社，1997.
② 黑格尔. 哲学史讲演录（第一卷）. 贺麟，王太庆译. 北京：商务印书馆，1959：69.
③ 詹姆斯·利文斯顿. 现代基督教思想（上）. 何光沪，高师宁译. 南京：译林出版社，2014：122.
④ Byrne P. Kant on God. Ashgate: Ashgate Publishing, 2007.

误和弊端特别是种种试图通过理性（理论理性）来证明上帝存在的做法之后，对宗教重新作出了理性（实践理性）证明，这是康德对于传统宗教理论的超越性继承，也是使宗教神学人本化的一个根本要求。

　　总之，在康德的希望问题框架内，宗教神学实现了一次由传统的"神本化"向现代的"人本化"的转向，康德对上帝所作的"人本化"阐释，拉近了人和上帝的距离，这正如当代神学家伍德所言：康德自己在许多方面是一个"现代主义的"或"实在主义的"神学家，他的道德宗教本质上是一个希望的宗教和个人许诺的宗教，一个来源于人类的有限性"生存"困境的宗教。①诚然，伍德将康德作为一个神学家来定位可能是不太准确的，但是对康德实现了宗教由传统向现代的转换，并拉近了宗教与人的距离等定位是极有见地的。同时，毋庸置疑的是，康德对宗教的实践理性证明，也为在启蒙时代的理性法庭前无处逃遁的上帝找到了新的寓所，为现代神学的发展指明了方向。由此，人们信仰上帝（神）的做法，并非一种盲目的"因信称义"，而是一种"因德而信"，后者即康德希望问题导致的第一个显著的理论后果：希望启蒙。

第二节　当代启示

　　任何经得起历史检验的理论，都具有一个明显的特征，那就是具有超越时空的穿透力，能使后世从中挖掘出启示当下的"有用"思想资源。笔者认为，康德关于希望问题的论述，其中涉及的很多理论，都具有这种"历久弥新"的影响力。接下来，结合我国当下现实及欧洲现代思想的状况，试从两个方面分析康德希望问题对于当代社会的启示作用。

一、对于我国建设幸福社会的启示

　　诚如前述，在希望问题中，康德指出，"一切希望都指向幸福"，但是康德并没有停留于此，而是首先对幸福的概念作出了严格定义。康德认为，幸福是一个感性的、主观的经验性概念，它游离不定，像永远都不可穿透的"黑夜"，遥不可及。因此，幸福的原则不可能作为一个普遍的行动法则，其只能作为一个行动的主观准则。虽然初看起来，康德对幸福的定义有点悲观，但是笔者认为，康德的论断还是符合事实的。对于幸福的理解，自古以来，

---

① Wood A W. Kant's Rational Theology. Ithaca and London: Cornell University Press, 1970.

就没有一个明确的定论，这本身就表明幸福概念是一个偏于主观的感受性概念。同时，在人们的现实生活中，不同的人对于幸福的理解也有很大的差别，无论是从历史视野还是当下现实来看，幸福都是一个主观性很强的概念。

与康德对幸福的定位相比较，21世纪以来，我国把建设幸福社会（幸福单位、幸福团体、幸福群体等）作为一个重要的战略目标，这初看起来似乎和幸福的主观性特征相悖。当然，在此笔者并没有抬高康德的意图，而是在康德的理解中，试图找到某个为我国建设幸福社会提供启示的入口。笔者认为，从康德对幸福的定义中，我们得到的首要启示是：建设幸福社会应该以建构幸福文化为基础。所谓幸福文化，就是对幸福具有一种相对透彻的理解和把握。我们应该怎样正确看待幸福，以怎样的一种心态和方式去追求幸福，这才是建设幸福社会的前提条件。特别要反对将幸福与物质感官享受很大程度地等同起来的做法，更不能将和物质感官享受相关的幸福当作一个终极的目的来追求。诚然，正如马克思所言："人们为了能够'创造历史'，必须能够生活。"①对于这点，我们在建设幸福社会的过程中不应有任何疑虑，应大力发展生产力，繁荣经济，为人民群众创造更多的物质生活基础。但是，在现实的基础上，我们更应该考虑如何让人民群众体会和感受幸福这样的问题，这是一个处于经济基础之上的上层建筑问题。对于这个问题，我们应该从以下三方面来理解。

首先，它是关于幸福文化建构的问题。笔者认为，建构幸福文化，必须以民众的幸福"启蒙"为基础，即通过各种方式让普通大众走出对于幸福理解的"不成熟状态"，从而以一种更为理性的态度去看待人生中的幸福。换言之，要让民众树立科学、全面、正确的幸福观。客观而言，在当前我国社会中，人们对于幸福概念并没有清晰的理解，即便有某些含混的理解，也多数是将之与金钱、财富和地位等直接关联起来。因此，如何能够更好地建构一种健康的幸福文化，使民众对幸福具有合理的、成熟的理解，是我国建设幸福社会的首要迫切任务。

其次，建设幸福社会应该以建构一些普遍的法则为基础。在希望问题中，康德对幸福进行了明确的"定向"：幸福必须要以道德为基础，只有以道德为基础的幸福才具有意义和价值，也只有以道德为基础的幸福才可能构成一个可以理解的对象。其中，最主要的原因就是道德中的普遍法则在起作用，因为道德法则作为一个普遍的形式法则，具有某种"公理性"的特征，在道

---

① 马克思，恩格斯. 马克思恩格斯选集（第一卷）. 中共中央马克思恩格斯列宁斯大林著作编译局编. 北京：人民出版社，2012：158.

德法则规定下的幸福是可以理解的，同时也是合理的。在此，暂且可以抛开康德的具体做法具有多少科学性这样的问题，但是关联建设幸福社会的话题，则至少可以得到如下启示：幸福作为一种主观性的感受，直接去建构它是很难的，但是国家和政府可以为每一个个体建构或者体会自己的幸福提供一些普遍的条件和基础，这则是可以把握的。这些普遍的条件和基础包括：社会分配的公正法则、社会竞争的公平原则、维持社会稳定的法治原则等。也就是说，国家和政府应以建构这些普遍的法则为主，为民众提供一个相对合理、公正的生活及工作平台，在这些普遍的平台上，社会个体可以自由地发挥自己的优势和长处，从而体会和建构自己的幸福。

最后，建设幸福社会应该注意建构坚实的共同社会信仰。基于幸福概念的多变性和主观性等特征，康德将至善的最终实现指向了希望世界，这虽难免有逃避现实之嫌，但其论述仍能给我们建设幸福社会以强烈的启示：建构合理的信仰对于人类社会的幸福实现具有重大的影响作用。基于中国的历史和现实，我们不可能像康德那样，将社会的共同信仰建立在"理性的宗教"上面，但是由此我们也能明显看到，一个社会如果没有一个坚实的共同信仰，肯定会处于一种十分糟糕的状态。客观地看，当前的中国，处于社会急剧转型的重要历史阶段，加之种种复杂的内外部原因，导致了民众信仰的普遍"真空"状态。目前我国社会中出现的诸如道德滑坡、焦虑症、社会责任感淡化、美丑颠倒等不良现象无不与真实的共同信仰缺失或至少不够牢固有关。而这一切又和每一个个体的幸福感受息息相关，因为，如果一个社会的大环境是整体向上的、积极的，这无疑会对人们幸福的主观感受产生积极的影响。因此，在当前我国建设幸福社会的过程中，应该同时注重如何建构社会共同信仰这一关键点。当然，我国的主流意识形态是马克思主义，这一点不可置疑，但是如何将马克思主义作为一种真实普遍的信仰植入民众的内心中，却是我国社会面临的一个重大理论和现实课题。

以上几点，是我们联系康德对希望问题的论述，由之得到的对当前我国建设幸福社会战略行动的可能启示。

二、对抵制虚无主义思想浪潮的启示

回顾西方思想史可知，虚无主义这一术语似乎古已有之，诚然，它本身可能历来就是一个含混不清的概念。但西方思想到了尼采这里，对于虚无主义的理解至少具有了一个相对清晰的轮廓。关于虚无主义，尼采在"重估一切价值"之后，曾作出过如下定义："虚无主义意味着什么？——意味着最高价值自行贬值。没有目的。没有对于目的的回答。"①也就是说，虚无主义就是人类最高价值的陨落、废黜甚至丧失。一般来说，最高价值指向终极目的，它是人类生存的"安身立命"之本。在尼采之前的西方思想史中，人类的最高价值和目的经历了古希腊理性的兴起、古罗马理性的式微、中世纪基督教信仰的兴盛、近代文艺复兴及启蒙运动的理性再度崛起和现代思想世界中理性与非理性的混杂等阶段。但是，不管怎样，人类生存的"安身立命"之本的地位依然坚如磐石。具体地说，人类的最高价值和目的始终在理性与信仰、理性与感性等两极之间震荡。这在某些学者看来，是一个"本质主义"的传统，也就是说，在人类心灵世界中始终存在一个稳固的内在本质，这个内在的本质总是在掌控着人类的生活和命运。在这样的传统中，正如有学者所言，整个世界"在形态上都呈现出'本体-现象'的二元深度模式，即表层的现象总是深层的本体的显现而又不是本体自身，像浪花之于深流"②。可见，自古以来西方人的精神家园中就存在着一层深度的本质，它代表着西方人的最高价值和目的。当然，客观地看，虽然在西方思想史上，一直存在着理性与感性、理性与信仰之间的"二极震荡"，但真正构成最高本质的仍然是西方传统文化中一直存在的基督教信仰对象——上帝，这是西方绝大多数人精神世界的真实写照。因为，只有上帝才指向一个永远不在现实中实现或者现身的希望世界，它是全知、全能、全善的完美化身。

　　从某种程度上讲，处于人类彼岸世界的上帝是西方人灵魂的归宿、精神的皈依。由此，上帝一旦被证明为不可能的或者被认为是一种遥不可及的虚妄，西方大多数人的精神世界便会陷入一种错乱甚至是仓皇失措之中。此境之下，精神世界的本质被"掏空"了，原本坚实的结构就此坍塌甚至烟消云散：最高的、绝对的价值标杆化为乌有，原来的"普世效用"就此也宣告无效。人类从此将何去何从？这是上帝的绝对价值丧失之后，每一个西方人不得不面对的严肃的生存论问题。"To be or not to be？"（是生存还是死亡？），莎士比亚笔下的哈姆雷特如此严肃绝望地拷问人生的意义和价值，这同样是虚无主义思潮泛滥下很多西方人内心纠结的真实写照。面对西方人精神家园隐遁式微的困境，法国著名的哲学家和文学家阿尔贝·加缪则将如何面对人生虚无和荒诞的处境直接定位为哲学的中心问题，为此，他在《西西弗斯的神话》的开篇中便指出："真正严肃的哲学问题只有一个：自杀。判断生活

---

① 尼采. 权力意志——重估一切价值的尝试. 张念东，凌素心译. 北京：商务印书馆，1991：280.
② 张志扬，陈家琪. 形而上学的巴比伦塔——论语言的空间与自我的限度. 武汉：华中理工大学出版社，1994：2.

是否值得经历，这本身就是在回答哲学的根本问题。"①可见，精神世界的绝对价值（最高价值）走向没落，似乎是西方人现当代不得不面临的一个严峻问题，这也道出了虚无主义之真谛。有思想家认为，这是西方社会从古典走向现代的必然处境，对此，丹尼尔·贝尔如此总结道："现代主义的真正问题是信仰问题。用不时兴的语言来说，它就是一种精神危机，因为这种新生的稳定意识本身充满了空幻，而旧的信念又不复存在了。如此局势将我们带回到虚无。由于既无过去又无将来，我们正面临着一片空白。"②也就是说，信仰危机是虚无主义在西方世界最典型的表现，最高的存在者在人类灵魂中的位置没有了，人类由此重新遁入原始的混沌虚无状态中，但这种虚无状态又已经不是人类"童年"时代的那种天真无邪，它经历了一次"从有到无"的精神大动荡。对于欧洲人经历的这种精神窘境，当代德国大哲海德格尔也同样忧心忡忡，为此，他形象地描述道，"在地球上并环绕着地球，正发生着一种世界的没落。这一世界没落的本质性表现就是：诸神的逃遁、地球的毁灭、人类的大众化、平庸之辈的优越地位。"③因此，在没有神的日子里，人类精神一片空虚，毫无依靠，对此，海德格尔指出：它已经变得如此贫乏，以至于它已不再能把上帝的缺席当作一种缺席来识别了。④显然，就作为"有限的理性存在者"的人而言，这种状况是很可怕的，人生的意义何在？人类的精神家园在哪里？这些严肃的问题在虚无主义的思想浪潮中似乎已变得无关紧要甚至不复存在。"干什么都行"，似乎可以成为虚无主义者的一个合法通行证或堂而皇之的自我辩护借口。在现实生活中，很多人由此变成了"美丽世界的孤儿"，他们或许是精神濒临崩溃的"流浪者"，又或者是到处寻欢作乐的"观光客"。

　　面对虚无主义的思想浪潮，很多思想家给出了拯救人类精神的方案，寻根问底。其中，海德格尔是最重要的一员，他认为："虚无主义的本质是这样一种历史，在其中，存在本身是一无所有的。"⑤因此，区别存在者与存在、重新确立存在对于人类生存的意义成了海德格尔抵制虚无主义、构筑思想堤坝的核心工作。诚然，海德格尔"发现存在"的思想之旅对于抵制虚无主义具有颠覆性的意义和价值，对此我们毋庸置疑。

---

　　① 加缪. 西西弗斯的神话. 杜小真译. 桂林：广西师范大学出版社，2001：3.

　　② 丹尼尔·贝尔. 资本主义文化矛盾. 赵一凡，蒲隆，任晓晋译. 北京：生活·读书·新知三联书店，1989：74.

　　③ 海德格尔. 形而上学导论. 熊伟，王庆节译. 北京：商务印书馆，1996：45.

　　④ 海德格尔. 海德格尔诗学文集. 成穷，余虹，作虹译. 武汉：华中师范大学出版社，1992.

　　⑤ 海德格尔. 尼采（全两册）. 孙周兴译. 北京：商务印书馆，2002：968.

　　但是，笔者认为，康德对于希望问题的解决，同样可以为我们找到抵制现代虚无主义思潮的宝贵思想资源。康德的希望问题，最终指向的同样是人类信仰问题，康德将人类的信仰（希望）建立在道德这个基础和前提之上，这是一个符合人类精神规律的做法。其合理性，在于人类信仰不是盲目的情绪性需求，也不是各种理论性的"算计"证明，而是人类自由本性（道德）的一种必然"补充"。显然，道德是每一个作为"有限的理性存在者"都必然具有的素质和能力，它是人类理性的一种实践运用，它本身必须符合一个绝对的普遍法则（道德法则）。但是对于道德法则的遵守，是人类自己内心中善恶意念之间"不断搏斗"的过程，是人类身上的自然世界和理智世界之间的一个长期较量过程，这难道不是人生的一种重要意义吗？同时，道德法则本身又是每个个体心中的一个"理性的事实"，其客观地存在于每一个人的内心中，这个普遍的道德法则一旦被启发并发生作用，就会高高地矗立在每一个人的内心中，抵抗着各种虚无的入侵，这时它难道不是人类心灵中一道坚实的屏障吗？可见，道德法则本身就是虚无主义之价值虚无的一个天然的抵抗屏障。此外，在道德法则的规约下，按照德性的精确比例分配的幸福和德性一起构成的至善世界，作为一个指向未来的希望世界，是如此明晰又如此有力地展现在每一个理性健全的人心中，这也正可以填补虚无主义之彼岸世界消失所留下的空白。由此，在实践理性要求其至善客体实现的背景下，上帝自然而然地出现了，即信仰通过道德和至善而成为一种必然。人们可以因为自己具有德性，而坚定地信仰存在一个能够实现德福一致的未来世界在等着他，从而更加坚信自己此世的努力和德行除了具有此世的"崇高意义"外，还有来世的"正义回报"，基于此，虚无、荒诞、无意义在他的内心中根本就没有任何位置。

　　综上所述，康德的希望问题，特别是康德解决希望问题的独特方式，可以给现代人抵制虚无主义思潮带来十分有益和有力的启示。

结　　语

　　希望是人类对于未来生活的一种期待，也是人类活在当下又能超越当下的航标，由此，希望问题必然成为隐含于人类生活中的一个"永恒"问题，对于希望问题的不同看法和解答，必然也会成就每个人不同的价值观和存在方式。希望问题作为康德哲学研究计划中的三大基本问题之一，构成了康德庞大哲学体系不可缺少的重要组成部分。区别于传统人们谈论希望问题的一般方式，康德的希望问题蕴含着独特的结构、性质，同时，康德对希望问题的解答方式同样区别于流俗而自成一派。康德视域中的希望问题具有"显隐"的两重完整结构：道德作为可以希望的前提、幸福作为可以希望的对象、幸福的实现作为希望问题的解决，构成了希望问题的"显性结构"，这使希望问题得到了完整的表述；而道德的实现、至善对象、至善的实现，则构成了希望问题的"隐性结构"，逐一实现"隐性结构"中的三个要素，是康德彻底解决希望问题的真正理路。基于希望问题的独特结构及其组成要素，康德将希望问题定性为"既是实践的又是理论的"，或者说，"实践与理论的统一"构成了希望问题的基本性质。

　　在希望问题中，以道德作为可以希望幸福的前提条件，康德第一次将希望这个原本充满感性情愫和宗教色彩的问题和人类的自由、理性等特质关联起来，自由、理性（纯粹实践理性）作为道德的核心和本质，使人们看到了建构一种自由、理性之希望的可能性。在这种自由、理性的希望中，康德赋予了人作为希望主体所应有的价值和尊严。同时，在希望问题中，康德也考虑到人作为"有限的理性存在者"所具有的"自然性"特征，从而将幸福设为人类一切希望指向的对象，但这种作为希望对象的幸福必须以道德作为前提，并和道德完全匹配——至善，换言之，至善才是希望指向的真正对象。因此，在康德这里，对于希望问题的彻底解决，就涉及对道德（可以希望幸福的前提）如何可能及至善如何可能这两个深层次问题的解答。对于道德如何可能这个问题的解答，构成了康德解决希望问题的真正前提，康德将实现道德（改恶向善）锁定在人类自身的内在努力这个基点上，这让人们看到了实现希望必须依靠自己的努力这种"人本化"基调；而对于至善如何可能这个问题的解答，则构成了康德彻底解决希望问题的最后归宿，虽然康德将上帝存在设为保证至善实现的最终条件，但这是在道德基础上进行的公设，即以道德为基础来保证上帝存在的合法性，因此，康德就以道德神学代替了传统的自然神学或理性神学，实现了神学的一次"人本化"之根本革命。

　　总之，康德对希望问题的独特理解和解答，既为人类理解希望问题提供了全新的"人本化"视角，也为希望问题重新注入了一种理性、自由的内涵，从而为人们建立一种真正合理的、"属人的"（区别于动物和神）希望观指明了方向。

后　记

　　光阴似箭，日月如梭，不知不觉博士毕业已经 12 年。自 2012 年博士毕业以来，为了世俗的生存发展，一直疲于奔命，报课题、发论文、评职称、做博士后等，看似"硕果累累"，但是无一和自己研究生期间的学科专业——外国哲学直接相关，以致一毕业就丢掉了"专业"。这种状态一直令我惶恐不安，在此期间，也多次试图努力"回归"，想做点自己"专业"的事情，但由于种种原因，最后均未成功。

　　目前，摆在面前的这本小册子，与其说是对自己"专业"所作的一种"交代"，不如说是一种"缅怀"。因它是在我博士学位论文的基础上修改而成的，见证了自己的学业经历、心路历程，但我知道，时至今日已经很难再由这本小册子"回归"自己的"专业"，回归研究生期间专注的康德哲学。无论如何，我都要感谢康德哲学给我带来的巨大变化，研究生阶段前后七年的研读，不单历练了自己的哲学思维——任何问题或结论都要先作"合法性"的认知前提审视，更改变了自己的处事方式——任何生活实践都应先作"合理性"的道德前提判断。一言以蔽之，康德哲学教会了我行走天下的理论智慧和实践智慧，这是我一生取之不竭的精神财富。

　　在这本见证我过去十几年成长的小册子付梓之际，还是要借机表达一些长期以来深藏心间的谢意，以免留下遗憾。在此，首先要感谢我的恩师舒远招教授。可以说，如果没有遇上舒老师，就没有我的今天。2005 年 9 月，我带着对哲学的肤浅了解来到湖南师范大学，是舒老师给予了我大度的宽容、严谨的斧正、真诚的鼓励和精妙的启发，使我对哲学有了初步的认识，从而顺利完成了硕士学业。12 年前，博士能够顺利毕业，更是凝聚了舒老师的大量心血和智慧。论文从选题、构思、写作到具体的修改，都和舒老师的悉心指导密不可分，这本由博士学位论文修改而成的小册子如果能有些许的亮色或可取之处，这完全归功于舒老师的辛勤和智慧，而其中出现的不足之处，则完全归因于学生的笨拙和愚钝。由于学生的不才、懒散加上种种现实条件制约，博士学业并没有达到舒老师的要求和期望，这一直让我内心深感不安和愧疚。不管是在职攻博期间还是毕业后偶尔返回曾经熟悉的校园时，这种不安和愧疚都极其浓烈。每次回到长沙，面对舒老师，我才深刻地感受到自己仍是一个学生，即一个充满哲学向往和学术追求的学生，即便我依然无知并由此充满莫名的惶恐。每次回去聆听舒老师的谆谆教诲，虽然时间十分仓促，但都有如沐春风、醍醐灌顶之感，舒老师深厚的哲学功底、宽广的理论视野、严谨的学问作风、敏锐的学术嗅觉和淡泊名利的大学者气度，没有哪一样不深深地震撼着我。从舒老师的身上，我看到了真学者、学问家的风范，舒老师是我为人为学的典范和标杆。一日为师，终身为父，能成为舒老师的入室弟子，是我人生之大幸也！

其次，要感谢所有曾经给过我教导和帮助的老师们。他们是湖南师范大学哲学系的杨君武教授、黄振定教授、燕宏远教授、万丹教授、高绍君博士、龙沛林博士，广州大学马克思主义学院的冉杰教授、胡敏老师等。没有以上本科和研究生阶段众师长的启蒙、教导和指引，就没有我的"哲学梦"，也没有我今天行走"江湖"混饭吃的技能。

再次，要感谢那些长期以来关心、支持和帮助我的学友、朋友们。他们是长江大学的涂江波博士、湖南女子学院的肖爱平博士、湖南师范大学的罗常军博士、湖南第一师范学院的陈华仔博士等。同时，要特别感谢我的挚友——海南师范大学的丁匡一博士、山东师范大学的梅迎秋博士、苏州科技大学的李昕博士、广东财经大学的邓先珍博士。没有朋友们长期以来给予的精神鼓励和相互间的学问切磋，我不可能有今天的"业绩"，是挚友们给了我强大的支撑力量。愿我们的友谊万古长青，愿我们的学业日益精进。

最后，要感谢我的家人。特别是我的父母，自读书识字至今，我在校园中度过了整整二十四个年头的光阴，没有父母数十年如一日的坚持、忍耐和默默支持，我的今天简直无法想象。希望这本以"希望"作为主题的小册子，能让远在天国的母亲和病榻上的父亲还能看到"希望"。还有我的哥哥和姐姐，是他们的谦让和支持，成就了我今天这丁点能钻故纸堆的能力，为此他们却不得不过早地承受了各种生活的磨难、生存的挑战和世俗的压力，而至今我却仍无以为报。此外，在职攻博和毕业后的十多年里，我一直忙于学业、工作，是爱人的支持和理解才让我"不断进步"，在女儿出生后的三年里，是岳父岳母承担了照料小孩的大量事务，才让我顺利完成博士学业。今天小册子得以问世，和他们的辛勤和汗水分不开。

今天，经过十余年的"折腾"，博士学位论文终于能够面世，这算是我

"哲学追求"的一个重要见证。但我深知，无论人生还是学问，都永无止境。以后的路还很漫长，我将带着康德教给的"希望"，继续坚定地去跨越人生和学问道路上的各种困难和挑战，以回报那些曾经关心、支持和帮助过我的师朋亲友们。

曹　峰

2024 年 3 月记于广东佛山